本书相关研究及出版受国家自然科学基金青年项目（42001138）
中国科学院南京地理与湖泊研究所自主部署项目（NIGLAS2019QD006）资助

长江三角洲区域发展与一体化研究

长江三角洲企业本土并购

区位、配选与竞争

吴加伟　著

商务印书馆
创于1897　The Commercial Press

图书在版编目（CIP）数据

长江三角洲企业本土并购：区位、配选与竞争/吴加伟著.
—北京：商务印书馆，2023
（长江三角洲区域发展与一体化研究）
ISBN 978-7-100-21066-9

Ⅰ．①长…　Ⅱ．①吴…　Ⅲ．①长江三角洲—企业兼并
—研究　Ⅳ．①F279.275

中国版本图书馆 CIP 数据核字（2022）第 064640 号

长江三角洲企业本土并购：区位、配选与竞争

吴加伟　著

商 务 印 书 馆 出 版
（北京王府井大街 36 号邮政编码 100710）
商 务 印 书 馆 发 行
北京新华印刷有限公司印刷
ISBN 978-7-100-21066-9

2023 年 3 月第 1 版　　　开本 787×1092　1/16
2023 年 3 月北京第 1 次印刷　印张 15¼

定价：98.00 元

目　　录

序

本书是作者攻读博士学位及主持国家自然科学基金青年项目期间相关研究的重要成果，是"长江三角洲区域发展与一体化研究"系列丛书的重要部分，也是经济地理学领域企业并购研究不可多得的佳作精品。在本书即将付梓之际，我欣然为之作序，并郑重推荐共享。

作为国民经济的"细胞"，企业是市场经济活动的主要参加者以及社会生产和流通的直接承担者，也是产业经济学、经济地理学等领域研究的重要对象。伴随科技进步、全球化与区域一体化发展，全球产业链、创新链、供应链和价值链不断延伸重组，正在重塑地区、国家、超国家一体化区域以及世界范围内的经济地理格局。企业作为价值链中的微观主体，其投资生产流通消费行为在地域之间、城市和区域之间以及国家之间的跨越，促进形成了区域化乃至全球化的经济格局；同时经济全球化和区域一体化，又为企业跨区域分工合作创造了条件和环境。而并购投资，正是企业推动和参与产业链、创新链、供应链和价值链重组的主要手段，既是区域一体化最强大的市场动力，也是区域间合作的效应体现。企业并购投资一直是经济学、管理学等领域的热点话题，但相关研究在国内经济地理学领域尚不多见。该书聚焦中国企业本土并购投资的时空动态性、配选机制和影响效应等关键科学问题，以长三角一体化发展区域为案例区，展开理论探讨与实证研究，以期与国内外现有研究展开对话，为地方政府相关决策提供有益参考，具有较高的学术价值和实践意义。

企业的并购行为，叠加了跨区域区位选择的内容，有着较强的经济地理研究意义。不同于绿地投资优选最佳区位，并购的核心在于买方企业对标的企业的搜寻、交易和整合，即并购双方"配选"过程，这既取决于标的企业存量资产与买方企业战略需求的匹配程度，也受并购双方组织结构相似性、产业和技术关联度以及企业所在区域间联系等因素影响。可见，企业并购行为可能因其时空动态、驱动机制与效应的特殊性，日益挑战和改变着经典企业区位理论，因此这方面的研究具有理论前沿的探索性。此外，中国企业并购发展经历了改革开放前的行政性"关停并转"、改革开放初期的半市场化和半行政性的企业兼并、实行社会主义市场经济体制后的现代企业并购等若干阶段，在特定的市场环境和制度背景，分析框架和思维逻辑不能完全套用西方的研究语境。这就需要学者针对中国企业并购行为及其地理学意义展开相关理论和实证相结合研究，以期总结中国特色的企业跨区域并购的理论规律及其研究范式，本书是这方面的有益探索。

在全面、系统回顾和评述企业并购现有研究的基础上，作者将经济地理学区位、关系视角与经济学"成本-收益"、管理学企业组织结构等理论有机融合，结合企业异质性与地域特性，考虑信息化、全球化、市场化、政府作用等宏观外部因素的影响作用，构建了多尺度、多维度临近性与中国企业本土并购投资时空动态及配选机制的理论分析框架，适合于解释和回答我国企业跨区域合作等研究问题；探讨了并购投资在企业组织结构与空间特征、区域经济空间结构及城镇化等级体系等方面的潜在一般影响效应，展现了我国区域一体化发展中市场化动力和活跃机制，对企业本土并购的规律性研究以及跨地区的产业合作具有较大启发性。

长三角地区是我国一体化和国际化程度最高的区域，也是我国企业并购最为活跃的先行区域。伴随经济体制改革、区域一体化和产业转型转移等，区域内企业并购的发展呈现出明显的阶段性特征，普遍存在各行各业、多种所有制企业的不同类型并购案例，兼具典型性和多样性，对研究如何推动中国企业跨区域有效、合理并购，更具参考价值，对如何更好发挥区域一体化发展的市场力，也同样具有指导意义。作者将大数据采集运用、典型企业案例剖析与地理空间分析等方法集成应用，动态分析了长三角企业本土并购投资活动的时空动态性，特定企业间、区域间并购投资联系的驱动机理以及空间效应等三方面，分析结论基本验证了原有认知，也得出了一些新的发现：长三角并购企业双方仍集中在较为发达的沪宁杭甬沿线地区，制造业拓展更为明显、服务业则更为集中；地理临近性的作用受信息交流、行业多元化趋势的影响，正在减弱；并购更为强化了中心"极化"态势，同时也推动各地区之间不断交融，长三角区域一体化发展"你中有我、我中有你"的格局态势更为明显。此外，本书也很好体现了理论研究和实证应用的结合。作者基于分析结果，结合发展规划编制研究中企业、政府部门等调研访谈反馈，针对长三角企业并购投资及其积极作用发挥所面临的障碍掣肘，从区域层面提出了相关制度和政策创新的可行方向，具有较大的可操作性，体现了理论和实践的结合，说明越清晰的学术解释，越明了的问题症结，自然有着针对性强和有效的政策，所谓科学论文写在书本，也落在大地上。

总之，本书在理论和实证分析上均有一定突破，研究思路和方法上也有较多创新之处。其理论意义不仅体现了经济地理学、经济学、管理学知识和研究方法的交融进步，而且为国内产业地理学研究拓展了企业并购投资行为的观察视角，丰富了产业地理学的研究框架，为企业微观与产业宏观有机结合的研究探索新路径。其现实意义在于以企业并购地理网络刻画了一体化进程，为指导产业一体化提供重要认识和路径参考，也为企业并购投资决策以及地方政府相关政策配套等提供了参考借鉴。

是以为序！

陈 雯

2021 年 8 月于南京

前　言

　　20 世纪 90 年代以来，伴随经济全球化与区域一体化进程深化，信息与通信技术迅猛发展，多厂企业、跨国公司投资及其区位选择行为也在发生了广泛而深刻的变化。其中，并购（mergers and acquisitions, M&As）逐渐成为企业开辟新兴市场、控制成本以及获取长期竞争优势的重要手段。特别是在全球经贸格局重组及产业组织形式日趋多样化等背景下，中国企业跨境与本土并购投资快速增长，是中国企业全球竞争力显著提升的重要体现，有利于我国本土跨国公司和行业领先企业成长壮大，这也深刻影响着中国产业转型升级以及地方经济可持续发展。企业并购投资及其地理行为体现了生产要素空间集散过程，也反映了产业转型转移、城市和区域发展态势。因此，企业并购逐渐成为产业经济学、企业管理学与经济地理学等领域研究的焦点。

　　为此，本书选取我国企业并购投资十分活跃的长江三角洲（以下简称长三角）为案例区，重点探讨转型期背景下中国企业本土并购投资时空动态、配选机制与空间效应，以期丰富国内外企业并购实证研究，深化经济地理学相关经典理论，为审视企业空间组织演进、产业转型转移与区域发展提供新的研究视角和方法，为中国企业投资战略以及相关政策制定提供有益参考。

　　本书通过对现有理论脉络与研究成果的归纳演绎，基于"成本—收益"，综合企业异质性、空间差异性的影响作用，结合国内外知名企业并购投资实例分析，构建了基于"多尺度、多维度临近性"的企业并购投资配选机制分析框架，并进一步分析了信息技术进步、经济全球化、区域一体化以及市场与政府作用等宏观环境对企业并购投资行为的一般影响作用；在此基础上，基于转型期中国特殊的经济社会与制度环境，分析和总结了区域尺度企业并购投资的时空动态演变规律与模式特征；并从企业组织结构与空间特征演变、区域经济空间结构和城镇化等级体系演变等层面，探讨了企业并购投资活动潜在的空间影响效应。

本书构建了长三角企业本土并购投资空间数据库，综合运用 GIS 空间分析、社会网络分析等方法，深入探讨了 20 世纪 90 年代中期以来长三角企业本土并购双方地理分布格局与联系网络的演化过程，并比较不同行业、不同类型、不同城市和区域企业并购投资空间格局的内在差异，结果表明：①长三角企业并购双方共同集聚特征明显，主要分布在上海以及沪宁、沪杭甬沿线地区，而随着时间的推移，并购双方集聚空间及联系网络呈现向中小城市及长三角外围区扩展的态势。②长三角并购双方地理分布格局特征逐渐出现分化，制造业并购双方集聚空间及联系网络由大都市向中小城市、由核心区向外围区的拓展更为明显，而服务业企业并购投资活动仍高度集聚在大都市；基于不同投资目的的企业并购投资联网络结构也存在较大差异。③长三角内部企业并购投资存在"空间不对称性"，不同地区、城市之间企业并购投资联系强度差异明显，长三角核心区、大都市企业更多地选择并购外部的制造业企业，而外围区企业则更偏好并购大都市的生产性服务业企业。④总体上，长三角企业并购投资空间格局演变经历了三个阶段，即单核心、弱网络联系阶段；单核心、多次重要节点，并购投资网络联系加强阶段；多核心、多层级复杂网络结构基本形成阶段。

本书基于"多尺度、多维度临近性"的分析框架，运用计量回归模型等方法，定量分析了长三角特定企业间并购配选、区域间并购联系的驱动机理，研究发现：①地理临近有助于降低距离和交易成本，因而企业并购投资配选仍具有明显的"本地偏好"特征；但地理临近作用有所弱化，尤其是区域间密切的经济、交通信息联系，以及企业对优质地方资产的追求在一定程度上会使企业突破地理空间障碍，进行远距离、跨区域并购投资，尤其是对制造业、民营企业以及大型上市公司而言。②并购双方产业和技术关联性较强能够有效降低交易成本与风险，因而是促进特定企业间进行并购投资交易的关键因素，但近年来产业间并购投资活动逐渐增长。③并购双方企业在组织结构、企业规模等方面的差异或相似性，均是影响买方企业成本—收益权衡及其并购选择的重要因素。④并购双方所有制结构相似是多数企业间形成并购投资联系的重要驱动因素，但长三角国有企业更偏好跨所有制并购投资，这与我国现行国企改革导向有关。⑤由于并购投资目的存在差异，不同类型企业并购投资选择偏好及驱动机制也各不相同。⑥多维度、多尺度临近性因素存在交互作用，认知、组织和制度临近会弱化地理临近作用，而企业异质性也会"扰动"区域层面因素的作用机制。

本书综合企业和区域的微观—宏观尺度，运用 GIS 空间分析、质性个案分析等方法，重点分析了企业并购投资在企业组织结构类型及空间特征演变以及企业控制权空间转移与区域经济空间结构、城市等级体系演变等方面的影响效应。研究表明：①并购投资促进了长三角内部企业控制权及相关经济决策权向经济发达地区、大都市集聚，强化了长三角区域经济发展的"极化"作用；但同时，位于欠发达地区的企业也可通过跨区域并购投资融入发达地区产业链供应链体系，获取优质企业控制权及相关资产，进而为其所在区域突破"历史锁定"、实现跨越式发展提供机遇；此外，企业并购投资通过影响地方"指令—控制"功能，其网络结构一定程度上也体现了长三角主要城市在中国城市网络及等级结构体系中的地位角色。②并购投资能够转变企业组织结构类型，重构企业内部各部门的空间布局，加速推动了企业组织空间形态由"单工厂、单一产品、单一市场区域"向"多工厂、集团化、多元化产品业务、拥有跨区域市场"转变。可见，企业并购的地理行为能够为解释企业转型升级、区域经济发展等提供新的视角和路径。

本书是作者基于在中国科学院南京地理与湖泊研究所攻读博士及工作期间的研究成果整理而成。感谢恩师陈雯研究员在研究选题、构思与本书写作过程中的悉心指导和勉励。感谢研究所曹有挥研究员、段学军研究员、张落成研究员、陈江龙研究员、孙伟研究员、袁丰副研究员、李平星副研究员、陈诚副研究员、高金龙副研究员以及犹他大学魏也华教授等师长在研究中的帮助，感谢犹他大学魏也华教授、华东师范大学曾刚教授、中山大学李郇教授、南京大学黄繁华教授对本研究开展和深化提出的宝贵建议，感谢闫东升博士、俞俊高级研发工程师在数据获取和建库过程中给予的帮助。在研究过程中，我有幸参加了陈雯研究员主持的多项长三角及相关市县发展规划研究项目，为研究数据资料收集提供了便利。感谢国家自然科学基金青年项目（42001138）、中国科学院南京地理与湖泊研究所自主部署项目（NIGLAS2019QD006）对相关研究和本书出版的资助。

最后，感谢家人对我研究工作的支持和理解！谨以此书献给我的妻子和孩子！

由于作者学识有限，本书难免存在不完善和疏漏之处，敬请读者批评指正！

第一章 绪 论

20 世纪 90 年代以来，伴随经济全球化与区域一体化进程深化，信息与通信技术迅猛发展，国际劳动分工、产业资本流动与企业组织模式等呈现新特征，多厂企业、跨国公司的投资方式及其区位选择行为也在发生广泛而深刻的变化。其中，兼并和收购（mergers and acquisitions，以下简称并购或 M&As）作为企业主要的对外投资模式及其组织、技术与空间修复的重要手段，逐渐成为国际资本流动的主要形式，1990—2015 年间全球企业跨境并购金额占外资流入和流出总额的平均比重均达到 40% 左右（图 1–1）。大量的企业跨境或本土并购投资活动促使了各类生产要素以及企业控制权、经济决策权在地理空间上的转移，也驱动着相关产业转型升级乃至区域经济地理格局重塑。因而，与外商直接投资（FDI）以及新建投资（greenfield investment）等企业投资模式一样，企业并购投资也逐渐成为经济学、管理学与经济地理学等学科研究的重要内容。当前，在深度融入经济全球化的背景下，中国企业跨境与本土并购投资快速增长，在全球经贸与产业发展中的作用日益突出，合理促进企业并购也成为中国培育全球领先企业、推动产业转型升级与地方经济可持续发展的重要决策。因此，在追踪国际理论前沿的基础上，本书以长江三角洲地区①为典型实证案例区，重点探讨转型期背景下中国企业本土并购投资时空动态、配选（M&A partnering）机制与空间效应，以期为中国经济地理学界企业并购研究提供理论框架与方法体系，进一步深化公司地理学、产业地理学相关经典理论，为审视企业空间组织演进、产业转型转移与区域经济社会发展提供新的研究视角和分析方法，并为中国企业投资战略以及相关政策制

---

① 在本研究中，长江三角洲地区具体包含上海市、江苏省、浙江省与安徽省，具体案例区选择依据与概况分析请见本文第四章相关内容。

定提供有益参考。

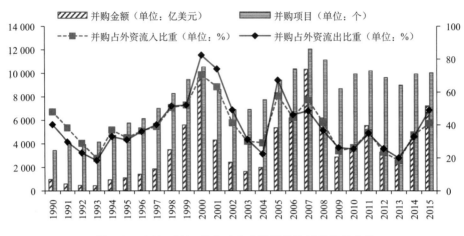

图 1-1　1990—2015 年全球企业跨境并购活动发展趋势

资料来源：UNCTAD。

第一节　问题的提出

依据企业战略决策、投资方式与区位选择等方面的差异，企业直接投资可分为新增投资与存量投资、新建投资与并购、跨境投资与本土投资等不同模式，企业权衡成本与收益后会在实际投资过程中选择或综合不同模式。其中，并购投资主要指买方企业（acquirer）利用兼并和收购等投资方式（资产业务合并、收购控股股权等），获得标的企业（target）部分或全部资产所有权的企业投资模式（Green，2018）。企业并购投资可以发生在跨境/国家（cross-board M&As）、跨区域以及城市/区域本土内部（domestic M&As）等不同空间尺度（Böckerman et al.，2006）。早在 18 世纪中叶，在第一次工业革命及相关技术、生产组织形式变革等推动下，西方企业就开始将并购作为资本运作、对外投资和扩张的重要手段（Green et al.，1984）。19 世纪末以来，伴随经济全球化与信息技术革命等，全球范围内相继出现多次企业本土或跨境并购浪潮（表 1-1）。早期受战争、金融危机与国家间货币与金融管制等影响，企业并购活动多发生在发达国家本土，尤其是经济发展水平较高的大都市地区内部，企业并购投资活动也不断促使生产要素、经济决策权力等向少数地区集聚，有效推动了全球城市和大都市的崛起（Green，1990；Holloway et al., 1991）。20 世纪 80 年代以来，随着全球化与区域一体化的深入，西方国家兴起金融自由化浪潮、逐渐放松金融管制，同时跨国公司也加快了全球性扩张及战略布局步伐，企业跨区域、跨境等远距离并购投资快速增长，加速了全球范围内知识技术、资本与产业的转移扩散，推动了产业组织形式变革、国际劳动分工与经贸发展格局重塑等，也带动了中国等新兴工业化国家和地区的快速发展（Chapman, 2003; Green, 2018）。

表 1–1　19 世纪末以来历次全球企业并购投资浪潮

并购浪潮	时间阶段	背景与特点
第一次	1880—1904	主要发生于"欧美经济大萧条"后，以横向并购为基本特征，代表行业有钢铁机械、食品加工、石化、交通设备、煤矿等。
第二次	1925—1930	第一次世界大战后，以纵向并购、发展托拉斯组织为特点，促进汽车、化工、电气、飞机制造等新兴产业快速发展。
第三次	1960—1970s	第三次科技革命兴起，以混合并购即跨行业并购、多元产业发展代替了横向并购和纵向并购。
第四次	1980s	以金融杠杆并购为主，金融技术与服务体系不断完善，企业并购交易规模空前。
第五次	1990s—21 世纪初	经济全球化和一体化进程不断推进，跨国并购成为 FDI 的重要方式，互联网并购表现突出。
第六次	2005 年以来	全球经贸格局深度调整，企业并购活动进一步带动技术、资本、品牌、渠道、管理、人才的全球转移，其中移动互联网并购表现突出，全球并购投资市场重心向中国偏移。

资料来源：根据 Kangueehi（2015）以及相关网络资料整理。

从全球企业并购发展历程可以看出，并购投资是市场经济发展、全球经贸体系重构与产业组织形式演进的自然产物，同时也深刻影响着企业、产业以及城市和区域发展，主要体现在以下几个方面：第一，与企业新建投资选择在目标区域新建分支机构、新增生产能力不同，买方企业并购投资旨在获取或整合利用标的企业现有的资产设备、产品技术、专业资质、市场渠道与供应链网络等，能够有效避免新建投资过程中因基础设施、供销体系与社会关系网络等建设所带来的沉没成本和交易费用，这为企业提供了一种低成本、低风险的跨区域、跨行业、跨所有制投资和扩张方式，可以帮助企业实现产业链横向和纵向整合或多元化发展等，能够使企业在更大区域内、更多城市间构建和组织其内外部网络联系（Chapman, 2003）；第二，企业并购投资也促进了资源要素跨部门流动配置，有利于买方和标的企业获取新技术、进入新市场以及融入新的供应链网络，能够有效推动产业跨界融合与价值链延伸，近年日益活跃的企业并购投资活动有效带动了全球范围内战略性新兴产业的快速发展，也推动了局部区域内钢铁、石化等传统制造业的资产重组和转型升级（Chapman et al., 2000; Rodríguez-Pose et al., 2006; UNCTAD, 2016），有利于区域经济健康可持续发展；第三，不同尺度内的企业并购投资能够体现或影响经济活动的空间集散程度，如产业集聚区、中心城市或大都市内部频繁的并购活动将提升该地区的要素集聚水平与经济发展活力，而企业跨境、跨区域等远距离并购投资则会促进企业控制权、经济决策权的空间转移，进而影响区域间经贸联系、产业关联与社会福祉差异等（Leigh et al., 1978; Smith, 1979; Weterings et al., 2015）。可见，作为企业重要的对外投资方式，并购投资也是具有鲜明的地理属性和空间效应的经济活动。

正基于此，企业跨境与本土并购活动受到了不同领域学者的广泛关注（Böckerman et al., 2006; Zademach et al., 2009）。经济学与管理学领域的研究较多关注企业组织结构、并购投资选择及其发展绩效的动态关联和互馈机制（Trautwein, 1990; Caiazza et al., 2015），但一定程度忽视了其地理空间属性。20世纪80年代以来，经济地理学者强调企业并购是"根植"于地方的经济活动，开始研究企业跨地区并购的地理行为及其驱动机理与空间效应等问题（Zademach, 2005; Boschma et al., 2014; Aquaro et al., 2020）。但与企业新建投资不同，企业并购本质上是买方企业通过股权交易获取标的企业控制权，进而实现组织与空间扩张的投资行为。相比于原材料、运输条件、劳动力等传统区位因素，企业并购投资更加注重标的企业在固定资产、供应链体系与社会关系网络等方面的已有优势，相关企业间、地方间联系对并购投资交易达成的影响作用更为显著，因而企业并购双方配选、投资区位选择及其驱动机理存在特殊性。而区位论、产业区/产业集群等经济地理学经典理论大多以企业新建投资的地理区位选择为基础发展而来，如何将企业并购关联要素纳入经济地理学经典分析框架中，从而进行整合提升与理论创新，均有待进一步探讨。另一方面，并购投资作为企业在更大空间范围、更宽业务领域内进行外延式扩张的重要方式，将深刻转变基于新建投资的产业组织形式及其空间结构，也反映着区域产业转型升级及空间重组过程。总的来说，对并购投资及其相关地理行为的研究分析，不仅可以丰富现有经济地理学经典理论体系，也能够为审视企业空间组织演进、产业转型转移、全球和地方经济发展等提供新的研究视角和技术方法。

　　与西方发达国家不同，中国企业并购有着特定的市场环境和制度背景。建国以来，中国企业并购的发展经历以下几个阶段：一是改革开放前的行政性"关停并转"；二是改革开放初期的半市场化、半行政性的企业兼并；三是实行社会主义市场经济体制之后，以公司形态为主体、以股权交易为特征的现代企业并购（企业兼并与破产问题研究课题组，1997）。近年来，伴随经济快速发展、证券市场规范化、"一带一路"合作倡议提出等，中国企业在全球并购市场日渐活跃，逐渐由被动参与向主动发起角色转变（Buckley et al., 2016；王秋玉等，2018；贺灿飞等，2019）。一方面，在全球产业和企业发展不断调整、重组与变革的背景下，发达国家投资增长乏力，而中国企业主导的跨国（境）并购投资较为活跃，2011 年以来中国大陆企业跨国并购数量及金额总体呈增长态势（图 1-2）；跨国并购已逐渐成

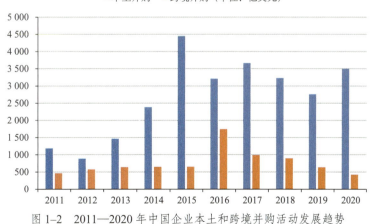

图 1-2　2011—2020 年中国企业本土和跨境并购活动发展趋势

资料来源：PwC。

为中国企业引进国外资金、技术和管理经验，高水平"走出去"嵌入全球生产和创新网络的新途径。另一方面，中国众多行业及相关企业的本土并购投资不断增长，2020 年中国企业（战略投资者）本土并购事件及涉及金额分别达到 4 530 件和 3 494 亿美元；此外，《国务院关于促进企业兼并重组的意见（国发〔2010〕27 号）》、《国务院关于进一步优化企业兼并重组市场环境的意见（国发〔2014〕14 号）》等文件也明确指出鼓励企业跨地区、跨行业兼并重组，以此促进中国企业升级、产业转型、区域经济发展等。可见，中国企业并购活动在全球经贸与产业发展中的作用日益提升，鼓励和引导企业并购也逐渐成为各级政府推动资源要素优化配置、企业转型和产业升级的重要决策。

表 1-2　2016 年中国知名企业主要海内外并购投资事件

行业领域	买方企业	并购标的	交易金额	区域范围
家电行业	海尔集团	美国通用家电业务	366 亿元	跨国并购
	美的集团	德国库卡集团 80.04% 股份	214 亿元	跨国并购
互联网	腾讯	芬兰 Supercell 公司 84.3% 股权	566 亿元	跨国并购
	乐视	酷派 17.9% 股权	30 亿元	本土并购
电商与快递行业	京东	"1 号店"核心资产	98 亿元	本土并购
	鼎泰新材	顺丰（借壳上市）	433 亿元	本土并购
房地产	中海	中信 10% 股权	310 亿元	本土并购
	恒大	嘉凯城 52.78% 股权	36 亿元	本土并购
钢铁与汽车行业	宝钢与武钢重组，宝钢持股 52.1%，武钢持股 13.48%			本土并购
	黄山金马	众泰汽车 100% 股权	116 亿元	本土并购
	北汽	福建奔驰 35% 股权	—	本土并购

资料来源：作者根据网络素材整理。

但是，国际上现有企业并购研究主要围绕发达国家及其跨国公司展开，较少关注中国等转型经济体，对由发展中国家企业主导的并购投资研究相对不足（Duysters et al., 2015; Lebedev et al., 2015; Wu et al., 2020）。另一方面，现有关于中国企业投资行为的研究主要集中于企业各部门和分支机构区位选择、企业投资与合作网络演化等方面，较少区分企业投资模式的差异，大多以新建投资（新建工厂、新设分支机构等）区位为研究对象（张文忠，1999；李小健等，2000；袁丰等，2012）；而中国企业并购研究起步相对较晚，已有研究主要集中于经济学、管理学、国际贸易学等领域，基于经济地理学视角的研究较少，尤其缺乏关于企业本土并购区位选择及其形成机制、空间效应的探讨（吴加伟等，2017）。中国企业发展环境，尤其是经济体制、要素与政策条件等与西方截然不同，企业并购投资区位选择及其空间格局、驱动机理与空间效应等存在一定特殊性，不能完全套用西方的研究语境，需要结合典型区域和案例等开展系统研究。本书以企业本土并购为研究对象，主要基于以下考虑：一是跨境并购受地缘政治经济形势影响较大，而本土并购市场相对稳定；二是中国企业本土并购交易规模相对更大，对区域产业发展的影响更为显著；三是本土并购事件及企业信息更为全面、更易获取；如图 1-2 所示，近年来中国企业本土并购投资事件数量及交易金额均显著高于企业跨境并购。为此，本书主要从经济地理学研究视角出发，聚焦中国企业本土并购投资活动，着重解决以下三个方面的问题：

首先，有必要系统分析和总结中国企业本土并购投资时空动态及其演化特征。 西方相关研究表明，企业并购投资的空间格局主要表现在买方和标的企业的空间位置关系，企业间、区域间并购投资网络结构等方面，不同区域、行业的企业并购活动时空特征也存在较大差异（Rodríguez-Pose et al., 2006; Zademach et al., 2009; 黄晓东等，2021）。中国长期以来作为国际资本主要流入地，大量企业被动成为跨国公司并购标的，本土企业并购投资活动相对较少。近年来，以上市公司、大型国（央）企为代表，中国企业主体不断通过并购投资跨区域整合资源、拓展业务等；同时，也有大量中小企业及低效率、经营困难的企业被并购整合，从而丧失企业控制权或面临"消亡"。由于中国区域间经济社会发展及企业生产经营水平差异较大，尤其是在经济地理格局重塑、产业转型升级加速等背景下，企业本土并购投资以及买方和标的企业的地理分布格局将呈现出显著的地区差异、行业差异等，这就需要基于多时段数据及多元空间分析方法，全面分析中国企业本土并购投资时空动态及其演化特征。另一方面，企业参与并购投资活动是地方产业更迭和经济转型活力，以及城市和区域间资源要素重新配置的重要体现之一，因而深入探讨中国企业本土并购投资时空动态演化过程及一般规律，也能够为认识地方经济发展、城市/区域间动态关联等提供新的研究视角和现实证据。

其次，有必要深入探讨中国企业并购投资双方配选的影响因素和驱动机制。 与新建投资等不同，并购的核心在于买方企业对标的企业的搜寻、交易和整合，即并购双方"配选"（M&A partnering）过程（Ellwanger et al., 2015; Květoň et al., 2020）。并购双方配选的成效既取决于标的企业存量资产与买方企业战略需求的匹配程度（Chakrabarti et al., 2013），也受并购双方组织结构相似性、产业和技术关联度以及企业所在区域间联系等因素影响（Di Guardo et al., 2016; Boschma et al., 2016）。可见，并购双方配选过程涉及企业间、区域间、企业—区域间多重关联，基于企业绿地投资区位优选的经典理论对此难以充分解释，相关研究需要理论视角的综合创新。已有研究表明为了降低市场风险，节约基础设施新建成本以及物流、劳动力等交易费用，买方企业在并购投资过程中会更加关注标的企业资产及其所在地方在基础设施、供销体系、社会关系网络与营商环境等方面的现有优势，同时并购双方在地理、组织、认知与社会等方面的临近性也是影响企业并购标的及其区位选择的重要因素（Green et al., 1997; Di Guardo et al., 2016）。中国企业并购投资面临着与西方截然不同的宏观环境、经济体制与要素条件，尤其是在经济社会高质量发展等转型背景下，企业并购配选机制研究不仅要考虑买方和标的企业在组织规模结构、所有制类型、技术水平以及投资目的等方面的关联性，也要关注区域间经济社会联系以及行政区经济、地方政策与制度环境等方面的影响。那么，有必要探讨中国特定企业间、地区间发生并购投资的影响因素与动力机制是什么，与西方现有实证研究成果有何不同？对相关问题的实证研究，有利于从经济地理学角度科学认识中国企业并购投资动因，以及并购双方企业空间集散的背后因果逻辑，从而丰富经济地理学相关理论和实证研究，并为各级政府科学合理引导企业并购投资活动服务国民经济社会发展提供参考和依据。

再次，需要进一步研究中国企业本土并购投资的空间效应。企业并购活动促进了生产要素、经济决策权力等在企业间和区域间的转移，尤其是在新一轮技术革命与产业变革背景下，基于产业链纵向、横向联系的并购活动能够转变以企业新建投资为主的产业组织形式与空间形态，进而影响企业集群及地方经济社会发展等（Coeurdacier et al., 2009; Kling et al., 2014; Capasso et al., 2015）。但现有研究较多探讨并购对买方和标的企业发展绩效的影响，对其在企业组织结构与地方发展方面的空间效应关注不足。伴随国际经贸格局调整、资源环境压力趋紧等新形势，加快推动并购投资已成为中国企业突破路径依赖、实现可持续发展的重要手段，也是提升城市和区域经济发展话语权和综合实力的重要决策。日益活跃的企业本土并购投资在转变并购双方企业组织结构类型的同时，也将加快推动中国企业控制权及相关经济决策权在空间上的转移转换，进而影响城市和区域经济发展活力等。因此，本文也尝试探讨并购投资对企业组织结构类型及其空间特征的影响效应；在此基础上，进一步通过企业控制权转换分析，探究并购投资在地方经济发展活力以及区域经济空间结构演化、城市间联系及其等级体系演变等多个维度上的综合影响效应。

总的来说，本书的研究问题可以总结为：①企业本土并购投资呈现什么样的时空动态？有何演变规律？②企业本土并购双方配选受哪些因素影响？驱动机制是怎样的？③本土并购会对参与企业、相关产业和地方/城市发展产生什么影响？本书基于经济地理学视角，对中国企业本土并购投资时空动态、配选机制与空间效应等问题的探讨，有利于丰富经济地理学领域内企业区位、产业集聚等经典理论，可以为国际企业并购研究提供中国范式与实践经验，也能够为中国未来企业并购研究提供理论和方法支撑。另一方面，基于企业并购投资研究，本书能够为中国企业空间组织、产业集聚区、城市与区域发展等研究提供了新视角、新方法。此外，本书通过总结中国企业本土并购的发展现状、问题挑战等，剖析企业本土并购双方配选的要素关联与驱动模式，一定程度上能够推动决策者深入认识到并购等企业活动与地方经济社会发展的复杂关联，为合理引导企业并购交易以及相关政策制定提供一定借鉴与参考。

第二节　相关概念界定

企业在组织、空间上的增长与扩张现象，尤其是企业投资方式及其区位选择一直是地理学、经济学、管理学等诸多学科关注和争论的焦点（McNee, 1961; Taylor et al., 1982; 李小建, 1991; Phelps, 2017）。20 世纪中叶以来，不同学科依据自身领域背景和理论视角，广泛探讨了企业增长与扩张的概念内涵和具体方式（李小建, 1991; 费洪平, 1993），如企业内生增长（新建投资等）、企业外部扩张（并购投资等）、企业战略联盟等。其中，并购投资与企业其他增长和扩张方式既有联系也有区别，因而本节着重厘清上述相关概念内涵，明确本研究的重点领域和对象。

一、企业增长与扩张

1. 企业增长与扩张的概念内涵

企业增长与扩张贯穿企业发展壮大的各个阶段，一般是指个体企业（或企业群体）基于追求规模经济、节约交易成本、增加市场份额等战略诉求，通过内生增长、并购扩张与战略联盟等方式，实现企业资源控制、生产经营、市场规模等方面能力的提升（Walker, 1989; 孙姗姗等, 2007）。在经济学和管理学领域，相关研究认为企业增长与扩张的本质是资本的扩张，与企业投资行为息息相关，具体表现为企业资本规模、质量和效率的提高，同时也会增加企业的有形资源（资产、人力资源等）和无形资源（品牌技术、组织构架等）（朱启才, 2002）。而在经济地理学领域，相关研究基于地理空间的视角，强调企业扩张决策及其投资行为的地域"根植性"（local embeddedness），注重分析企业增长与扩张在企业组织与空间结构上的具体表现（Dicken et al., 1992; Waite, 2017）。其中，企业增长与扩张的空间表现是企业/公司地理学研究的核心问题（李小建等, 2000; 薛汉喜, 2002; 王向楠, 2017）。

2. 企业增长与扩张方式

依据企业投资决策、产权与组织结构等方面的差异，企业增长与扩张主要分为内部增长、外部扩张、战略联盟与虚拟扩张等主要方式（图1-3），其中：

①企业内部增长，是指企业在组织内部，通过资本、劳动力、技术等资源重新组合与配置，组建新项目、新部门、分支机构与子公司等，进而实现企业原有生产、经营和管理能力的提升，或者以此进行新技术研发与产品市场拓展等（安铁雷, 2010; 李颖, 2015）。企业内部增长不会改变企业家或股东对企业的控制权，但受到企业内部现有资源、能力和利润等的限制。企业内部增长的方式主要有新增项目、新建投资等。其中，新增项目是指企业为生产规模扩张、技术创新与改造等战略目标而新增的投资项目，企业也会为此新设部门或专职机构，负责新增项目推进工作；新建投资一般是指企业在特定地点投资成立的全部（或部分）资产所有权归投资企业所有的新企业或分支机构，新建独资和合资企业是其两种具体形式（Görg, 2000）。

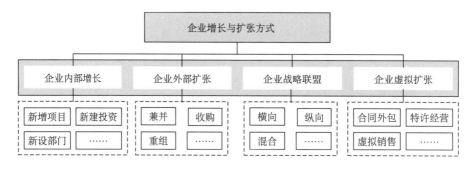

图1-3　企业增长与扩张方式分类

②企业外部扩张，是指企业之间通过产权购买、投资等手段，整合双方企业组织及其资源等，进而实现企业规模增长、生产经营能力提升与市场拓展等。企业外部扩张方式以企业兼并、收购为主。与企业内部增长不同，以企业并购为主导的外部扩张能够转变企业内部产权结构以及企业间控制关系等。

③企业战略联盟，是指两个或两个以上的企业为实现特定的战略目标，通过企业协议与合作等方式，而形成的优势互补、利益共享、风险共担的松散型企业联合体（李再扬等，2003）。按照相关企业所属的产业链环节，企业战略联盟也分为横向、纵向与混合型企业联盟。

④企业虚拟扩张，是指企业间以产品生产、技术创新和服务共享等为基础，通过合作协议、外包、特许经营等方式形成的长期联合或虚拟经济组织，随着企业扩张方式的多元化发展，供应链合同外包、柔性生产、特许经营、虚拟销售与服务均可被视为企业虚拟扩张的主要方式（安铁雷，2010）。

此外，企业（公司）地理学相关研究也认为，企业增长可分为内部增长和外部兼并、生产一体化和生产多样化等四个方面（李小建，1991），而新产品研发生产、市场扩张、战略联合、兼并和收购、接管等也被视为跨国公司（multinational enterprises, MNEs）增长和扩张的主要策略（Reddy et al., 2017）。企业生产一体化、内外部增长过程中产业链上下游联系、新厂选址、新并入企业区位等是企业空间格局重要的影响因素，企业增长及空间演化也存在多种模式。总体而言，企业增长与扩张方式呈现多元化发展趋势。其中，现有研究较多关注企业新建投资与并购投资，认为两者是企业增长、企业组织与空间结构演化的重要手段和战略行为。为此，本研究需要重点厘清两者的概念内涵。

二、企业并购投资

1. 企业并购的概念内涵

并购是企业实现资源优化配置、产品结构调整、战略多样化、市场扩张和业务增长的重要途径（Chapman, 2003; Di Guardo et al., 2016）。广义上，公司并购指买方企业出于建立分公司、完善供应链、减小市场竞争等目的，通过产权交易获得标的企业的产权或控制权，具体包含购买资产、协议收购、吸收合并、资产置换、增资、战略联合、合资等多种形式和手段（Ben Daniel et al., 1990）。而狭义上，企业并购一般指兼并和收购两层含义、两种形式。其中，兼并是指两家或多家企业合并组建新的实体企业或控股集团公司（Nelson, 1959）；收购指买方企业

（一家或多家）利用现金、有价证券等形式购买标的企业的资产、股权等，以获得标的企业资产所有权或标的企业实际控制权（Nakamura, 2005）（表1–3）。狭义上的兼并与收购形式由于买方、标的企业双方出资、收购股份等数量比例的差异，其概念内涵可进一步细分，如吸收合并与等权合并、股权收购与资产收购等。但兼并与收购均代表标的与买方企业结构重组与权力转换，且对参与企业及其所在区域的影响效应具有相似性，因此本书在实证研究中并不严格加以区分（Kangueehi, 2015）。

表1–3　企业并购活动概念内涵

分类		简要定义	
狭义的企业并购概念内涵	兼并	吸收合并	
		等权合并（合并后参与双方企业拥有对等的股权份额和企业控制权等）	
	收购	股权收购	全面收购（买方收购标的企业100%股份）
			大部分收购（买方收购标的企业50%以上股份）
			少部分收购（买方收购标的企业50%以下股份）
		注资、资产收购、业务收购等	
广义的企业并购概念内涵	资产合作	少数资产所有权交叉与合并	
		组建新的控股企业集团	
	业务合作	特许经营权	
		管理外包	
		合资	
		生产、销售或研发等业务合作	

资料来源：Nakamura（2005）、Kangueehi（2015）。

2. 企业并购类型划分

相关研究分别依据企业间区位条件、产业链关联等因素，提出了多种有关企业并购活动的类型划分。一是依据企业间产业链关联、企业战略需求等条件，将并购活动划分为垂直并购（vertical M&A）、横向并购（horizontal M&A）、多元化并购（conglomerate M&A）、财务投资与资产调整等（Green, 1982; 2018; Rozen-Bakher, 2018）；其中，垂直并购是企业交易成本内部化的纵向一体化战略行为，标的企业为产业链上下游企业，如企业原有原材料供应商、产品需求商等；横向并购是企业为获取规模经济的横向一体化战略行为，标的企业多为同一行业和市场内的竞争对手；多元化并购是企业为拓展业务领域、降低风险及获取范围经济的战略行为，买方与标的企业现有主营业务差异较大；而财务投资与资产调整是企业为了通过资本运营、重组等方式获取股票溢价等收益的战略行为。二是依据企业间地理距离、区位关系等条件，将并购活动区分为跨国并购和本土并购，也有学者进一步细分提出本土区域内部（intra-regional M&A）、本土相邻区域间（neighboring domestic M&A）、本土远距离区域间（distant domestic M&A）以及跨国并购等类型划分（Lehto，2006）。此外，也有学者依据标的企业及其员工意愿等条件，将并购活动区分为友善并购（friendly M&A）和敌对并购（hostile M&A）等类型（Kangueehi，2015）。

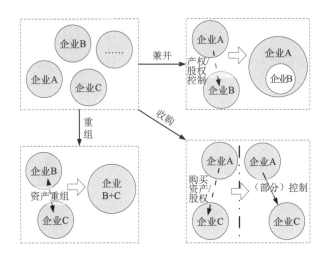

图 1-4 企业外部（并购）扩张方式示意图

综上，本研究将企业间兼并和收购活动统称为企业并购，并聚焦于同一国家或地区内的企业本土并购活动，将中国次区域/城市内部、区域/城市间并购事件作为研究对象，并对垂直、横向、多元化、财务投资与资产调整等类型加以区分，主要基于以下考虑：一是已获取数据库内含企业并购目的等信息，能够帮助识别上述并购类型；二是上述五种企业并购类型差异显著，能够代表并购双方不同的投资战略及配选偏好；三是西方经济学界已开展了上述企业并购类型的研究，有利于国内外案例的比较分析。

三、企业新建投资

在早期国际贸易与投资相关研究中，学者广泛探讨了新建投资、并购、多方合资与战略联合等企业增长与扩张方式的联系。其中，新建投资（又称"绿地投资"）与并购投资都被视为企业对外直接投资的主要形式，也是资本进入新兴市场、行业领域和地域的必要手段（Görg, 2000; Gilroy et al., 2005; Nocke et al., 2007）。其中，新建投资主要指跨国公司等投资主体在东道国（区域）依照当地法律规范等新设的部分或全部资产、所有权归外来投资者（资本）所有的实体企业或机构（Gilroy et al., 2005），企业新建独资企业、与东道国（区域）资本共同新建合资企业是绿地直接投资的两种主要形式。

　　企业新建投资与并购的差异主要体现在影响因素与效应等方面。若国家（区域）间文化和制度差异较大，外来资本更倾向于选择绿地直接投资；若企业为高技术领域，则更容易选择以并购形式扩展新兴市场（Green et al., 1997）。另一方面，相关研究认为绿地投资会直接促进目标国（区域）福利增长，而并购投资主要考虑跨国企业等外来资本的的经济利益，一定程度会将东道国（区域）的优质资产转移至母国（区域）（Kim, 2009）；查普曼（Chapman，2003）也指出绿地投资能为企业创造新的生产力并带动地方增长，而并购活动则象征"重构、取代甚至毁灭"，可能导致标的企业关停与东道国（区域）福利下降。

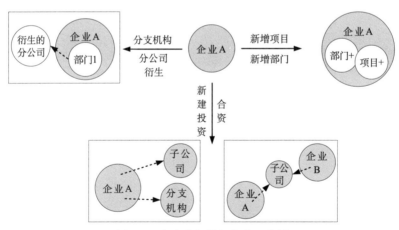

图 1-5　企业内部增长方式示意图

　　可见，绿地投资与并购活动均对企业增长及其空间演化、区域经济社会发展具有深刻影响，两者在发生机理与影响效应方面具有相似性和差异性，均是研究企业、产业与区域发展及空间重构的重要视角（Chapman, 2003）。本研究将企业并购活动作为主要对象，充分借鉴经济学、管理学与经济地理学等领域有关企业新建投资的理论方法。

四、并购投资时空动态

现有研究主要是从并购投资事件、买方与标的企业地理分布格局、买方与标的企业所在区域之间的并购投资联系强度等方面，对企业并购投资时空动态进行刻画描述（Zademach, 2005; 魏乐等, 2012; Boschma et al., 2014; 计启迪等, 2020）。遵循现有理论和实证研究，本文认为并购投资时空动态是企业并购双方地理分布格局、联系网络空间宏观形态及其演变过程（图 1–6），主要从以下三个方面进行定义和测度：①买方和标的企业的地理位置及集散空间格局。由于每例并购投资事件中可能涉及多个买方和标的企业，且并购双方企业往往分布在不同的行政区范围内，因而需要分别明确买方和标的企业的地理位置，并以此来刻画并购投资活动相关的地理空间及其集散趋势。②并购双方所在区域间并购投资联系网络。由于并购投资的完成需要买方和标的企业之间达成交易，即产权、股权或资金等在企业间进行流动和置换，这也表明买方和标的企业所在区域间形成了特定的"流空间"或"网络空间"；而根据地理空间单元划分标准的差异，并购双方的投资交易会在城市（市县）内部、城市之间、区域或国家之间等不同空间尺度上形成联系网络结构。③并购投资的动态演化、多尺度综合与空间"不对称性"。伴随企业

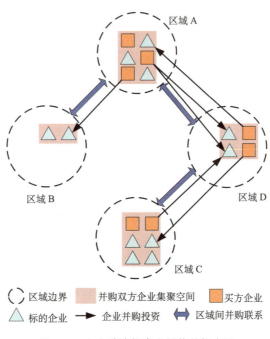

图 1–6　企业并购投资空间格局概念图

自身诉求与能力、外部发展环境变化，企业并购标的及其区位选择偏好、空间表现均会发生转变；并购双方的投资交易可以在城市内部、城市之间、区域或国家之间等不同尺度上形成联系网络；同时，由于企业投资能力以及资源禀赋条件、产业层次与经济发展水平等区域差异，区域间企业并购投资联系强度存在空间"不对称性"（asymmetric）。

第三节 研究思路、方法与章节安排

一、研究思路与技术路线

本书选择长三角为研究案例区，重点考察在经济全球化、区域一体化、企业治理体系改革等转型期背景下，中国企业本土并购投资时空动态演化过程、并购双方配选机制，以及并购投资活动在企业组织结构类型及空间特征、地方经济发展、城市体系演变等方面的影响效应。全书采用"理论假设—实证论证—修正假设—规律总结"的研究思路，基于经济地理学、产业经济学理论方法构建企业并购投资的理论分析框架，并按照时空动态、配选机制与空间效应等方面的研究需求，建立企业并购投资空间数据库，集成运用 GIS 空间分析、社会网络分析、计量模型与个案调查和定性分析等方法，进而通过案例区实证分析验证和完善理论假设，实现本书研究主要目标。全书具体研究思路和技术路线如图 1–7 所示：

第一，构建中国企业本土并购投资时空动态、配选机制与空间效应研究的理论分析框架。在系统总结现有理论脉络和实证研究进展的基础上，通过对经济学、管理学与经济地理学等领域相关理论研究成果的追踪、归纳和演绎，结合国内外知名企业重大并购投资实践，从"成本—收益"视角开展企业并购投资的动因分析，在此基础上探讨企业异质性、空间差异性以及宏观环境的影响作用，进而阐述企业本土并购投资双方配选的影响因素及作用机理；结合中国区域经济社会发展、企业并购投资市场的阶段性特点，分析提出中国企业本土并购投资活动分布、并购双方联系网络演化的一般规律性假设；并从理论上分析并购投资过程中资源要素、企业控制权的流动转换，及其在企业组织结构类型及空间特征、地方经济发展、城市体系演变等方面的空间效应。

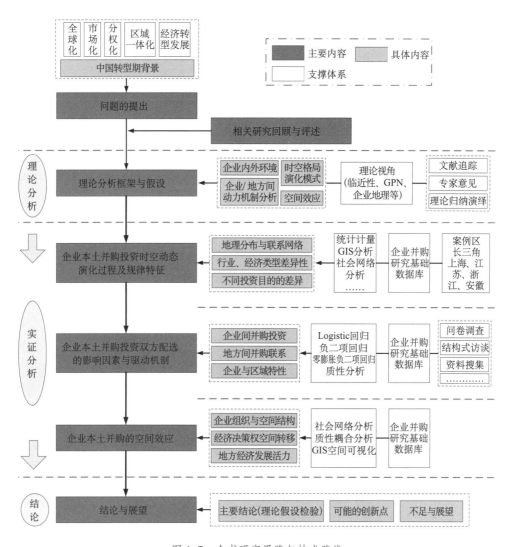

图 1-7　全书研究思路与技术路线

　　第二，以长三角为研究案例区，重点分析企业并购投资事件以及买方和标的企业的地理分布和联系网络格局特征，并总结区域尺度企业并购投资时空动态演化的一般性规律。在分析中国及长三角企业并购投资市场发展概况的基础上，进一步构建 20 世纪 90 年代中期以来长三角企业并购投资空间数据库，集成运用一般统计分析、GIS 空间分析、社会网络分析等方法，探究企业并购投资事件及并购双方企业的地理空间分布格局及其演化过程，以及并购双方联系网络结构特征，重点突出不同行业门类（如制造业与服务业）、投资目的下（如横向整合、纵向整合、多元化战略）企业本土并购投资地理分布及其联系网络格局的差异性。

第三，重点从特定企业间、地方间两个视角分析长三角内部企业并购双方配选的影响因素及其作用机制。一方面，基于本文理论分析框架，归纳总结现有文献研究成果，并结合中国企业发展的特殊制度和市场环境，从企业和区域两个层面对影响企业本土并购双方配选的主要因素展开定性描述和分析；另一方面，进一步完善企业微观数据库，运用计量回归方法，重点对企业间、地方间并购联系形成演化机制进行定量分析检验，并突出不同产业门类、投资目的下的企业并购投资标的及其区位选择机理的差异，以期全面验证多尺度、多维度临近性与企业并购投资配选的动态关联。

第四，讨论中国企业本土并购投资的空间效应。一方面，选取典型城市和区域，分析并购投资影响下企业控制权及相关经济决策权在区域间的空间转移情况，以此为基础探讨并购投资对地方经济发展活力、经济空间结构演化的影响效应，并在此基础上探讨企业并购活动对长三角基于"指令—控制"职能的城市体系演变的影响效应。另一方面，在区分功能部、产品（业务）部、区域部等不同企业组织结构类型的基础上，选取典型企业集团及其主要并购投资事件展开案例研究，重点分析在并购投资影响下不同企业组织结构类型及其空间特征的转变。

最后，针对实证分析结果开展进一步讨论，修正本文理论框架与假设，提出本书的主要结论、理论与实证意义，简要探讨鼓励和支持企业并购投资的政策建议，并结合"十四五"及未来一段时期内国内外宏观环境对中国经济地理学界的企业并购研究进行展望。

本研究之所以选择长三角为案例区，主要出于以下考虑：一方面，长三角是中国综合实力最强、经济最具活力、开放程度最高的区域之一，尤其是民营经济、本土企业发展基础较好，但近年来受资源环境约束趋紧、劳动力成本上升等因素影响，企业、产业转移与转型升级的态势愈发明显，其中以并购等形式的企业间、区域间投资活动日益频繁，2015 年长三角企业本土并购事件近 1 500 例，约占全国总量30%。另一方面，长三角经济地理格局长期呈现"核心—外围"结构，存在明显的行政区分割与同质化竞争等，但伴随一体化进程深入，一体化要素市场环境有所改善，城市间经济社会联系日益紧密，其中本地生产网络与管治结构也不断重塑，企业间整合、合作与并购交易等联系日益密切。此外。长三角企业并购的发展呈现出明显的阶段性特征，普遍存在各行各业、多种所有制企业的不同类型并购案例，兼具典型性和多样性，对研究中国企业并购更具参考价值。

二、研究方法

为实现研究目的，依据上述研究思路与技术路线，本书从多角度采用多手段、多方法，旨在深入分析中国企业本土并购区位选择的时空动态、配选机制与空间效应。

1. 理论分析方法

一方面，通过文献追踪、归纳与演绎，重点以经济地理学视角形成对企业并购投资的基本科学认识，奠定本研究的基础；同时，基于文献梳理发现现有理论和实证研究的不足，结合中国经济地理学理论发展及国民经济发展实践的需求，提出本文的研究视角和重点。另一方面，综合经济地理学、产业经济学等经典理论视角，结合中国企业发展演化的特殊经济制度背景，尝试提出中国企业本土并购投资时空动态、配选机制和空间效应等方面研究的理论框架和研究假设。

2. 实证分析方法

在理论分析和研究假设的基础上，综合运用地理学、计量经济学与社会学等领域的定量、定性分析方法，重点对中国企业本土并购投资区位选择的时空动态演化、影响因素与驱动机制、空间影响效应等进行实证分析，具体分析方法如下：

企业本土并购投资时空动态及其演化过程分析刻画方法。收集长三角企业本土并购事件、买方和标的企业信息等数据，借助 ArcGIS 空间化处理，构建长三角企业本土并购的空间数据库，运用核密度、探索性空间数据分析等 GIS 空间分析以及社会网络分析等方法，重点刻画和描述长三角企业并购投资的时空动态性，尤其是买方和标的企业的时空分布格局、联系网络关系及其演变过程，从而定性分析中国企业本土并购投资区位选择及其格局演变的一般性规律。

企业本土并购双方配选机制分析方法。基于文献梳理总结、理论分析等，借助案例区实地调研等方法，定性判别影响中国企业本土并购双方配选的关键因素，进而运用 Logistic 回归、负二项回归等计量分析模型，定量分析企业本土并购双方配选驱动因素的作用机制。

企业本土并购空间效应研究方法。在企业本土并购投资区位选择、驱动机制分析基础上，选择典型企业集团及其并购投资事件、城市和区域等，重点利用实地调研、案例研究与质性分析方法，结合区位熵等一般统计分析，探讨并购投资对参与企业组织空间结构演化、地方经济发展、城市等级体系演变等方面的影响效应。

三、章节安排

按照上述研究思路与技术路线等，本书共分为八章：

第一章，绪论。结合国内外现实与研究背景，提出本书重点探讨和着重解决的问题，对并购等相关概念内涵进行界定，并提出本书主要的研究思路以及具体的章节安排。

第二章，企业并购理论与实证。梳理和综述企业并购研究的分析视角及其发展脉络。重点从经济地理学视角，分别对企业并购投资区位选择及其空间格局、配选机制、综合效应等方面的实证研究进展进行回顾，最后结合中国企业并购研究进展及现实情况对现有理论与实证研究进行简要总结与评述。

第三章，企业并购的动因、区位与影响。融合经济学、管理学、经济地理学等相关理论成果，结合知名企业并购投资实例分析，构建一个中国企业本土并购投资研究的分析框架，从而为本论文实证研究奠定理论基础，提出研究假设。其中，重点基于企业"成本—收益"，突出企业异质性、空间差异性以及宏观环境等内外部因素的影响作用，探讨中国企业本土并购投资双方配选的关键因素及其驱动机理；结合中国企业、区域经济社会发展的阶段性特征，分析企业并购投资时空动态演化规律与模式；并从理论上分析企业并购投资活动的空间影响效应。

第四章，中国企业并购市场演进特征。结合中国经济转型发展背景，重点分析中国企业本土并购投资市场的发展历程与总体特征。在此基础上，简要分析长三角企业并购市场发展的经济、社会和制度环境，探讨长三角企业本土并购市场发展历程与主要态势等，系统阐述选择长三角作为研究案例区的原因。

第五章，长三角企业并购投资时空动态。利用统计分析、GIS 空间分析、社会网络分析等方法，讨论长三角企业本土并购投资活动，尤其是买方和标的企业的地理分布格局、联系网络结构及其演化过程，并有针对性地比较不同产业属性和投资目的下并购投资空间格局及其演化特征的差异性。

第六章，长三角企业并购双方配选机制。在对可能影响企业参与并购以及企业间、区域间并购联系的影响因素进行质性分析的基础上，利用一般统计分析、计量回归模型等方法，重点对企业间、区域间并购投资联系形成演变的影响因素及作用机制进行定量检验。结合上述计量分析结果，突出不同行业门类、投资目的下企业并购投资标的及其区位选择机理的差异。

第七章，长三角企业并购的空间效应。从地方经济决策权转移转换及经济发展活力转变、企业组织结构类型与空间特征演化等方面出发，选取典型企业（集团）和地区，综合定量与定性分析方法，探讨并购投资活动对长三角企业和经济社会发展的影响效应。

第八章，结论与展望。总结研究得到的主要结论，讨论本书的理论与实践意义，探讨相关政策建议，提出本书可能的创新点、不足之处以及下一步研究展望。

第二章　企业并购理论与实证

对企业并购投资及相关地理行为已有研究进展的回顾是本书的重要基础和研究起点。为此，本章主要从以下几个方面展开：首先，基于文献追踪与归纳，梳理企业并购研究的理论渊源及发展脉络；其次，结合本文主要研究问题，综述国内外经济地理学界有关企业并购的实证研究，尤其是企业并购投资时空动态演化、配选机制和影响效应等方面的研究进展；再次，简要回顾企业并购实证研究方法进展；最后，简要总结和评述已有理论及实证研究进展。

第一节　相关理论发展

19 世纪后期以来，并购已经成为企业成长扩张、产业组织变革以及国际投资和贸易的重要方式，企业并购更是被视为现代经济史的突出现象，相关研究也成为管理学、经济学、国际贸易学和经济地理学等多个学科领域关注的热点（Chapman, 2003）。基于自身学科背景及研究范式，学者们重点围绕"企业为什么要实施并购投资？受哪些因素驱动？"等关键问题，对企业并购投资现象作了广泛而深入的研究，形成了多元化的理论视角及成果（Birkinshaw et al., 2000; 汤文仙等, 2004）。

一、基于管理学的企业并购理论

现代企业并购理论的研究兴起于管理学界，学者主要从企业自组织结构与战略管理关系等角度出发，探讨企业并购投资的动因与绩效（郑鸣等, 2010）。相关研究认为企业主要是考虑到并购过程中潜在的多样化协同（synergy）效应及其对企业生产经营效率（efficiency）的改善作用，才会选择将并购投资作为自身组织和空间扩张的主要形式；企业并购也被视为帕累托改进（Pareto Improvement）过程，即能够改善并购参与各方企业的个体效益，从而促进整个社会福利的增进（Chatterjee, 1986; Seth et al., 2000; 程小伟, 2007）。韦斯顿等学者系统阐述了并购协同及效率理论的概念内涵与作用机制，认为企业并购的协同效应主要源自管理、经营与财务等方面，并能够促进企业间优质资源共享、先进管理经验溢出、经营风险共担、主营业务优势互补等，从而实现"1+1>2"的并购整合效果（Weston et al., 1990; 郑鸣等, 2010）。

具体而言，管理协同理论认为管理效率上存在差异的买方和标的企业，可以通过并购将买方过剩管理资本与标的低效组织资本相结合，从而实现并购双方管理效率提升及利益最大化。经营协同理论认为主营产品或业务不同的企业间，可以通过并购实现产品（业务）优势互补、产业链（价值链）上下游整合等，扩大企业组织和经营规模、降低单位生产成本，进而提高利润和收益。财务协同理论认为，企业并购一方面可以通过"债务共担"、"现金内部流转"等方式降低融资成本，并使市场投资机会内部化，降低企业资本运营风险等；另一方面，并购能够影响企业股票价格，股票投机被视为上市公司发起并购投资的重要动因，同时并购也可以通过改变企业组织与资本结构等，在资本收益税、所得税与营业税等方面获得更为优惠的税收政策。基于管理学的企业并购理论，本质上是在产品业务及管理经营效率存在差异的企业之间，通过并购投资及整合形成协同效应，但也有学者质疑管理学范式下的并购研究缺乏严密的模型论证，忽视了市场占有率、商业周期等其他企业结构与组织变量的影响作用，在实际应用中略显牵强，且无法解释基于产业链纵向一体化整合的企业并购投资行为（程小伟, 2007; 郑鸣等, 2010）。

二、基于经济学的企业并购理论

随着现实经济生活中企业并购投资事件及涉及金额规模的不断增长，企业并购理论及实证研究也迅速成为经济学最为活跃的领域之一，规模经济、范围经济、交易成本等经济学概念和理论被用于解释企业并购动因（Berkovitch et al., 1993; 张维等, 2002）。经济学界的研究在区分企业与市场边界的基础上，主要通过成本—收益分析解释企业并购动机，认为并购是企业主体降低交易费用、追求收益最大的合理行为（朱国祥, 2003）。但由于研究视角与假设的差异，经济学对企业并购投资的解释也形成了多个学派，其中以新古典经济学派和新制度经济学派的研究最具代表性。

新古典经济学理论基于"成本最小、利润最大化"以及经济人、完全信息等传统假设，将并购视为企业追求利润最大化而选择的经营策略或投资行为（Berkovitch et al., 1993; Brouthers et al., 1998; 程小伟, 2007），并主要从以下两个方面解释企业并购动因：①企业发起并购投资是为了追求企业规模、生产经营能力和范围的快速扩张，通过并购后的有效整合获取规模和范围经济效益，并降低单位生产成本，从而实现利润最大化。②并购是企业迫于市场竞争压力的投资行为，企业一方面能够通过并购整合标的企业的优质资产、产品业务以及供应商和销售渠道，为企业进入新行业、新区域降低"准入门槛"，从而实现高效率、低成本和低风险的对外扩张；另一方面，企业可以通过并购获取市场上同类型企业，尤其是主要竞争对手的核心技术、人力资源以及产品服务等，减少市场同质竞争、提升市场占有率，并增强对稀缺资源要素的集聚配置能力，从而实现对相关生产经营市场环境的绝对控制。

新制度经济学理论基于有限理性、机会主义与不确定性等假设，指出市场存在外部性及信息不对称等情况，市场上任何交易的达成都要在信息搜寻、交易谈判与监督实施等各环节支付高额费用，即交易成本理论（Coase, 1937; Williamson, 1979），该理论也逐渐成为解释企业并购动因的重要工具。相关研究认为企业的并购投资行为，根本上是为了内部化原属于市场范畴的交易费用，实现交易成本的节约，具体可表现为以下两点：①企业可以通过并购获取知识技术、品牌商誉等有形或无形资产，一方面降低相关研发和运营投入，另一方面也可以避免相关资产使用过程中由于市场外部性、投机性等产生的交易成本和费用；②企业可以通过并购产业链上下游企业，将原先合作的技术研发、原材料与中间产品供应、市场营销与售后服务等专业化企业转变为集团内部机构（或分公司），使原有的市场交易内部化，进而避免由于资产专用化等产生的交易成本和费用（徐兆铭, 2003; Cantwell et al., 2006; 郑鸣等, 2010; Caviggioli et al., 2017）。

此外，也有学者从治理和行为经济学的视角来解释企业并购的驱动因素。其中，基于治理经济学，尤其是委托代理理论的相关研究认为企业并购主要是为了解决企业股东与经营管理层之间的矛盾，即企业若因为管理层"无能"而经营不善，则有被并购的风险（Jensen et al., 1983; 汤文仙等, 2004）；而行为经济学派指出企业并购投资行为往往是企业所有者或管理者的非理性行为或错误决策，即过于自负假说（hubris hypothesis），相关研究认为相当一部分的企业并购仅仅是为了满足管理层的自负动机（Seth et al., 2000）。

三、国际贸易学的企业并购研究

20 世纪 60 年代以来，科技革命与经济全球化等推动产业组织形式变革、国际分工调整加速，并引发大规模的资本跨国流动，而跨国（境）并购作为 FDI 的主要方式也实现快速增长，并逐渐成为备受学术界关注的世界经济现象（Cantwell et al., 2002; Brouthers et al., 2007）。虽然管理学、经济学领域侧重研究国家或区域内部企业并购投资行为，但协同及效率、规模经济和交易成本等理论仍能够在一定程度上解释企业跨国并购投资的形成和发展（曹洪军等，2003）。有关跨国并购的研究进一步表明：①东道国货币贬值以及潜在标的企业价值被低估等是跨国并购投资的重要动因，买方企业希望通过并购获取异地优质标的企业的控制权，从而实现低成本的全球扩张；②企业利用跨国并购可以更大程度上消除东道国为外来资本设置的产业准入和政策壁垒，并能够以更快速度获取标的企业生产经营资源、进入东道国市场，这也是跨国公司更多采取并购而非新建投资进行全球扩张的核心因素（Hopkins, 1999; Brouthers et al., 2007; Buckley et al., 2016）。

此外，FDI 理论也是研究跨国并购的重要工具（Rodríguez-Pose et al., 2003）。早期 FDI 研究基于完全竞争等假设，认为要素禀赋以及价格差异是资本跨部门、跨地区流动的根本动因（MacDougall, 1960）。此后，相关研究更加关注非完全竞争框架下的跨国公司投资战略和行为，主要探讨垄断优势、交易成本、产品发展阶段等因素的影响作用（Vernon, 1966; Hymer, 1976; Agmon et al., 1977）。邓宁等将区位因素纳入 FDI 研究，提出国际生产折衷理论，认为所有权优势、内部化优势、区位优势等是企业对外投资的决定性因素（Dunning, 1979）。20 世纪 80 年代以来，新国际贸易理论基于不完全竞争、规模与集聚经济、产品差异化等，也更加关注国际贸易中跨国公司战略、产业集聚等微观动力机制（Krugman, 1980; Helpman, 1984）。集聚经济成为跨国公司投资、FDI 区位选择等研究的重要视角，相关研究指出跨国公司会选择拥有产业链上下游关联的企业集聚地区进行直接投资或并购，以获取产业内溢出效应、规模和集聚经济等（Chapman, 2003）。

四、经济地理学的企业并购研究

由上述综述可知，管理学与经济学领域的研究主要基于协同效应、规模经济与交易成本等理论，探讨并购投资与企业组织结构、生产经营绩效的动态关联和互馈机制（Trautwein, 1990）；而国际贸易视角下的企业并购研究已开始广泛关注区位因素，尤其是东道国地理区位优势、产业发展与政策制度环境等对企业并购投资选择的影响作用。相关研究也表明企业投资区位选择、并购与新建企业"存活率"等，均与地理区位和区域投资环境息息相关（Chapman, 2003; Cai et al., 2016）；但管理学、经济学与国际贸易角度的研究大多仍基于"空间均质"等假设，尚未系统阐述并购投资的地理空间属性，相关学术探讨也较少涉及并购投资、地理区位与投资环境的相互关联机制。

20 世纪中叶以来，西方经济地理学界开始关注企业并购研究，并认为企业并购是根植于地方的经济活动，并强调其地理空间属性（Taylor et al., 1982; Qu et al., 1997）。学者们相继从经典区位分析以及企业组织与空间扩张、产业集聚、全球生产网络（GPNs）、临近性等分析视角，对"企业并购的地理行为及其空间呈现"以及"特定企业间、区域间并购联系驱动机理与空间效应"等一系列研究问题进行了深入探讨（图 2-1）。早期研究基于新古典区位论、FDI 区位选择等视角，认为并购投资是企业追逐"利益最大化"的地理行为，交易成本、区位优势等是影响企业并购标的及其区位选择的关键因素，相关研究以发达国家跨国公司对外投资方式及区位分析为主（Dunning, 1979; Laulajainen, 1988）。但区位理论大多是由新建投资研究发展而来，考虑并购投资在参与主体及其投资形式等方面的特殊性，系统分析其驱动机理与效应需要多元经济地理学理论方法的综合集成（Chapman, 2003）。

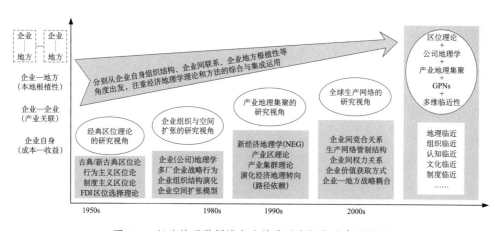

图 2-1　经济地理学领域企业并购研究视角及发展脉络

伴随信息技术革命、经济全球化与区域一体化发展不断深入，企业空间组织呈现多样性、动态性和不稳定性特征，并购逐渐成为企业开辟新市场、降低生产成本、抢占价值链高端，进而获取竞争新优势的重要手段，很大程度上促进了企业组织、技术与空间修复过程（Coe et al., 2015）；同时，企业并购投资区位选择体现了资本、技术等生产要素空间集散过程，也反映了产业转型转移、区域经济地理格局重塑态势。对企业增长、产业集群、跨区域投资与贸易等领域的深入研究，使企业并购投资活动逐渐成为经济地理学界的重要议题，尤其是企业并购投资时空动态、驱动机制及其对企业/公司地区、企业—地方关联、地方经济发展、资本流动与劳动力市场等影响作用被经济地理学者广泛讨论（Chapman, 2003）。

20 世纪 80 年代，经济地理学关于多部门企业（公司）区位的研究，将并购投资视为企业组织演化及其空间扩张的重要形式，尤其是与企业一体化和多样化增长、跨国公司多厂战略行为等紧密关联，相关研究也基于此总结了企业组织与空间演化模式及一般规律（李小建，1991；费洪平，1993；Maskell, 2001）。但上述研究侧重并购对企业自身组织空间结构，尤其是企业不同商业活动、职能部门间组织关系及其地理分布的影响，较少关注企业"地域根植性"以及产业链上下游联系等与并购投资的关联。20 世纪 90 年代以来，"第三意大利"等传统产业区内部企业不断被外部企业兼并，使产业区企业决策日益外部化（Ottati, 2009；吴加伟等，2015）；经济地理学者由此开始关注并购、衍生等企业组织演变与产业空间发展演化的互动机制，并进一步强调企业—地方"根植性"关联与"地方/关系资产"等因素对并购等企业投资行为的影响作用（Green et al., 1997; Aliberti et al., 1999）。2000 年以后，GPNs 成为解释全球化进程中企业投资网络及其与地方"战略耦合"的重要分析工具，而并购作为跨国公司及行业领先企业（lead firms）的战略投资行为，受到 GPNs 学者的广泛关注，相关研究认为并购是企业内部、企业之间控制关系的典型代表，深入探讨了企业并购选择与其生产网络管制结构、权力关系、价值获取方式等方面的关联机制（Yeung, 2009; MacKinnon, 2012; Horner, 2013; Coe et al., 2015）。此外，在演化经济地理学相关研究中，学者指出并购活动能够导致区域内部企业退出或消亡，但同时也是产业集群形成以及区域产业发展路径演进的重要动力（Boschma et al., 2014; Weterings et al., 2015）。近年来，经济地理学界的企业并购研究注重区位理论、企业组织与空间扩张、产业集聚、GPNs 等视角的综合，尤其将多维临近性理论纳入分析框架，广泛探讨了地理、认知、组织、社会与制度等临近性与企业并购投资选择的动态关联（Boschma et al., 2016; Di

Guardo et al., 2016; Květoň et al., 2020）。

西方经济地理学者基于上述研究视角和分析框架，广泛探讨了企业并购投资的时空动态演化、双方配选机制及其空间影响效应等实证问题，对明确企业并购的地理空间属性、完善企业并购理论体系做出了突出贡献，也形成了较为丰富的实证研究成果。为此，下文重点综述经济地理学界有关企业并购的实证研究进展，为本书实证分析奠定基础、提供参考。

第二节　经济地理学企业并购实证研究进展

现有对企业并购投资的经济地理分析，集中在时空动态性、并购双方配选机制以及空间影响效应等方面，实证研究成果较为丰富，对本书实证分析部分具有重要的参考价值。

一、企业并购时空动态的研究进展

关于企业并购投资时空动态性的研究，重点围绕"企业并购投资的区位选择呈现何种地理分布格局"，以及"企业并购投资联系形成于哪些城市和区域间"等问题展开。具体而言，现有研究主要从不同空间尺度以及不同行业类型的差异性出发，重点分析并购投资事件以及买方和标的企业的地理分布格局与联系网络结构，揭示企业并购投资时空动态演化特征与一般规律。

大量研究和数据分析显示，买方企业一般位于经济发达的城市和地区，并购投资的标的企业则大多位于欠发达地区（Green, 1990; Zademach et al., 2009）。在历次全球企业跨境并购浪潮中，全球范围内发起或主导并购的企业主要集中在少数经济发达国家/地区，如北美、欧洲与日本等（Green et al., 1984; Post, 1994; 黄晓东等，2021）。关于发达国家/地区企业本土并购活动的研究指出，并购投资活动、经济决策力较强的买方企业呈现向中心城市、大都市集聚的态势，形成了与城市等级相似的空间结构（Green, 1990; Rodríguez-Pose et al., 2003）。例如，加拿大国内企业并购活动大多集聚于多伦多、温哥华等大都市（Green et al., 1989; Aliberti et al., 1999），德国国内企业并购活动主要集中分布在法兰克福、汉堡、慕尼黑等大都市地区（Rodríguez-Pose et al., 2003），荷兰和芬兰国内主要集聚区分别是阿姆斯特丹地区和乌西马省（Böckerman et al., 2006; Boschma et al., 2014）。

可见，企业并购投资活动对经济发达区域具有较强的偏好，买方、标的企业的时空格局在全球、国家、区域等不同空间尺度上主要表现为与经济地理格局、城镇等级结构等相似的"核心—边缘"结构，其中也存在"半核心"和"半边缘"地区。

另一方面，现有研究通过描述买方与标的企业空间位置关系、企业控制权与经济决策权空间转移等现象，进一步揭示了企业间、区域间并购网络联系特征（Rodríguez-Pose et al., 2003; Dueñas et al., 2017）。在企业跨境并购投资网络中，成熟或新兴市场地区都可能成为并购联系的重要节点，但网络主导地位大多由发达国家和地区（如美国等）及其企业占据（Green et al., 1997）；经济或特定行业发展水平高的地区间并购投资网络联系更强，如造船业较为发达的欧洲、亚洲之间相关企业并购交易发生频率较高、联系紧密（Yeo, 2013）。不同空间尺度的企业并购投资网络结构也是学者探讨的焦点。扎德马赫等（Zademach et al., 2009）研究指出，相比于与其他国家/地区的联系，欧洲内部相邻国家和区域间的企业并购投资发生几率更高。罗德里格斯等（Rodríguez-Pose et al., 2003）认为在德国内部，同一城市群内的城市间并购投资联系较强。博施玛等（Boschma et al., 2014）进一步指出，荷兰银行业产业集群内部的买方企业往往将外部优质企业作为投资标的。可见，企业间、区域间并购网络结构较为复杂，但网络重要节点大多是经济发达地区/城市，主要节点间的并购交易频率、联系强度也更高。

此外，现有实证研究显示，不同行业的企业在并购投资标的及其区位选择上存在较大差异，尤其是传统制造业部门和新兴产业业态之间（Rodríguez-Pose et al., 2006）。有关20世纪90年代企业并购活动的研究认为，相比于高技术产业的并购活动，全球范围内低技术含量、劳动密集型产业的企业并购活动更为频繁（Green et al., 1997）。罗德里格斯等（Rodríguez-Pose et al., 2006）研究指出，相比于信息通信技术、汽车与重化工业等行业，德国本土金融、保险、能源与纺织等产业内企业并购投资区位的空间集聚态势更为显著。而博施玛等（Boschma et al., 2014）关于意大利企业本土并购投资的研究则表明，高技术企业并购投资更倾向于向核心区域或大都市集聚。

总体而言，现有实证研究主要围绕发达国家/地区，广泛探讨了企业并购投资活动的时空动态性，尤其是并购双方在不同尺度上的地理分布格局和联系网络结构特征等，但较少关注企业并购投资时空动态演化与企业/产业组织及空间结构的关联，如对不同行业的差异性和规律缺乏总结，较少关注横向拓展、纵向整合、多元化发展等不同投资目的下企业并购时空动态演化的差异化特征，且关于中国等发展中国家企业并购投资时空动态的研究明显不足。

二、企业并购双方配选机制的研究进展

关于企业并购投资双方配选机制的研究，主要围绕"特定企业间、区域间形成并购投资联系的影响因素及作用机制"等问题展开。现有实证研究主要基于经济地理学分析视角和框架，在市场交易成本、企业组织结构与发展战略等基础上，更加关注买方和标的企业所属区域/行业属性、企业间多维临近性、企业—地方关联性、地方间经济社会联系等方面的因素及其影响作用（图 2-2）。

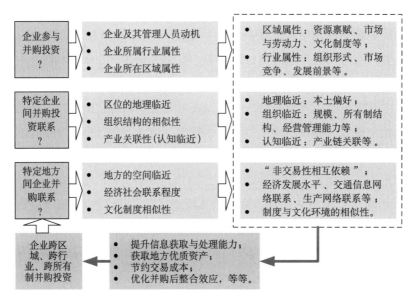

图 2-2 企业并购投资影响因素与驱动机制的实证研究内容

1. 买方和标的企业的区域、行业属性

企业所在地方环境和区域属性，如资源要素禀赋、制度环境、运输成本、市场环境、经济福利水平、劳动力市场、创新环境等，是企业是否参与并购的重要影响因素（Zademach, 2005; Grote et al., 2006; Aquaro et al., 2020）。集聚经济效应等能够影响企业整合、创新与管理能力，进而左右企业并购战略选择，区域内溢出、多样化效应也会促使外部企业通过并购进入区域内部、获取正向外部性（Green et al., 1997; Rodríguez-Pose et al., 2003）。扎德马赫等（Zademach et al., 2009）研究指出，区域一体化、经济发展与政治风险、失业率、教育水平、股市发育程度等

是影响欧洲企业是否参与并购的重要因素；格林等（Green et al., 1997）研究表明，母国/地区和目标国/地区的区位要素对并购活动均有较强影响作用，而对高技术与低技术企业的作用机制有所差异，高技术企业更关注贸易和投资环境风险、科技创新环境等要素，而低技术企业对本地经济强度、政府效率等要素更为敏感。

此外，企业所属行业的组织形式、产品结构、市场竞争程度以及未来增长预期等属性，也是影响企业是否参与并购的重要因素（Rodríguez-Pose et al., 2006; Yeo, 2013）。一方面，不同行业的企业并购活动发生频率有所差异，有关 20 世纪 90 年代全球企业并购的研究表明，与银行等金融行业相比，美国、英国的汽车以及时尚设计行业的企业并购活动相对较少（Chapman, 2003; Lambrecht, 2004）。另一方面，传统制造业和新兴服务业等不同行业的企业参与并购的动力机制差异较大，新兴经济领域或业态在市场环境、组织形式与生产网络等方面均与传统行业有所不同，高端生产性服务与高技术企业参与并购更多是想获取新知识、技术、人才和社会关系资本等，侧重通过企业间相互学习和创新提升企业竞争优势（Chapman et al., 2000; Dermine, 2000; Rodríguez-Pose et al., 2006）。

2. 企业间地理、组织与认知临近性

现有研究主要从地理、组织与认知临近性等角度，探讨企业间联系对并购形成发展的影响（Květoň et al., 2020）。其中，企业间的地理临近性对并购活动的影响机制，即"本土偏好"（home bias）效应，是相关实证研究的核心问题（Green, 1990; Ellwanger et al., 2015）。伴随全球化深化，信息技术革新一定程度会减弱地理距离对企业并购的影响，但大量实证研究指出企业更愿意信任本地商业环境，更倾向于选择并购近距离标的企业，仍具有较强的"本土偏好"（Green et al., 1997; Grote et al., 2006）。第一，地理临近有利于企业间信息交流与共享，能避免企业间信息不对称（asymmetric information）；第二，地理临近有利于并购整合，买方和标的企业可以实现设备等固定资产、劳动力等要素共享；第三，地理临近的并购活动有利于减少市场内竞争对手，提高知识与技术创新溢出等外部效应（Rallet et al., 1999; Chakrabarti et al., 2013; Di Guardo et al., 2016）。反之，企业间距离较远则会导致信息不对称，增加企业交易成本等。同时，也有学者指出远距离并购也伴随规模和范围经济等积极效应，若买方企业是全球/地方行业龙头企业、信息搜寻与处理能力较强，注重标的企业所在市场及其产业配套等，且具有丰富的并购经验，则可能选择并购远距离标的企业（Chakrabarti et al., 2013）。

此外，企业间组织与认知临近也是影响并购形成发展的重要因素，集中体现在企业间组织结构相似性、产业和技术关联性等方面。大量实证研究将企业规模、所有制结构、经营管理能力等属性的相似性作为企业间发生并购活动的主要解释变量，并使用买方或标的企业是否有分支机构、是否上市、是否属于相同母公司、高技能劳动力、创新投入与绩效、财务与负债、企业规模等具体指标进行度量或机制分析（Yeo, 2013; Boschma et al., 2016）。另一方面，企业间产业关联性主要指行业技术水平相似性、行业信息对称性等，也是企业间发生并购活动的主要影响因素（Rodríguez-Pose et al., 2006; Ellwanger et al., 2015）。博施玛等（Boschma et al., 2016）研究指出企业间产业及相关技术属性的临近性，有利于买方和标的企业在并购整合中获取范围和规模经济，并增强相关产业链、价值链上下游企业的联系。相关研究更多地将企业的产业属性作为并购机制研究的控制变量，一般采用企业是否在同一行业类别进行表征。埃尔万格等（Ellwanger et al., 2015）进一步指出企业间产业关联性对并购活动的影响要强于地理临近性。

3. 企业所在地方间经济社会联系

基于企业—地方"嵌入"与"根植"关联等视角，现有实证研究主要从区域间宏观发展环境、地理临近、经济社会联系强度、制度文化环境相似性等方面探讨地方间联系对企业并购投资的影响。首先，企业跨国并购事件快速增加得益于全球经济一体化、金融市场繁荣、信息技术进步等宏观环境，也受到新兴工业化国家市场化、分权化等制度转型影响（Chapman, 2003; Moschieri et al., 2014; Rao et al., 2015）。米什拉等（Mishra et al., 1998）针对美国和香港之间企业并购活动的研究指出，全球资本市场状况、国家政治环境对并购活动影响较大，尤其是国家/地区间政治风险等会降低企业参与并购的积极性。

其次，企业所在区域间的地理距离是影响企业并购网络联系的重要因素，地理临近的国家/区域或大都市间的企业并购活动更为频繁（Green et al., 1989; Green, 1990; Zademach, 2005）。与企业间地理临近性作用机制类似，区域间地理临近一方面可以加强并购双方企业信息传递与共享、企业管理人员面对面交流等，进而促进并购事件发生；另一方面，技术创新及其扩散溢出效应随空间距离衰减，区域间地理临近有利于并购双方企业获取"非交易相互依赖"优势，增强集聚经济效应等（Rodríguez-Pose et al., 2003; Böckerman et al., 2006）。

再次，区域间产业经济发展水平、交通和信息网络以及生产网络联系等，也是影响区域间企业并购及其网络联系的重要因素，经济社会发展程度高、联系和协作密切的区域间企业并购活动更为频繁（Aliberti et al., 1999; Lehto, 2006;

Rodríguez-Pose et al., 2006）。罗德里格斯等（Rodríguez-Pose et al., 2006）探讨了大都市之间集聚经济水平、群岛经济效应（archipelago economies）等因素的作用，雷托（Lehto, 2006）以 GDP 等为主要指标测度区域间经济社会联系对企业并购的影响。查普曼（Chapman, 2003）认为在 1992 年欧洲共同市场形成前后，区域间市场结构与范围等不断重塑，类似的区域一体化进程很大程度上激发了企业跨境并购浪潮。

此外，伴随经济地理学文化与制度转向等，相关研究重点探讨了区域间制度与文化环境相似性对企业并购的影响（Mason et al., 2006; Zademach et al., 2009）。相关研究指出区域间（如母国和东道国）政治、文化、制度等方面的临近有利于降低企业并购交易成本，对企业跨国和本土并购活动均有较大影响（Mishra et al., 1998; Di Guardo et al., 2016）。同时，国家/区域间语言差异、市场化程度、政府治理水平、政治变革风险、民主程度、政府腐败状况等因素，也逐渐成为区域间企业并购网络联系及其影响因素研究的新热点（Jonas, 1992; Hur et al., 2011; Di Guardo et al., 2016）。

总体而言，现有实证研究从企业自身、企业间、企业—地方与地方间等多层面探讨了企业并购双方配选的影响因素和驱动机制。但企业并购投资涉及各个经济主体的战略决策及其行为选择，经济地理学领域基于多维临近性框架的系统性分析仍相对较少，对发展中国家关注不足，且对企业战略行为等因素缺少研究，尤其是在横向拓展、纵向整合、多元化发展等不同投资目的的考量下，不同类型、不同阶段企业并购双方配选机制的差异性研究有待深化，已有计量分析结论也需要更多典型案例研究进行佐证。

三、企业并购影响效应的研究进展

企业并购投资的空间效应（locational implication）是经济地理学者关注的焦点。现有实证研究主要从企业、产业与区域转型发展等角度，重点探讨企业并购对企业增长及其空间组织演化、产业转型及空间重构以及区域经济增长与劳动力就业、区域文化制度环境、区域差异与区域一体化等方面的影响效应（图 2–3）。

1. 并购与企业增长及其空间组织演化

企业并购活动对企业自身的影响效应主要体现在企业增长及其空间组织结构演化等方面。大量实证研究表明并购是企业实现增长、提高管理水平和经营绩效的重要手段，但并购对买方和标的企业影响作用的差异性较大（Healy et al., 1992;

Chapman, 2003）。买方企业通过并购获取更多优质资产，进而实现销售利润、生产效率等增长，并增强对全球或区域范围内产业链上下游环节的控制能力（Hansen et al., 2016）；而标的企业虽然会获得巨额现金或股权补偿，但可能丧失经营自主权，并出现企业衰退或消亡现象（Turok et al., 1991; Lagendijk, 1995; Chapman, 2003）。

图 2-3　企业并购投资空间效应的实证研究内容

　　此外，并购活动能够转变企业所有制形式、内部管理结构、外部网络联系等，促进企业资本、经营活动等的空间转移与重构，进而影响企业增长与空间拓展，是转变企业/公司组织及其空间结构的重要动力（Chapman, 2003; Zademach, 2005; Bathelt et al., 2021）。企业并购能够改变不同部门间、区域间的权力结构，企业横向、纵向以及跨区域并购能够重构企业自身组织结构及其生产网络，尤其是企业各部门的空间布局会随之转变，相关原材料供应商、生产性服务业也将随买方、标的企业进行空间迁移（Lorch, 1981; Post, 1994; Boschma et al., 2014）。同时，由于涉及多个企业有形与无形资产整合，企业内部组织结构、空间分布与文化制度等更为复杂多样，企业总部与分支机构、各部门、买方与标的企业间关于资源要素与权力的空间竞争将更加激烈（Norman et al., 2000; Chapman, 2003）。

2. 企业并购与产业转型及空间重构

　　企业并购可以促进全球资源要素在不同区域、部门与产业间流动和配置，能够推动不同尺度内科技研发、生产制造、市场营销、企业管理以及金融商务等产业功能的空间重组，有利于相关产业通过资源整合、技术创新等提升整体竞争实力，加快实现转型升级（Lagendijk, 1995; Chapman, 2003; Boschma et al., 2014）。此外，企业并购活动也能够深刻影响相关产业的空间格局与集散态势，部分实证研究指出并购活动有利于促进产业集中集聚，如欧洲银行、化学、食品与造纸产业集聚与企业并购活动高度相关（Chapman et al., 2000; Zademach et al., 2009）。博施玛等（Boschma et al., 2014）研究也指出企业并购是荷兰阿姆斯特丹银行业等特定产业集群形成的重要动力机制，对区域产业竞争力提升和可持续发展作用较大。但也有学者认为并购活动有利于产业转移和扩散，尤其是企业跨国和本土并购能够有效推动发达国家与发展中国家、大都市核心与边缘地区间的企业/产业转移，相关问题需要针对不同行业、区域和时期进行个案和区别研究（Chapman, 2003; Yeo, 2013）。

3. 企业并购与区域经济社会发展

企业并购对区域经济社会转型发展的影响效应主要体现在区域经济发展水平、劳动力就业、区域商业与文化制度环境、区域差异与区域一体化等方面。首先，大量实证研究认为并购活动推动了区域间企业和经济决策权力的转移，影响了区域对商品、人才、资本、信息等资源要素的掌控配置能力，进而能够作用于区域经济发展与整体竞争实力（Green et al., 1989; Ashcroft et al., 1993; Zademach, 2005）。一方面，企业并购活动加强了买方企业对产业链、供应链的控制能力，使买方企业所在区域能够集聚资源要素、经济决策权力、生产性服务功能等，有利于区域整体竞争力的提升（Green et al., 1984; Rodríguez-Pose et al., 2003）。另一方面，并购加快了标的企业及其所在区域人才、资本以及相关服务的流失，使标的企业及其所在区域丧失经济控制权、难以参与买方企业决策，长期不利于地方可持续发展（Turok et al., 1991; Kim, 2009）；但查普曼（Chapman, 2003）等学者指出标的企业可以通过被并购进入买方企业生产网络，有利于标的企业所在区域在参与全球/区域竞合过程中发挥地方资产（local assets）优势；企业并购也能够加强"全球—地方"关联，有利于地方链接全球资本和知识，增强本地集群的适应性和可持续发展能力，减小负面锁定风险等（Boschma et al., 2014）。

其次，由于并购类型及具体企业并购案例的不同，企业并购活动对劳动力就业影响效应较为复杂，表现出明显的多样性特征（Chapman, 2003）。部分研究认为企业并购对劳动力就业的负面作用较大，尤其是横向整合类并购活动为了精简生产环节、节约成本等，会关停标的企业或缩减其就业岗位（Love, 1989; Tickell,

1998；Wills et al.，2000）。但梅森等（Mason et al.，2006）研究指出若买方企业为获取地方优质资产和劳动力资源等，买方企业会注重标的企业员工培训，类似的并购活动会促进地方专业化劳动力市场的形成，有利于地方就业岗位增加和劳动力技能水平提升。但总体而言，有关企业并购对劳动就业影响的实证研究还较为缺乏，未来需要结合大量案例，深入探讨企业并购在人力资源流动、地方就业岗位变化、地方专业化劳动力市场等方面的影响作用（Chapman，2003）。

再次，企业并购活动能够转变企业家战略行为与政府部门决策，对区域商业、制度与社会文化环境具有较为深刻的影响（Sally，1994；Mason et al.，2006）。一方面，标的企业原先创业、管理人才可以利用其所拥有的"套现"（cash-out）资本设立风险、天使投资基金，并创立孵化器、大学、科研院所等机构，是标的企业所在区域培育企业家精神、改善商业环境的源泉和主力军；同时"套现"企业家也会促进创业经验等隐性知识传播与共享，有利于提升区域创新创业的"制度厚度"，增强地方对优质人才、产业资本等要素的"粘性"（Mason et al.，2006）。另一方面，地方政府也会不断调整其在财政税收、商事规则与产业准入等方面的制度和政策，以此优化投资环境，吸引优质并购资本服务地方经济发展与竞争力提升（Green et al.，1997；Sleuwaegen，1998；Di Guardo et al.，2016）。

此外，企业并购也是与区域差异和区域一体化高度相关的"双刃剑"。一方面，并购活动中决策权力不断由全球领先企业掌控，相关经济活动也随之向总部经济较为发达的地区集聚，加速了全球城市、区域中心城市、大都市等区域对优质资源要素的"虹吸"效应，强化了"核心—边缘"区域经济地理格局和城镇空间等级体系，城市、区域间发展差异会被进一步扩大（Aliberti et al.，1999；Rodríguez-Pose et al.，2003）；尤其是经济控制权向买方所在区域极化，企业决策大多基于经济发达地区利益，标的企业所在区域不断经历企业关停、撤资（disinvestment）等，导致经济利益空间分配不均衡，拉大了区域间福利与居民收入水平的差距（Kim，2009；Zademach et al.，2009）。另一方面，也有研究指出企业并购活动能够促进资本、人才与信息等要素跨区域流动，增强了不同等级、功能城市及区域间经济社会的联系和协作，有利于区域一体化发展，尤其是欧洲、北美地区的企业并购活动加速推动了区域经济、市场、货币等领域的一体化进程（Chapman，1999；Wojcik，2002；Coeurdacier et al.，2009）。

总体而言，现有关于企业并购投资空间效应的研究主要聚焦于区域间产业转移、城市经济联系及其等级结构等宏观层面，对企业空间组织结构、产业集聚空间演化等微观、中观层面的研究较为缺乏，尤其是需要基于企业组织结构及其空间特征演变的分析，深入探讨企业控制权及相关决策权转移在产业空间、区域经济空间结构等方面的影响效应。

第三节　企业并购实证研究方法

20 世纪 80 年代以来，经济地理学领域企业并购的实证研究方法已较为成熟，主要体现在定量分析与模型方法、质性描述与理论模型等方面。

一、定量分析与模型方法

在大量实证研究中，学者综合运用全球或案例地区的专业化企业并购数据库、微观企业数据库、经济社会宏观数据库等，通过不同尺度与类型数据库的交叉匹配，进而全面获取并购双方企业的空间位置、所有制结构、经营绩效状况、劳动力构成及其区域、行业属性等信息（Böckerman et al., 2006; Ellwanger et al., 2015）。其中，企业并购活动空间格局刻画与网络联系测度等主要利用一般数据统计分析、GIS 空间可视化、社会网络分析等方法。相关研究依托数据库建构，区分不同空间尺度、行业类别等，对并购事件数量、买方和标的企业数量、并购涉及金额等数据进行动态对比、聚类等一般统计学分析（Böckerman et al., 2006; Zademach et al., 2009），也有学者利用改进区位熵（Rodríguez-Pose et al., 2003）、对数线性空间相互作用模型（Aliberti et al., 1999）、基尼系数等方法进行量化与识别（Chapman, 2003），定量刻画和分析欧洲、北美地区企业跨国与本土并购空间分布格局。近年来，相关研究更加注重定量测度不同国家/区域间企业并购网络联系，并利用 GIS 空间分析、社会网络分析对其进行可视化研究（Zademach et al., 2009; Chakrabarti et al., 2013; Yeo, 2013; 魏乐等，2012; 计启迪等，2020; 黄晓东等，2021）。

此外，经验假设与计量、数理模型分析方法被广泛应用于企业并购影响因素与动力机制研究中。相关研究首先对企业并购活动发生、发展影响因素及其作用机理进行经验假设，再以企业间、区域间并购联系强度等为因变量，以代表企业特征、产业与区域属性、企业间或区域间临近性等影响因素的统计指标为自变量，构建回归检验模型，如 Poisson 回归（Green et al., 1997）、Probit 和 Tobit 模型（Böckerman et al., 2006）、多项分对数（Multilogit）模型（Lehto, 2006）、多元回归模型（Rodríguez-Pose et al., 2006）、多项 Logistic 回归（Zademach et al., 2009; Ellwanger et al., 2015）、加权分对数回归模型（Chakrabarti et al., 2013）、零膨胀（Zero-Inflated）模型（Di Guardo et al., 2016）等方法。同时，相关研究也广泛利用构建特定指标系数、哑变量、控制变量、引力或重力模型等方法表征地理距离、企业/产业/区域属性等关键解释变量（Rodríguez-Pose et al., 2003; Böckerman et al., 2006; Ellwanger et al., 2015）。

二、质性描述与理论模型

地理视角下的企业并购研究也注重借鉴经济学、企业管理学、国际贸易学等理论视角，综合运用企业组织结构、企业间联系、企业与地方关联等质性分析方法，强调全球或国家宏观经济、制度背景的影响，尝试将企业并购交易成本、预期收益及其地理空间属性进行整合研究，构建系统化、多样化的理论分析框架（Chapman, 2003; Zademach et al., 2009; Chakrabarti et al., 2013）。博施玛（Boschma, 2014）基于产业集群演化、企业衍生等研究视角，尝试构建了并购活动中的企业生存与竞争风险分析的框架；雷迪等（Reddy et al., 2017）综合多种理论视角提出企业并购活动资源导向、市场导向与制度导向等多样化分析框架。此外，相关研究主要利用多重个案延展法（案例研究、问卷与结构性访谈等）、质性描述和分析企业并购对企业、产业与区域转型发展的影响效应（Chapman, 2003; Mason et al., 2006）。

第四节　研究评述与展望

伴随经济全球化不断深入，企业并购投资已逐渐成为全球资本流动、国际经贸发展的主要特征，是企业要素整合、市场拓展、人力资源和知识技术获取的重要途径，也是影响产业转型升级、城市和区域可持续发展的重要因素。20 世纪 80 年代后期以来，作为能够影响企业/产业转型升级、全球与地方经济发展的空间经济现象，其地理行为的形成机制与效应备受西方经济地理学者关注。本章基于文献追踪和梳理，从管理学、经济学与经济地理学等角度回顾了西方企业并购理论演化脉络，重点总结了经济地理学领域有关企业并购研究视角、实证分析与方法创新等方面的进展。可以发现，经济地理学者基于管理学、经济学与国际贸易学关于企业并购动因的研究成果，进一步从企业空间组织形式、企业间网络联系、企业与地方"根植性"等角度切入，探索构建了以经典区位论、企业组织与空间扩张、产业集聚、GPNs、多维临近性等为基础的分析框架，对企业并购活动的地理行为及其时空动态、配选机制与空间效应等关键问题展开了较为深入的研究，实证研究成果与方法体系日臻完善。然而，经济地理学领域系统的企业并购理论体系尚未形成，尤其是相关理论和实证研究仍呈现"碎片化"，对于不同区域、行业间企业并购具体投资方式、战略行为与空间效应差异性的研究较为欠缺。此外，西方现有理论和实证研究大多基于发达国家跨国公司、大型企业的并购投资诉求与行为展开，发展中国家/地区及其企业大多被视为标的方，只能被动参与全球投资并购网络与经济体系，尤其是在中国等发展中国家/地区对全球经贸发展影响力日益增强的背景下，西方现有研究对发展中国家企业主导的跨境及本土并购活动的关注显得尤为缺乏（Chapman, 2003; Boschma et al., 2014）。

相比较而言，中国企业并购活动研究起步较晚，相关研究主要集中在企业管理、国际贸易、产业经济等领域，较多探讨了跨国公司在华并购投资、中国企业跨境与本土并购投资的形成机制与影响效应。其中，跨国公司在华并购投资主要集中在中国东部沿海地区，并购方式以协议收购为主，并呈现由制造业向服务业、高技术产业转变的趋势（赵景华等，2017）；现有研究主要从企业战略行为等微观视角分析中国企业跨境、本土并购投资机制，也探讨了相关并购活动对中国企业/产业转型和区域发展的影响效应（洪联英等，2015；黄玮强等，2015）。总体而言，中国经济学、管理学领域相关实证研究成果较为丰富，不过对企业并购地理行为与空间效应的研究仍然较少。尤其是伴随经济全球化深化以及中国经济全面转型发展，中国企业并购活动在空间格局演化、动力机制变迁、区域发展影响效应差异化等方面的"特殊性"将不断凸显，亟须经济地理学者借鉴国外现有成果，全面运用多学科理论、多重分析视角，深入探析外资在华并购、中国企业跨境与本土并购活动形成发展机制及其对国民经济社会的影响作用。目前，中国经济地理学者针对在华FDI、国内上市公司等绿地/新建投资网络、形成机制与发展效应等议题开展了大量的理论和实证研究（潘峰华等，2013；符文颖等，2017；Zhu et al., 2017；梁育填等，2018；史进等，2018；高菠阳等，2019；叶玉瑶等，2019）。但是，现有研究较少关注并购这一企业跨区域、跨部门的直接投资方式，仅有少量研究对中国企业跨境以及本土跨区域并购网络进行初步探讨（魏乐等，2012；胡浩等，2013；吴加伟等，2019；贺灿飞等，2019），相关理论分析、方法创新与实证研究尚显不足。基于本章对国内外研究现状的综述，中国经济地理学领域对企业并购研究可以着重从以下几个方面作深入探讨。

一、构建中国特色的企业并购经济地理学分析框架

中国与西方发达国家在经济体制、资本市场发育水平等方面均存在较大差异，尤其是中国企业并购是随经济体制改革发展而来，转型期内市场机制尚不完善、行政区经济等均会使中国企业并购发展存在特殊性，源于发达国家市场经济背景的经济地理学理论视角和分析框架能否解释中国企业跨境和本土并购活动有待进一步验证。此外，今后研究应在科学总结中国企业并购活动特点的基础上，充分考虑经济转型、区域差异与政府干预等特殊宏观背景，可借鉴西方较为成熟的理论方法，尝试综合运用区位理论、企业/公司地理、GPNs、多维临近性等理论视角，并突出企业组织与空间结构、企业间网络联系、企业与地方外部关联的动态演化特性，探索构建适应中国转型背景下企业并购研究的经济地理学分析框架，重点基于经济地理学理论视角来阐述中国企业并购投资时空动态、配选机制与空间效应等关键问题。

二、总结企业并购投资的时空动态演化规律

国外现有研究从全球、国家和区域间等尺度广泛探讨了企业并购投资双方的地理分布格局与联系网络特征，但对其动态演化规律总结较少，针对不同城市/区域、行业门类、经济类型与投资目的之间的差异性研究也有待深入，有关企业在不同国家和区域进行并购投资的形式、战略行为差异的研究也相对缺乏。中国区域间、城市间工业化和城镇化进程各不相同，经济社会发展区际差异较大，企业管理与经营水平"参差不齐"，企业并购投资的地理分布格局与联系网络势必存在较大的区域差异，而国内仍缺乏多空间尺度、多行业、多样化企业主体比较的实证研究。因而，今后研究应尝试从全球范围以及国内各区域间、市县间等多尺度刻画描述企业并购投资双方的地理分布格局和联系网络及其动态演化规律，突出并购网络格局在不同空间尺度、行业部门、投资目的（并购类型）之间的差异性。

三、探索中国企业并购双方配选驱动机制

关于企业并购双方配选机制，尤其是特定企业间、区域间并购投资联系形成

发展的影响因素与作用机理研究，国外经济地理学领域的现有研究主要从企业所属行业与区域特性，企业间、区域间临近性等方面展开。中国企业并购活动面临特殊的国际经贸以及国内经济结构、政策体制与区域环境，企业并购的地理因素及其作用机制有待进一步探索。一方面，基于西方现有研究成果，学者可以探讨企业间、区域间的地理临近性，以及企业间产业技术关联性（组织与认知临近性）等因素对并购活动的影响作用；另一方面，国内现有研究对区域属性、区域间关联，尤其是区域间文化制度临近性等因素研究较少，今后研究应更加注重企业并购活动与地方的"根植性"与"动态耦合性"，尤其是对中国企业所有制形式、政府干预、行政区经济、市场分割以及城市群建设与区域一体化发展等特殊因素的分析。

四、完善中国企业并购空间影响效应研究

并购投资活动是影响企业经营绩效、产业转型与空间重构、劳动力就业、地方商业与制度环境、地区差异以及区域综合实力的重要因素。中国现有研究主要聚焦并购活动在企业发展绩效、产业链整合等方面的效应，较少关注企业并购投资的空间效应，尤其是在企业组织结构及其空间特征、产业转型转移、区域经济社会发展等方面。因而，今后研究应注重探讨企业并购投资对企业组织和空间结构的影响，同时企业并购投资对产业集聚形态、产业区空间组织模式以及地方经济发展活力等方面的影响效应也值得进一步研究。在此基础上，相关研究也可进一步探讨中国企业并购投资在城市间经济社会联系与城市体系等级结构、区域一体化发展等方面的空间效应。

第三章　企业并购的动因、区位与影响

　　企业为什么会进行并购投资？特别是与企业并购投资有关的地理问题，如并购双方企业分布在哪些区域？特定企业间、区域间并购投资联系的影响因素和作用机制是什么？企业并购投资对企业和地方发展又会产生哪些影响效应？企业并购的地理行为能否为解释产业空间格局提供新的视角和路径？回答这一系列问题，需要对企业并投资及其区位选择进行充分的理论分析。有关企业并购投资根本动因的探究是相关理论分析的基础。而作为企业的生产经营行为，并购投资标的及其区位选择也受到企业自身特性、企业间关系、企业所在地方特性及其相互联系等因素的影响，因而对企业并购投资区位的理论解释也需要充分借鉴经济地理学和产业经济学相关理论成果。为此，本章首先基于"成本—收益"，综合企业异质性、空间差异性的影响作用，并结合国内外知名企业并购投资实例，分析企业并购投资的根本动因，以及特定企业间、区域间并购投资联系的驱动机理；在此基础上，结合信息技术革命、经济全球化与区域一体化等过程，进一步分析宏观环境对企业并购投资及其区位选择的影响作用；最后探讨企业并购投资时空动态演化过程、模式及其影响效应，以此为后续实证研究提供理论基础。

第一节　企业并购投资动因及其配选机制

　　作为关乎企业生存和发展的经济行为，企业并购投资的根本动因是使自身利润最大化，持续获取市场势力与竞争优势。本节综合产业经济学、企业管理学与经济地理学已有研究成果，重点基于"成本—收益"，分析了企业发起并购投资的根本动因及相关权衡机制；在并购投资的经济学动因分析基础上，引入企业异质性、空间差异性导致的并购"成本—收益"扰动研究，结合企业并购投资实例分析，进而构建了基于"多尺度、多维度临近性"的企业并购投资及其配选机制的理论分析框架。

一、企业并购投资的动因分析

在借鉴施蒂格勒（1996）以及朱国祥（2003）等人关于企业并购经济学分析框架的基础上，结合横向整合、垂直整合、多元化战略、财务投资与资产调整等不同类型企业并购的主要动因，探讨企业是否实施并购投资情况下的"成本—收益"比较。

1. 竞争性厂商并购的根本动因：有利可图

假设行业 X 为完全竞争市场，市场上有若干竞争性厂商以竞争或合作的方式向市场供应商品，竞争性厂商均基于平均成本最小原则寻求最优生产规模，厂商之间长期的平均成本、边际成本曲线相同。如图 3–1 所示，行业 X 较为稳定的市场需求（D）曲线，以及所有竞争性厂商产量构成的行业产品稳定供给（S）曲线，决定了产品价格（P_1）；市场内竞争性厂商（如厂商 A）为市场价格的接受者，厂商 A 短期内的边际收益（MR_A）和平均收益（AR_A）等于市场价格（P_1），而边际成本和平均成本曲线分别为 MC_A 和 AC_A，由于厂商 A 选择最优生产规模（$AC_A=MC_A$），此时厂商 A 产出为 Q_A，产品出售价格为 P_1，没有经济利润可言。

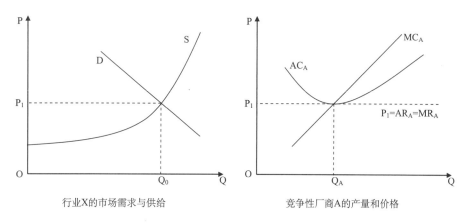

行业X的市场需求与供给　　　　竞争性厂商A的产量和价格

图 3–1　竞争性厂商的产量和价格决定

若厂商 A 并购市场内若干竞争性厂商，甚至成为垄断厂商，即将其他竞争性厂商内部化为专业化工厂，这时厂商 A 可以将市场总需求 D 按比例分配给内部工厂，其平均收益（市场需求）和边际收益曲线分别为 AR_A' 和 MR_A'，厂商 A 内部各工厂通过选择边际收益等于边际成本的产量（Q_A'）来实现利润最大化，这时市场价格为 P_2，厂商 A 内部工厂的利润为 $OQ_A' \times P' P_2$（图 3-2）。由于出现垄断利润，新的厂商开始进入行业 X 的市场，厂商 A 的需求曲线（AR_A'）可能向左移动，市场价格及利润开始降低，但只要并购或垄断带来的净收益存在，厂商 A 当初的并购投资就是有利可图的。

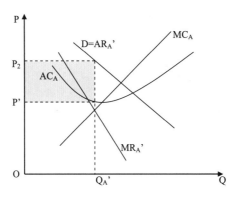

图 3-2 竞争性厂商并购：有利可图

2. 不同类型企业并购投资动因的现实分析

竞争性厂商旨在垄断的并购可能是"有利可图"的，但完全竞争和完全垄断在现实经济中并不多见，大多数行业市场往往具有不完全竞争性质。那么，现实中企业并购投资动因是什么？是否还"有利可图"？为此，以下内容基于不完全竞争市场，进一步分析横向整合、垂直整合、多元化战略以及财务投资、资产重组等不同类型企业并购的动因及预期收益：

首先，规模经济效益、协同效率等是横向整合类企业并购投资的主要动因。在横向整合类并购投资活动中，买方和标的企业属于同一行业领域，向细分市场及消费者提供同类商品，因而相关企业在并购投资中的预期收益主要体现在：①企业扩大生产经营规模（接近最优规模），通过各工厂专业化分工，减少重复性开支与费用，从而降低单位产品成本；②通过企业人力资源、设备资产、产品业务以及供应链的协同与整合，分摊管理成本、提高管理效率；③ 消除同类竞争对手，提高市场占有率、拓展市场区域，并针对细分市场专业化经营，能够应对市场风险及外部环境变化等。

其次，节约交易成本是垂直整合类并购的主要动因。在垂直整合类并购投资活动中，并购双方为同一产业链的上下游企业，买方与标的企业间存在中间产品交易等联系，因而相关企业并购投资的预期收益主要体现在：①降低交易成本，将产业链上下游供应商转变为企业（集团）内部工厂或分支机构，实现外部市场交易成本内部化；②获取企业生产经营所必须的资源要素，如原材料、核心技术、营销许可等，从而减少或消除由资产专用性带来的机会成本；③消除产业链上下游交易过程中的"不完备合约"及其带来的风险，确保原材料供应、产品营销服务等即时有效。

再次，获取市场势力、拓展生产可能性边界是多元化战略类企业并购投资的主要动因。在多元化（混合）类并购投资活动中，并购双方不属于相同行业或产业链，不存在产品业务联系，相关企业并购投资的预期收益主要体现在：提升企业在要素市场上的配置能力，尤其是能够获取与新兴产业领域的资源、技术等，从而降低相关行业的进入壁垒，通过多元化经营拓展生产可能性边界，延展企业生命周期等。此外，优化资产配置、获取中长/短期资本溢价（增值）是财务投资、资产重组类企业并购投资的主要动因。同时，已有研究也指出上述各类型并购投资，也会为企业带来诸如"买卖差价"、合理避税、降低代理成本、获得免费广告机会等潜在收益。

虽然，不同类型企业并购投资的预期收益存在一定差异，但驱使企业选择对外并购投资的动因大致可以归结为两个方面：一方面，并购可能有助于企业提高在原有和新兴市场上的占有率，改变企业所对应的市场需求以及边际收益曲线；另一方面，在协同效率、规模经济效益以及市场交易成本内部化等作用下，企业平均成本和边际成本曲线得到优化，尤其是在一定生产规模下的成本控制具有竞争优势。如图 3-3 所示，假设行业 Y 为不完全竞争市场，其中厂商 B 可以通过比较市场需求和企业自身成本寻求产量最大化，获取生产经营利润（R_1）；当考虑厂商 B 可能选择的并购投资战略及其预期收益时，其市场需求扩展至 D_B'，边际收益优化为 MR_B'；而边际成本和平均成本分别转变成 MC_B' 和 AC_B'，当并购整合后企业生产经营规模未达到预期时，并购后成本相较原先处于劣势，只有接近利润最大化的最优并购整合规模时，并购才会使 $MC_B' < MC_B$，同样并购后厂商 B 在 $MC_B' = MR_B'$ 选择利润最大化的产量，并获取利润 R_2；当 $R_2 > R_1$ 时，我们可以说企业选择并购投资有利可图，且是明智的经营决策和投资行为。

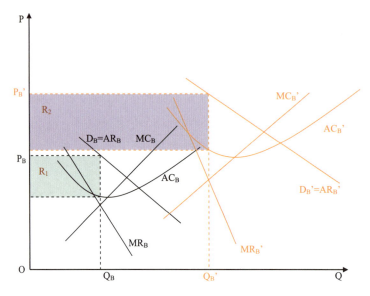

图 3–3　不完全竞争市场下企业并购投资的动因分析

二、企业并购投资成本—收益识别

上述企业并购投资的动因分析存在一个基本前提，即买方企业在市场上可以轻易"定位"并实现对理想标的企业的兼并或收购。而在现实经济生活中，优质、理想的标的企业也具有"稀缺性"，买方企业为之也要付出大量的成本和费用，并购投资是企业基于相关活动"成本—收益"权衡的行为决策。因此，除了并购动因及相关预期收益的分析，还要进一步探讨并购投资过程中产生的成本。

基于前述章节的分析，我们可以将企业并购投资的收益按照体现方式分为以下三类：①企业生产经营整体成本和费用的节约，如产品（业务）市场交易成本内部化、规模经济带来的单位产品生产成本下降、协同效率相关的管理成本降低、税费减免，等等；②来自企业新增资源、资产与市场等方面的直接收益，如市场占有率的提升、获取关键生产要素和资源（技术、资质、人才与设备）、获取买卖差价，等等；③与并购投资活动相关的间接收益，如并购成长性企业带来的股价上涨、并购事件曝光带来的免费广告与营销宣传收益、化解市场不确定风险；等等。与并购收益不同，企业并购投资所产生的成本和费用，可以通过并购投资战略实施的不同阶段来分析。

首先，在并购决策阶段，企业需要与专业化咨询与财务公司合作，全面评估企业自身及市场情况，进而明确并购战略以及标的企业特征模式等。在这一阶段，企业除了需要承担内部协商带来的时间成本和潜在损耗之外，也需要支付专业化服务商相关费用，存在企业战略选择、投资安排等方面的风险和机会成本。

其次，在并购目标选择阶段，企业需要依据并购方向、战略及所需标的特征等，通过专业化渠道或中介机构，在市场上寻找最优或次优标的企业。企业并购投资能否成功、是否有利可图，往往取决于其掌握标的信息的准确性和完整性。因而在这一过程中，由于市场信息的不对称性，企业需要花费一定人力、物力、财力搜寻信息，并购成本以信息搜寻及专业化服务费用为主。

再次，在并购实施阶段，买方企业确定并购标的，并购双方存在交易意向，开始制定并购方案，并进行签约谈判、资产购买、监管审查等事项。在这一阶段，并购成本主要源自以下几方面：①并购方案制定过程中的成本与费用（支付专业化咨询机构等）；②为了取得标的企业及其管理层、员工的认同与合作，买方企业需要付出谈判成本[①]；③资产交易成本，及买方企业支付给标的企业的并购价格，并购价格及其支付方式是否合理也是关系并购成败的关键；④提交并购双方决策层、相关政府主管部门审批过程中所需成本与费用；⑤用于监督合约实施的成本费用，并购双方失信的风险；⑥并购可能导致标的企业及社会的阻止，由此带来的处理费用或并购失败的沉没成本。

最后，在并购整合阶段，并购投资的法律或市场交易流程已结束，但并购双方需要在资源要素与设备、产品（业务）、管理与组织结构、人力资源、文化制度等诸多方面进行并购够整合。已有研究也表明，并购后整合效率是判断企业并购投资是否成功的重要因素（Kangueehi, 2015；谢洪明等, 2015）。在这一过程中，企业并购成本主要来自内部整合的管理成本、次要或重复业务剥离的损失、冗余员工安置费用、企业文化制度重建成本以及各环节潜在的机会成本。

虽然，企业并购投资"有利可图"。但作为逐利的企业投资行为，只有当并购预期收益大于并购投资选择相关成本，即净收益为正时，企业并购投资才是有效的、成功的，否则就会成为亏损交易（即图3-3中的$R_2<R_1$）。

---

① 在现实经济生活中存在"恶意并购"，即秘密收购标的企业较为分散的股票/权与资产，实现企业控制权的转移，从而迫使标的企业不得不接受条件、出售企业，这种情况下买方企业无需支付谈判成本。

表 3–1　企业并购投资的"成本—收益"

企业并购投资主要成本的识别	
并购决策阶段	内部协商的时间成本与费用；专业化机构服务费用；机会成本；
并购目标选择阶段	信息搜集与处理成本；专业化机构服务费用；
并购实施阶段	并购方案制定费用；签约谈判成本；资产交易成本；审批成本与费用；监督与执行费用；反并购成本；
并购整合阶段	资源要素与设备、产品（业务）、管理与组织结构、人力资源、文化制度等整合费用及相关机会成本。
企业并购投资主要收益的识别	
企业整体成本和费用的节约	市场交易成本内部化；规模经济带来的单位产品生产成本下降；协同效率相关的管理成本降低；税费减免；
企业新增的直接收益	市场占有率的提升；获取关键生产要素和资源（技术、资质、人才与设备）；获取买卖差价；
其他间接收益	股价上涨、资产溢价；免费广告与营销宣传收益；化解市场不确定风险。

三、企业异质性和空间差异性对并购投资成本—收益的影响

上述内容从买方企业的角度，简要阐述了企业并购投资过程中的"成本—收益"及其一般作用机制。但在现实经济生活中，行业间市场需求条件、区域间资源禀赋条件，以及不同企业的投资战略、生产经营能力等均有所差异，这些都会影响个体企业及其并购投资过程中的预期收益、成本费用支出，进而改变企业并购投资选择偏好。为此，探讨企业异质性、空间差异性对并购投资成本—收益的影响，是明晰"成本—收益"视角下企业并购投资及其区位选择机制的重要基础。

1. 企业异质性的影响作用

企业异质性对并购投资"成本—收益"机制的影响主要体现在两个方面：一方面，不同企业在控制并购成本及整合效率上存在差异，有些企业的并购投资往往"成功率"更高、收益更大；另一方面，买方企业选择不同类型的并购标的会带来"迥异"的效果，往往只有特定企业间的并购投资能获得正的净收益。

企业在行业属性、规模结构、技术水平、文化制度等方面的异质性，体现了企业生产经营能力以及竞争优势水平的差异，这些因素决定了企业是否需要或者是否能够通过对外并购投资进行组织和空间扩张，同时也深刻影响着企业在并购决策、目标搜寻、交易实施与后期整合过程中的成本控制，对不同类型并购投资

预期收益的最终兑现也至关重要。例如，一般加工制造业领域内产品（业务）单一、缺乏成长性的小微企业，往往较难组织必要的资源进行对外并购投资；而"新经济"领域的大中型企业面临多样化市场需求，新产品、新技术与新模式层出不穷，通过并购投资占领市场、获取关键要素或拓展业务，是这类企业"生存"、保持长期竞争优势的重要途径。同样地，在并购投资过程中，中小企业在标的选择阶段往往需要付出更多的信息搜寻和处理费用，面临更大的资产交易失败、并购后整合低效的风险及相关机会成本，这也会影响规模经济效益等并购预期收益。相比之下，大规模企业往往内部就拥有专业化部门（投资管理或资本运营）进行并购战略制定、标的企业搜索与评估等，大量节约了并购决策、选择和实施阶段的成本费用；且大规模企业往往具有较为先进的组织结构、管理模式与技术能力，能够更为有效地进行并购后整合，可以使新增资源要素的价值或效益最大化。

买方企业选择并购哪个企业，买方和标的企业间的关联程度也深刻影响着并购投资的"成本—收益"。一方面，横向整合、垂直整合等不同类型并购投资预期收益的兑现就对标的企业特征具有"限定"要求，如并购双方属于相同行业，且产品（业务）存在一定细分差异，更利于兑现横向整合类并购带来的规模经济效益、市场占有率提升等收益；只有在并购双方之间交易规模、频率足够时，即市场外部交易成本大于企业内部管理成本时，垂直并购的相关效益才能兑现；而标的企业是否拥有优质资产或资源要素、市场成长性与预期如何等，则会直接关系多元化、财务投资等类型并购带来的收益。另一方面，并购双方在行业属性、地理距离、行政区归属等方面的差异，往往决定了企业并购投资过程中信息搜寻和处理的费用支出；一般而言，标的企业属于买方企业本行业，且双方地理空间上相对临近，买方获取标的相关信息就相对容易，所需成本较小。此外，并购双方在企业规模、组织结构、管理模式、产品业务、技术水平和文化制度等方面的相似性，直接关系到企业并购后整合的难易程度及相关效率；一般而言，大规模企业间的整合过程较为复杂，机会成本和不确定风险更大，相比而言"大吃小"的并购后整合更为简单；而并购双方拥有较为相似的企业文化、管理模式或技术水平，则有利于促进并购后各方面的整合，也有助于提高协同效率，放大规模经济带来的单位生产成本、综合管理成本的降低效益。

2. 空间差异性的影响作用

本文中"空间差异性"主要指企业所在区域的地方特性及比较优势的差异，其对企业并购投资"成本—收益"机制的影响主要体现在：一方面，企业是否参与并购投资活动、相关能力如何等与区域环境息息相关，尤其是经济发展水平和产业竞争力往往决定着一个地区内能否形成企业并购投资的"买方需求"和"标的供给"；另一方面，标的企业所在地方特性及比较优势，决定着买方企业能否通过并购投资获取更为优质的企业和地方资产，这与并购预期收益能否兑现息息相关，买方企业并购投资区位选择的不同也会带来相关风险、机会成本与费用支出的差异。

企业具有本地根植性，企业的竞争优势及其投资选择与其所在区域环境密切相关（Granovetter, 1985; 王缉慈等, 1999; Hess, 2004），相关研究发现某些地方的企业并购投资市场更为活跃，买方或标的企业也总是向特定的空间集聚。这一方面是因为空间经济发展具有非均衡性，部分区域由于区位、资源禀赋优势等发展水平较高，企业生产经营能力及资本市场的优势突出，产业更迭、技术革新速度较快，企业通过并购进行对外扩张、维持竞争优势的需求也相对较多，区域内也能够"提供"大量符合条件的标的企业；另一方面，买方或标的企业在空间上的集聚，也有利于企业间并购信息、经验及相关"隐性知识"的分享，获取空间集聚效益，进而提高企业并购决策、目标比选及并购后整合能力；此外，证券/股权交易市场及相关制度更为规范，鼓励或限制企业并购的政策条目相对明晰，这些市场或制度环境都能够减少企业在实际并购投资过程中的费用支出、机会成本及风险。

获取优质的地方资产往往是企业并购投资的主要目的，因而标的企业所属区域在产业集群、资源要素、人力资本、市场等方面的比较优势能够直接影响企业并购投资的收益。已有研究发现，一些特定区域之间的企业并购投资联系显得更为密切。一方面，企业实施并购投资一般都具有明确的目的或战略诉求，如拓展产品市场、掌握核心技术、获取人力资源、完善供应链与营销网络等，而根据资源/资产的"稀缺性"、"专用性"等特性，企业所需资源/资产只分布于特定或少数区域，所以并购投资往往带有鲜明的区域指向或地理空间属性，即并购特定区域的最优标的才能获取预期收益。另一方面，标的企业所在区域的市场环境，尤其是相关制度与政策条件，会影响买方企业在并购投资各阶段的成本费用支出，甚至影响并购后的整合效益。例如，标的所在地方政府规制严格，市场机制相对缺失，那么买方企业在并购投资过程中将面临更大的风险和机会成本。

总的来说，企业异质性、空间差异性会影响企业并购投资相关的"成本—收益"结构，即企业在并购投资成本控制与利益获取能力上差异显著，买方企业并购标的及其所在区域的不同也会带来不同的成本—收益。如图 3–4a 所示，企业并购的预期收益曲线为 R、成本曲线为 C，C_0 为企业并购投资的初始费用与机会成本，当企业预期收益小于 C_0 时并购不会发生；$Diff_0$ 可以视为并购双方企业差异程度的阈值，即当并购双方差异足够大时，并购将耗费大量费用，从而变得"无利可图"；但是，随着并购双方关联增强，交易成本与预期收益会分别下降和提升，并购可能存在净收益 π_1；综合能力强的企业能够控制或降低并购成本，从而在更大范围内（跨行业等）选择标的企业，即并购双方差异程度扩展至 Diff"。同样地，图 3–4b 表明并购双方所属区域间差异（地理距离）、买方企业综合能力、标的企业所在地方资产比较优势（带来收益曲线 R 的变化）等，均会改变企业并购投资"成本—收益"结构。此外，企业异质性、空间差异性具有动态演化特征，即企业/地方特性、企业间/区域间关系等都会在内外部因素的作用下产生渐进或根本的转变，从而影响企业在原有条件下并购投资选择的"成本—收益"，可能不再"有利可图"，这时企业并购投资及其区位选择也会出现新的变化。

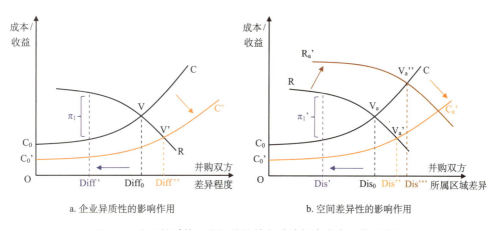

图 3–4　企业异质性、空间差异性与并购投资成本—收益变化

四、企业并购投资的典型案例分析

上述内容基于成本—收益，借鉴产业经济学、经济地理学等已有理论，归纳演绎出了企业并购投资的根本动因以及企业异质性、空间差异性的作用机制。那么，现实世界中企业并购投资的"前因后果"是否如此？以下结合国际国内企业

并购投资实例①，进一步分析不同历史时期内，不同类型企业在并购投资实践过程中的动机及过程，为本文理论分析框架建构提供现实素材。

1. 面向"垄断利润"的企业跨区域横向并购

（1）标准石油（Standard Oil）：通过并购成为"托拉斯"垄断组织

标准石油公司（即美孚石油公司）1870 年于美国克利夫兰成立，前身为建立于 1862 年的洛克菲勒·安德鲁斯炼油厂。1870—1882 年，伴随全球第一次并购浪潮，标准石油公司通过对外并购投资（图 3–5），由克利夫兰本地炼油厂发展为垄断美国炼油市场的"托拉斯"组织，1880 年其所占市场份额达到 95%。从标准石油历次并购动因与过程来看：首先，早期为了消除本地竞争对手、获取稳定利润，标准石油选择大量收购克利夫兰的中小型炼油厂，这使其自身产能大幅提升，垄断了克利夫兰地区的炼油业；其次，为了阻止产油区企业进入炼油行业，提升自身市场份额，标准石油开始收购宾夕法尼亚州泰塔斯维产油区的炼油厂，逐渐成为全国性的炼油业龙头企业；再次，为了垄断美国炼油业、获取高额垄断利润等，标准石油先后并购了纽约、费城、匹兹堡等地的炼油企业。1877 年标准石油控制了全美 90%的炼油市场。此外，为了控制运费等成本，标准石油在 19 世纪 80 年代末通过并购投资逐渐控制了美国三大铁路运输公司、管道铺设公司等，控制了美国石油运输业；最终，标准石油在开采、炼油、运输、销售等方面在市场上占据绝对优势，并借助"托拉斯"组织，成为美国石油界横向与纵向一体化的"结合体"。

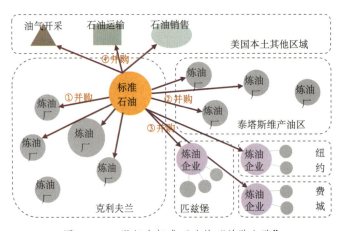

图 3–5　19 世纪末标准石油的"并购之路"

---

① 如无特别标注本节所使用的企业并购投资典型案例及相关素材主要源自《大并购：30个世界著名企业并购经典案例》（干春晖主编，上海人民出版社，2006）。

可见，标准石油并购投资的根本动因是获取垄断利润，而其并购标的及其区位选择也深受内外部环境的影响。19世纪与20世纪之交，资本主义正在由自由竞争阶段向垄断阶段过渡，兴起了以横向兼并为特征的全球第一次企业并购浪潮。而标准石油之所以在克利夫兰开始并购扩张，主要是因为克利夫兰当时是美国重要的炼油中心，能够为标准石油提供大量优质的潜在标的；1870年前后，受普法战争、市场需求结构变化等影响，克利夫兰本地炼油产能过剩，大量中小炼油厂面临经营困难，这使标准石油在本地的并购成本大幅降低。随着标准石油自身规模扩张，其也有能力在全国范围内进行跨区域、远距离的并购投资。此外，标准石油的并购投资活动也深深受到政策的影响，《谢尔曼反法》直接导致标准石油公司"托拉斯"组织分解为38家独立运营的公司。

（2）青岛啤酒：通过跨区域横向并购提升市场占有率[①]

青岛啤酒是中国历史悠久的啤酒制造厂商，其前身是1903年由德英两国商人在青岛合资创建的日耳曼啤酒公司青岛股份公司。1993年，青岛啤酒成立，并先后在香港联合交易所和上海证券交易所上市。截至2019年底，青岛啤酒在中国20个省（直辖市、自治区）拥有60多家啤酒生产企业，公司规模和市场份额长期居中国啤酒行业领先地位，也是世界品牌500强。纵观青岛啤酒近30年的发展历程，大规模跨区域兼并和收购使其快速完成全国生产能力布局、逐步提升市场份额和竞争优势的重要途径。从青岛啤酒并购投资动因及过程来看：首先，1993年青岛啤酒成立并进入国内外资本市场后，先是收购了本地国营啤酒厂作为提高产量的基地，但由于这一时期青岛啤酒有品牌、无规模，在国内啤酒行业中的市场占有率仅为2%左右，生产经营还一度陷入亏损；其次，为提高产量、提升市场份额等，青岛啤酒在20世纪90年代末制定了低成本扩张的横向并购投资战略，先后在啤酒的重点消费区域并购了45家小型啤酒生产企业，这一时期青岛啤酒利用较低的并购成本将市场占有率提升至11%左右，位居啤酒行业首位，但全国仍有500家左右的主要啤酒厂商，排名紧随其后的燕京和华润啤酒市场占有率合计达到15%左右，青岛啤酒并未建立起明显的竞争优势；再次，进入21世纪后，青岛啤酒开始跨区域并购大中型及中外合资啤酒厂商，例如上海嘉士伯、北京五星、北京三环等知名啤酒厂商，产能及市场份额快速提升，在全国拥有众多生产

① 相关素材主要源自企业官网及网络资料（https://wenku.baidu.com/view/c1383c5471fe910ef02df822.html；https://www.sohu.com/a/325327675_712322）。

基地、营销网络发达的啤酒企业集团基本形成；此外，由于早期并购的小型啤酒厂商近半数处于亏损状态，2003 年后青岛啤酒进入了内部整合阶段，尤其是集团与各并购而来的分公司之间业务、品牌、人才、技术、资本、文化制度等方面的有机融合。

可见，青岛啤酒在 2000 年前后的大规模跨区域横向并购的根本动因是旨在获取中国啤酒生产销售市场上的"垄断性"利润，其并购标的及其区位选择也受到企业自身属性和外部环境的深刻影响。一方面，青岛啤酒并购标的选择呈现出明显的阶段性特征，早期在企业战略、并购成本与整合难易程度等考量下，以近距离或小型啤酒生产厂商为主，而后期则面向重点消费市场区域并购大中型或具有外资背景的啤酒厂商；另一方面，青岛啤酒并购投资历程也与中国 20 世纪 90 年代以来啤酒消费市场及产品产量快速扩张的宏观背景息息相关，同时同质化竞争激烈的市场环境也促使青岛啤酒通过横向并购来"消灭"竞争对手，进一步巩固品牌优势，更可能提高市场份额；此外，从青岛啤酒并购投资案例中还可以看出，并购后整合过程及其现实成效对企业并购投资标的选择、交易达成等方面均具有重要影响。

2. 通过并购实现纵向一体化，成为行业龙头企业

（1）通用汽车（GM）

通用汽车集团于 1916 年正式成立，总部位于美国底特律，经过 20 世纪 20 年代的一系列并购扩张，其在 1931 年起成为全球汽车行业的领先企业，旗下拥有别克、凯迪拉克、雪佛兰、GMC 等知名汽车品牌。从通用汽车 20 世纪 20 年代的并购活动来看：一方面，通用汽车通过并购确保对关键供应商的有效控制，如并购当时全美最大的车身制造和供应商—费希尔公司以及瓜地亚冷冻机公司、斯克里普斯车座公司等大量汽车零部件生产商；另一方面，通用汽车通过横向兼并他国整车生产商，实现全球市场的扩张以及汽车品牌的多元化发展，如并购加拿大雪佛莱汽车公司、英国沃克斯豪尔汽车厂、德国奥佩尔汽车工厂等。此外，通用汽车注重并购后整合，尤其是企业组织形式和管理模式优化。

可见，通用汽车并购投资的根本动因仍然是确保企业盈利、实现行业垄断，但在《谢尔曼反垄断法》等政策影响下，旨在垄断全美汽车行业的横向兼并受到严格限制，其只能通过并购控制产业链上下游企业，重点通过纵向一体化降低生产成本，实现利润最大化与竞争力提升。同时，这一时期全球汽车工业的快速发展，尤其是潜在优质标的企业的存在成为了通用汽车并购扩张的有利因素，美国股市繁荣及大量资金注入也为企业并购投资活动创造了良好条件，通用并购标的也集中分布在美国本土以及英、德等发达国家。此外，通用汽车实践表明并购后有效的整合、组织形式与管理模式的创新等，也是并购能否成功的关键所在。

（2）紫光集团（TSINGHUA）①

紫光集团前身为清华大学于 1988 年成立的清华大学科技开发总公司，1993 年清华大学科技开发总公司改组成立清华紫光（集团）总公司，并分别于 2009 年和 2010 年引进新的管理团队，建立混合所有制组织形式。2012 年，紫光集团确立"打造世界一流高科技企业"的目标及发展战略，围绕芯片设计、制造、封测以及云服务等 IT 产业全链条环节在国内外开展并购投资。2013 年，紫光集团收购美国上市公司展讯通信，借此进入集成电路芯片产业；2014 年，紫光集团收购美国上市公司锐迪科微电子，借此拓展物联网芯片市场，加强自身在集成电路产业领域的整合与协同；2015 年，紫光集团收购上市公司晶源电子，将其改称为紫光国芯（即紫光国微），并收购西安华芯半导体有限公司；同年，紫光集团下属子公司紫光股份收购中国网络设备及存储器、服务器龙头企业"新华三（H3C）"51% 股份，双方谋划打造中国信息技术领先企业；2016 年，紫光集团收购"武汉新芯"及上海宏茂微电子公司等，进一步布局存储芯片制造及半导体封测等产业领域；同年，紫光集团核心企业紫光股份通过收购紫光数码、紫光软件等，加强集团内部信息服务产业整合，加强云计算及相关服务产业布局。此外，紫光集团还通过与美国西部数据公司合资建厂、引入英特尔等战略合作者等，加快自身在 IT 全产业链环节上的战略布局。目前，紫光集团已是全球第三大手机芯片企业，在企业级 IT 服务细分领域分列国内第一、世界第二。

可见，紫光集团短期内大规模并购投资主要是为了在节约交易成本、获取专用资产等同时，围绕"芯—云"加强 IT 产业链上下游各环节的纵向整合，从而获取预期资本回报、经营利润，并迈向全球一流高科技企业行列。从其并购投资历程及其具体选择上也可以看出：一方面，基于不同产业链环节的战略布局和扩张需求，企业在标的选择及具体投资方式上存在明显差异，出现了并购投资、合资新建等不同投资模式；另一方面，在不同区域并购投资的具体方式也存在差异，对国内相关企业的并购投资以获取控制权为主，而对国外的标的企业则以参股（收

---

① 相关资料源自企业官网及网络资料（https://www.sohu.com/a/313377360_120145941；https://www.sohu.com/a/325327675_712322）。

购少数股权）为主；此外，2012 年以来紫光集团在 IT 产业的大规模并购投资，也得益于国内支持集成电路、大数据、云计算等产业发展的政策利好，如紫光集团与国家集成电路产业投资基金、国家开发银行等战略合作，是其通过并购投资快速成长的条件。

3. 跨国跨行业的并购整合

（1）索尼（SONY）收购哥伦比亚影业公司

索尼公司成立于 1946 年，总部位于日本东京，是全球消费电子、信息技术产业和娱乐行业的领先企业。哥伦比亚影业公司成立于 1924 年，总部位于美国洛杉矶，有美国"影业巨子"之称。20 世纪 80、90 年代，正值以混合兼并为主要形式、以企业多元化发展为主要目的第四次全球并购浪潮。为应对亚洲"四小龙"低价电子产品的市场竞争、加快由硬件向内容转型，索尼在 1989 年以 34 亿美元（附加承担 16 亿美元债务）收购了美国哥伦比亚影业公司，将其整合为索尼影业公司。索尼公司也由此开始拓展电影事业，进军娱乐文化产业。但由于企业文化、地域文化上的巨大冲突，加之相关管理经验与经营能力的缺失，索尼影业在 1994 年仍处于亏损状态，经过数年的并购后整合以及管理革新才扭亏为盈。当前，索尼影业已经确立了在好莱坞乃至全球电影娱乐行业的领先地位。

可见，索尼并购哥伦比亚影业动因在于拓展新兴业务、保持市场竞争优势等。索尼在电影市场快速发展的美国选择并购标的，且最终择定业务能力较强、收购难度较小[①]的哥伦比亚影业作为并购标的，表明特定区域产业基础、特定标的企业特征对并购投资活动的影响较大。20 世纪 80 年代日元升值及日本经济腾飞等宏观背景也是索尼能够跨国跨行业进行并购扩张的重要因素。此外，索尼的这次并购实践还表明，远距离和跨行业并购存在较大风险与挑战，尤其是并购双方企业（双方所在区域）间存在文化与理念的多重冲突。

（2）安邦保险集团收购喜达屋酒店失败[②]

安邦保险集团成立于 2004 年，是中国保险行业综合性集团公司之一[③]，主营财产险、寿险、健康险、资产管理、保险代理销售、保险经纪等业务。喜达屋酒

---

① 在潜在标的比选过程中，美国 MCA 环球电影公司不愿意出售给索尼公司，而当时另一个潜在标的的米高梅公司要价太高而被排除在外。

② 相关资料源自网络（http://m.haiwainet.cn/middle/352345/2016/0405/content_29804346_1.html；http://www.360doc.com/content/17/0410/22/3175779_644536361.shtml）。

③ 2020 年 9 月 14 日，安邦保险集团股份有限公司拟解散并清算。

店和度假村全球集团（Starwood Hotels & Resorts Worldwide）创立于 1969 年，总部位于美国斯坦福德，旗下拥有 W Hotels、St. Regis、Westin、Sheraton 等九个知名酒店品牌。2015 年前后，安邦在国际并购投资市场上较为活跃，先后收购纽约华尔道夫酒店、比利时保险公司 FIDEA 等，但 2016 年在喜达屋酒店标的竞购过程中因多种因素失败。据公开资料显示，2015 年 11 月万豪国际（Marriott International）已与喜达屋酒店达成总价值 122 亿美元的收购协议，双方将共建全球最大的连锁酒店集团；而在 2016 年 3 月由安邦保险领衔的公司财团加入喜达屋酒店的竞标中，并将收购价格提升至 132 亿美元；而后，万豪国际和安邦财团又分别提出了 136 亿和 140 亿美元的收购方案。但是，安邦财团以"各种不同的市场考虑"，避免陷入持久竞购，随即放弃喜达屋酒店的收购计划。最后，万豪国际与喜达屋酒店以 133 亿美元的总价、现金加股票交易的形式达成收购协议。安邦保险集团这一跨国跨行业并购投资以失败告终。

　　可见，安邦保险集团跨国发起酒店行业的并购投资主要是出于企业多元化发展、全球化布局的战略导向，而喜达屋酒店作为全球最大的饭店及娱乐休闲集团之一，是较为理想的标的之一。结合公开资料，这一中资企业跨国跨行业并购投资失败的主要原因在于：一方面，安邦财团面对较早与喜达屋酒店展开并购谈判及合作的竞购对手；另一方面，跨国跨行业并购使安邦财团较难提供与喜达屋酒店明晰的协作、整合方案及未来发展愿景，而相比之下，万豪国际在企业发展战略、目标市场和客户、品牌等方面均与喜达屋酒店拥有较高的契合度，双方并购后预期的协同效应也更优；此外，此次跨国竞购涉及大量跨境资本流动、美国本地跨国公司控制权流失等，势必受到中美两国相关监管机构及政策的影响。

4. 通过并购多元化发展、形成长期竞争优势

（1）微软（Microsoft）

　　微软由比尔·盖茨等人创办于 1975 年，总部位于美国雷德蒙德市（近西雅图），是全球 PC 软件、信息技术行业的领先企业。微软早期专注于自身技术革新与资本积累，较少进行对外并购扩张。但随着 1990 年以来信息技术的快速发展，为了保持长期竞争优势，微软开始进行大量并购投资。微软的并购投资有以下目的：一是获取关键技术、人才和知识产权，用于完善现有产品；二是通过并购发展新兴产品线和服务（如收购 Visio）；三是使微软加快占领新兴行业及业务领域；四是拓展和完善自身产品、服务的营销渠道，等等。同时，微软也选择具有高成长性的中小型科技企业进行其初创期的投资，例如对苹果、康卡斯特公司、Nextel

通讯公司的投资，使微软在上述公司上市后获取了巨额的股市溢价收益。此外，微软在并购投资过程中并不强调对标的企业的"控制"，而主要是通过参股（收购部分股权）等方式与标的形成良性的战略合作关系，从而保证长期的经济收益。

微软的诞生及其一系列并购投资活动与时代背景息息相关，尤其是计算机、信息技术的飞速发展。同时，与第五次全球企业并购浪潮的总体特征相似，微软的并购投资动因与方式更为多元化，但其根本动因是为了长期占据产业链、价值链高端，维持自身竞争的核心优势。此外，基于不同战略目的的并购投资活动，在标的及其区位选择上也存在显著的差异；微软会更多地选择中小企业作为并购标的，很大程度上是因为预期收益及较小的整合难度。

（2）中国头部互联网公司（BAT）

2010年以来，中国互联网行业快速发展，不断革新的组织形式、日益频繁的产品业务迭代以及激烈的市场竞争，导致中国互联网企业开展了大量的境内外并购投资交易。其中，百度、阿里巴巴和腾讯（BAT）作为中国乃至全球范围内的互联网头部企业，逐渐将大规模并购投资作为自身抢占产业发展"风口"、完善产业链上下游布局、实现多元化经营以及保持长期竞争优势的重要手段，由BAT主导或参与的企业并购事件也成为推动中国互联网并购浪潮形成发展的主导力量。百度、阿里巴巴、腾讯分别依靠网络搜索引擎、电商、社交及通信服务等主营业务逐渐发展壮大，近年来三者并购投资标的所属行业或领域涉及金融、物流、出行市场、在线教育、医疗电商、团购生活、文化传媒、游戏电竞、影音娱乐等新兴业态，以及汽车、物流服务等传统行业；在上述众多行业领域内，BAT三者也形成了较为激烈的市场竞争，以率先布局和抢占产业发展制高点。BAT能够通过并购投资快速实现多元化经营等，也得益于中国乃至全球范围内的互联网科技革命和产业变革，良好的产业发展环境为BAT跨地区、跨行业并购提供了众多优质标的企业；同时，国内在互联网产业、企业并购投资等方面的管制放松、政策支持等，也是BAT能够同时进行并购投资和市场竞争的重要条件。

总的来说，上述国内外企业并购实例基本验证了相关理论归纳和演绎结果。一方面，企业并购的根本动因为"有利可图"，相关决策都是在权衡"利弊"、考量成本—收益之后的结果，在这一过程中企业或是为了寻求直接的成本节约、经济收益及垄断利润，或是为了拓展业务领域、获取关键技术及保持长期竞争优势。另一方面，不同类型企业在并购投资决策及其标的选择等方面存在一定差异，基于不同战略目的的企业并购投资也会选择差异化投资策略，如兼并本地中小企业、跨国跨行业兼并优质标的等，可见企业异质性、空间差异性对企业并购的影响作用。此外，宏观环境，尤其是全球经济、政治形势以及不同国家和地区的文化制度环境等，也是影响企业并购投资选择的重要因素。

五、多尺度、多维度临近性与企业并购双方配选

由上述理论和企业实例分析可知，企业基于"成本—收益"权衡的并购投资双方配选过程，不仅受到企业特性、区域环境的影响，也与企业间关联、区域间联系密切相关。在并购投资"成本—收益"分析基础上，本节运用经济地理学领域的临近性理论方法，突出"企业—地方"根植性与企业间/区域间联系，尝试构建一个基于"多尺度、多维度临近性"的企业并购投资配选机制分析框架（图3-6）。

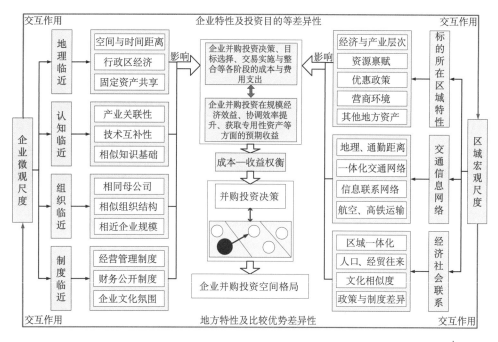

图 3-6　多尺度、多维度临近性与企业并购投资及其区位选择

1. 企业尺度的临近性作用

临近性是经济地理学关于贸易与投资、知识溢出、创新、企业衍生、GPNs等研究领域的重要概念，主要指经济行为主体之间在地理区位、组织结构、认知、社会关系、文化制度等方面的接近或相似性，是经济社会主体间联系及交互影响的重要因素（Rallet et al., 1999; Boschma, 2005）。经济地理学界中的临近性主要包

含认知、组织、社会、制度与地理临近性等多种类型（表 3–2）。本节重点探讨并购双方企业微观尺度的临近性对其并购投资及选择的影响机制。

表 3–2　经济主体临近性的类型及特征

类型	关键因素	缺乏临近性的表现	过度临近的表现	可能的解决方式
认知临近	知识差异	误解或不解	缺乏新知识源泉	多样化且互补的知识基础与认知能力
组织临近	控制关系	机会或投机主义	官僚主义/机构	宽松的耦合体系
社会临近	基于社会关系的信任	机会或投机主义	缺乏经济基础	社会嵌入与市场经济联系的结合
制度临近	基于制度关系的信任	机会或投机主义	锁定与惯性	制度/机构间相互制衡
地理临近	地理距离	缺乏空间外部性	封闭的地理/空间内部联系	本地关联及其与外部联系的结合

资料来源：根据 Boschma（2005）整理。

（1）企业间地理临近。 地理临近性具体指经济主体间的空间和时间距离（Boschma，2005），被视为影响资本要素流动、企业竞争与合作的关键因素（Meister et al.，2004; McCann，2008）。一方面，近距离的企业间发展环境相似，信息对称、沟通便利，能够进行密切的"面对面"交流，对彼此生产经营状况更为了解，双方互动和信任关系稳定，发生并购投资交易的可能性更大，且并购过程中也可以节约信息搜寻成本、降低不确定风险（Rallet et al.，1999; Boschma，2005）。因此，企业并购投资具有"本土偏好"特征，即近距离并购符合要求的标的企业（Chakrabarti et al.，2013; Di Guardo et al.，2016）。另一方面，地理临近的影响作用还表现在政府干预或行政区经济效应，政府为了本地经济持续增长、保障市场与就业稳定等，往往鼓励企业在本地进行投资和扩张等，限制外来资本在本地的并购活动，企业在本地并购投资也会获取区域内制度和政策扶持，因而行政区内部并购市场可能更为活跃。

（2）企业间认知临近。 认知临近表明经济主体间有相似或互补的知识与认知能力等，可表现为产业和技术的关联性，是主体间有效互动的基础（Boschma，2005; Huber，2012）。认知临近可以促进企业间建立有效沟通机制，加强知识、技术和经验分享，有利于企业间资源要素整合效率和协同效应（Huber，2012）。并购双方是否存在认知临近，决定着买方企业能否通过并购获取外部知识和关键技术、实现规模经济效益。已有研究认为，产业和技术的关联程度是企业间认知临近程度的重要影响因素。行业属性相似、产业链上下游的企业之间，往往具备相近的技术创新能力，企业家与管理人员之间的知识背景、技能水平较为相似，有利于企业在合作或投资交易过程中增强信息分享、降低交易成本等。因此，企业并购投资具有明显的"产业和技术关联偏好"（Rodríguez-Pose et al., 2006; Ellwanger et al., 2015）。此外，企业也会实施横向整合与多样化并购投资战略，进而获取相似或互补的知识结构、技术水平和管理经验等，并在投资风险和成本控制的基础上寻求生产可能性边界的拓展。

（3）企业间组织临近。组织临近体现了经济主体组织内或组织间的依赖关系（Meister et al., 2004; Boschma, 2005），企业间组织临近可表现为企业是否属于相同的母公司，以及企业组织结构、规模等方面的相似性，是影响企业间交流合作的重要因素（Monge et al., 1985; Capaldo et al., 2014）。一方面，若属于相同的母公司，或实际"控制人"存在关联，并购双方可能拥有相似的经营策略、生产流程与管理规章制度等，能够有效降低企业间的并购交易成本，进而提高并购双方交易成功的几率。另一方面，并购双方企业具有相似组织结构，如同为功能部、产品部或区域部的企业组织形式，这有助于减小并购整合的难度和阻力，实现并购后的管理协同及效率改进，同时也能够节约整合过程中的费用开支与机会成本等。此外，不同规模企业间并购投资的"成本—收益"存在较大差异，"强强联合"的并购预期收益显著，但也要付诸更大的交易成本，不确定风险较大；而"大吃小"的并购易于控制费用支出、并购后整合的机会成本也相对较小；现有研究也认为"蛇吞象"类型的并购投资总体难度较大。

（4）企业间制度临近。制度临近指经济主体间是否共享相似的制度环境、管制规则及价值观等（Boschma, 2005）。制度临近的企业产权与权责关系都较为明晰，拥有相近的经营管理制度、企业文化等。企业间制度临近能够有效降低交易信息获取等环节的成本费用，有利于并购后双方企业组织、业务整合，进而提升并购重组的预期效益（Knoben et al., 2010; Di Guardo et al., 2016）。主要表现在：①并购双方企业制度较为相似，能够加强买方对标的企业相关信息的了解与掌握，尤其是公司经营状况、产权和权责关系等，这有利于降低并购决策与选择阶段的成本与费用支出。②并购双方若拥有较为相似的经营管理制度、财务制度以及企业文化氛围，将降低买方企业并购后整合的难度，也能够通过管理协同获取规模经济效益；同时，相似的企业文化也能够让标的企业管理层和员工在并购整合后更有归属感，从而减少并购实施过程中可能出现的"反并购"风险。

2. 区域尺度的"临近性"作用

区域宏观尺度的"临近性"主要表现为买方和标的企业所在地方特性相似程度、区域间地理距离、交通信息与经济社会联系等方方面面。一方面，前述分析已经表明，企业进行异地并购投资，主要是为了获取标的企业所在区域的关键资源要素、新兴市场、利好政策等优质资产（Mishra et al., 1998; Zademach et al., 2009; Boschma et al., 2016）。因而，并购双方，尤其是标的所在区域在资源禀赋、经济基础与产业层次、市场化经济发育水平、营商环境与制度安排等方面的特性或比较优势也是影响企业并购 "成本—收益"以及并购双方配选过程的重要因素。

另一方面，企业所在区域间临近性集中体现在区域间地理距离，以及现有的交通信息、经济社会联系基础，这些都会显著作用于企业并购投资各阶段需要支付的成本费用，是区域间企业并购投资联系强度的重要影响因素。若区域间拥有较为发达的交通和信息联系网络，长期以来经济社会往来较为密切，则会使企业节省部分信息搜集过程中的成本费用，并对相关地方的市场环境、行业前景、规章制度等更为熟悉，从而打消企业异地并购投资的"顾虑"、减小不确定风险等。随着航空与高铁运输、新一代信息技术等快速发展，区域间、城市间的通勤便利性、联系强度显著提升，极大地促进了相关城市之间资本、信息、人力资源等要素的快速高效流动，也有利于降低企业（家）间交流合作、信息获取等交易成本（王姣娥等，2014; Wang et al., 2018），可能使企业并购投资及其标的区位选择偏好形成新的转变。买方和标的企业所属区域间的地理临近，有利于企业家或管理团队的"面对面"交流，增强双方交易意愿、员工反应等"隐性知识"的传递与共享，也有助于并购后整合阶段的信息及时互馈、突发情况有效应对，促进厂房、设备等固定资产整合与共享等，也深刻影响着并购投资的"成本—收益"结构。

此外，区域间临近性也可表现为区域间社会文化和制度环境的相似性，这也深刻影响着企业微观主体的战略选择和投资行为（贺灿飞等，2010; He et al., 2017）。区域社会文化相似性，主要体现在风俗习惯、方言、饮食等方面，尤其是地域商业文化的相似性是影响两地经济往来、企业合作与投资的重要因素，有关创新创业的社会文化氛围对企业决策的影响愈发明显（朱盼等，2017）。区域间往往在制度优势、优惠政策等方面存在差异，尤其是科技创新、金融与服务业发展等优惠政策在空间上的差异，可能成为影响企业跨区域并购投资的驱动因素。总的来说，企业所在区域间文化、制度与政策环境等方面的相似性，有利于降低两地企业交流合作的制度性障碍和交易成本，尤其是两地拥有相近"关系网络"、位于相同国家战略区域（如国家级区域发展战略、城市群）等均有利于增强双方企业并购投资联系。

3. 多尺度、多维度临近性的交互作用

地理、组织、认知与社会等多维邻近性不仅可独立地对企业并购投资及其区位选择产生影响，也存在多维临近性之间的交互作用机制（Boschma，2005；胡杨等，2017）。一方面，地理邻近可以强化其他维度邻近性的作用，并能够形成不同的临近性组合效应。例如，地理临近直接决定了企业间的社会与制度临近性，可以使企业直接面对面交流来提升知识、技术创新上的认知临近，也有利于企业间相互学习来提升组织结构、管理方式等方面的相似性，这使企业在并购过程中更加关注地理临近的地区以及相关标的企业。另一方面，虽然认知临近等不能直接改变地理临近程度，但高度相似或互补的知识技术、组织管理结构与文化制度背景等，能够使企业间克服地理距离，抵销由此产生的交易费用，上述机制也是远距离企业并购投资事件不断增长的重要驱动力。

此外，企业尺度与区域尺度中的临近性因素也存在交互作用机制。微观企业主体由于自身综合竞争力的相对优势，会一定程度上转变区域宏观因素对并购投资的作用机制。由于种种原因，某些买方企业会拥有更强的信息获取与处理能力，并购投资经验也更为丰富，尤其是规模较大、管理与技术创新能力较强的大型上市公司，这类企业在并购投资过程中更加关注标的企业及其所在区域优质的地方资产，比如在组织结构、技术创新能力、供应链与市场等与买方企业发展需求"临近"或"匹配"，这将使买方企业一定程度上摆脱"本地偏好"，进而在更大范围、更宽领域进行并购投资的标的及区位选择。企业所属行业、经济类型的差异性，会影响区域尺度因素对企业并购投资选择的作用机制。例如，制造业和服务业企业并购投资可能对劳动力成本、创新资源等区域尺度因素的重视程度有所不同；而与民营和外资相关企业相比，国有企业并购投资选择可能更易受到国家和地方政策的影响。基于不同并购投资目的的微观企业主体行为，也会影响区域宏观因素（尤其是区域间地理临近性）。例如，基于产业链垂直整合的并购投资，可能偏好产业链上下游的优质企业，为减少产业链不同环节生产经营活动间交易成本、提升集聚经济等，买方企业也会倾向于选择地理临近的标的企业；而横向拓展和多元化发展战略，需要企业向不同行业领域、差异化消费市场进行扩张，在并购经验和信息处理能力上具有优势的买方企业，更有可能选择在知识结构、技术优势、市场网络等方面与自身存在差异或互补的企业，企业间地理临近的影响作用也会一定程度降低。

第二节　宏观环境与企业并购投资选择

从上述理论推演及企业并购投资实例分析中可以看出，企业是否会参与并购投资、以何种身份参与并购投资、企业并购投资双方配选过程等主要由其自身"成本—收益"权衡结果所决定。但作为市场活动的主要参与者、国民经济的"细胞"，企业并购投资决策与时代背景息息相关，其并购过程中成本与收益也受到外部宏观因素的深刻影响。可以说，历次全球企业并购浪潮都是当时国际政治、经济局势转变的突出表现，也是技术进步、经济全球化与产业组织形式变革等进程深入的结果（Green et al., 1984; Martynova et al., 2008）。尤其是 20 世纪 90 年代以来，面对科技革命与产业变革带来的机遇和挑战，企业并购投资开始由最初的节约成本、获取垄断利润开始向布局新兴市场、进行商业模式创新，进而抢占价值链高端、维持长期竞争优势等目的转变，并购已经成为众多企业，尤其是跨国公司、行业领先企业扩张的主要方式。虽然，政府管制与区域一体化发展等可能使局部地区的企业并购投资市场更为活跃，但是，信息技术革命、金融自由与经济全球化等，仍然为企业在更大范围内选择最优并购标的提供了重要支撑（Lebedev et al., 2015）。可见，分析企业并购投资动因，还需要考虑到外部宏观影响下企业/地方特征、企业间/区域间关系的动态演化趋势及特征，并理解相关变动对企业并购投资"成本—收益"结构及并购双方配选过程中利弊权衡的影响作用。

一、信息技术、产业科技革命与企业并购

突破地理距离障碍，降低信息交流成本。20 世纪 90 年代以来，以互联网和移动通讯的广泛应用为代表，全球步入信息时代。当今，通讯和信息技术进步提升了远距离区域间、企业间、个人间信息交流的时效性、便捷性和准确性，大幅降低了远距离信息交流、共享的成本和损耗，使国际经贸联系、跨国企业投资等活动能够突破时空、成本等障碍（宋周莺等，2012; Alcácer et al., 2016），深刻影响着企业并购投资及其区位选择。信息技术进步同样改变了企业组织结构及其空间特征（阎小培，1996; 刘卫东等，2004），可以使企业并购投资及其区位选择更加"自

由"、更具"弹性"。在信息时代，企业能够以较小成本获取和处理并购标的及其所在区位信息，位于不同区位的企业分支机构、研发与生产经营活动单位之间实现了知识信息的及时交流，这也有利于并购够整合效率的提升。在此背景下，并购投资成为国际企业资本流动的主要方式，全球并购投资规模不断扩大。

生产要素的相对优势转变。在以科技创新与技术进步为核心的国际竞争中，企业并购投资过程中的专用性资产需求及区位偏好开始发生转变。对于大工业化时期的企业而言，劳动力成本低、地价与能源费用低、临近原材料或消费市场等是其投资区位选择的重要考量。在早期的全球并购浪潮中，发达国家/地区的跨国公司通过新建或并购投资，从欠发达国家/地区获取上述传统区位条件，基于要素规模投入、成本低廉等比较优势，提高生产能力与经营利润。但伴随产业科技革命的深入，生产要素的相对优势发生转变，传统要素的规模驱动力减弱，经济增长将更多依靠人力资本质量、技术进步和全面创新等。相比于劳动力成本、地价等传统要素，知识、技术、人才、消费者偏好、供应链与社会关系网络等成为企业并购投资及其区位选择的关键因素；而上述资源要素往往集中在经济发达地区的企业所掌控，且相关的行业壁垒、行政区分割也使新建工厂等投资方式难以实施，异地并购为企业迅速扩张、实现战略目标以及建立新的竞争优势提供了可能路径。

产业转型升级压力趋紧。产业科技革命的驱动，加快了全球范围内的产业转型升级和企业/产业组织形式优化（邵光学等，2016），深刻影响着企业生产经营与并购投资策略。一方面，近年来以钢铁、石化等行业为主的传统产业存在严重的产能过剩、企业亏损现象，推动产业结构优化升级成为企业自身和政府决策关注的焦点，其中引导生产能力集中、促进企业兼并重组成为重要的市场举措和政策导向。在此背景下，近年来传统行业的企业并购投资市场较为活跃。另一方面，伴随科技变革，以新一代信息技术、节能环保、生物与高端装备为主导的新兴产业领域层出不穷，服务业、小微企业对经济发展的作用更加凸显，生产小型化、智能化、专业化将成为产业组织的新特征（李晓华，2018）。这也使企业在新技术、新产品、新业态、新商业模式等方面有了更多的投资机会和选择，企业更加注重轻资产运作以及对优势资源的控制，通过并购投资向新兴产业领域拓展成为企业升级的重要路径，因而近年来新兴产业领域的并购投资市场也十分活跃。

产业融合与企业多元化发展趋向。新一轮信息技术与产业科技革命加速推动了产业间技术、产品、业态、模式的相互渗透与交叉，逐渐打破了产业间、产业内各环节间的边界与壁垒，制造业与服务业、传统产业与战略性新兴产业、实体经济与虚拟经济等融合发展趋势明显，产业融合发展为区域内资源要素重组、新兴产业与经济新增点培育等提供了新的路径。此外，相较于同行业内竞争性企业集群、产业链内部横向与纵向整合等，产业融合通过产业链条间要素、环节的重组与革新，进一步改变了产业分工格局与组织形式。企业要在全新的产业特征与市场需求下保持竞争优势，需要进行必要的战略调整、经营拓展与模式创新，而并购等资本运作与扩张，逐渐成为企业跨界扩张，获取关键要素的低成本、低风险手段。在此背景下，旨在产业融合、多元化扩张的企业并购投资快速增长。

二、经济全球化与企业并购

降低进入壁垒与不确定风险。伴随经济全球化的深入，国际贸易与投资壁垒不断减少，全球范围内经济运行的规则也日益规范，各经济体或区域间经贸联系更加紧密，逐步形成了"全球统一市场"。在这一过程中，企业资本、信息、技术与人才等要素能够更加自由、高效地进行跨区域和跨部门流动配置，企业进入东道国投资的行业准入条件、政策壁垒等逐渐减少，节省了企业并购投资中所需的大量成本与费用支出；同时，在深度参与经济全球化的过程中，相关国家和地区通过市场化改革使其市场机制不断完善，有关外商投资的政策规定更加透明公开，这很大程度上也化解了企业跨境、跨区域进行并购投资的不确定风险与机会成本。在上述背景下，全球跨境并购投资金额、项目数量分别由 1990 年的 980.5 亿美元、3 442 个增长至 2015 年的 7 214.6 亿美元和 10 044 个（UNCTAD, 2016），并购成为国际资本流动的主要形式。

企业生产、资本与市场的全球化趋势。除了贸易与投资自由化，企业生产经营国际化、资本要素全球化等也是世界经济发展的主要特征（Harvey, 2010）。经济全球化、国际贸易与跨国公司全球投资发展，使国际产业分工不断深化，产业间分工加速向产业内、产品内分工转变，即产业链上下游的各个环节、产品不同工序在空间上分散至不同国家和区域进行专业化生产，这也使相关企业以及资源要素在空间上更为分散，而对于旨在横向、垂直整合的企业来说，更多的地区可以提供理想的并购标的及优质资产，企业并购投资及其区位选择偏好也会随之转变。同时，由于经济发展及资本逐利的"本性"，企业的剩余资本势必会在更大空间范围内发掘、寻找价值被严重低估的优质资产，并借助并购投资等方式进行有效整合，进而实现低成本扩张；而经济全球化，尤其是国际投资与政策壁垒阻碍的减少，为资本在全球范围内进行跨境并购投资提供了基础。此外，经济全球化也带来了差别化的客户需求以及日渐激烈的全球市场竞争，全球消费市场的重心也开始向新兴工业化国家进行转移，这些深刻改变了跨国公司的市场竞争环境与生产经营战略（Yeung et al., 2015）；企业并购投资活动为了提供市场份额、增强竞争优势，将持续关注经济增长更快、活力更强的新兴市场。

加快抢占全球价值链的关键环节。全球价值链分工不仅是当今国际产业/产品分工的重要形式，也是企业或国家/地区竞争力的主要体现，能否占据价值链的核心环节，决定着企业或地区是否具有竞争优势、能否掌控资源要素与财富的流动配置。当前，全球价值链重构是世界经济发展的重要特征。在这一过程中，跨国公司为应对全球市场激烈竞争、产品周期日渐缩短、产业加速更迭等挑战，不断并购行业内外企业，以消除市场竞争对手，加强产业链横向、纵向上的控制与整合，也进一步集聚了技术、人力资源等全球优质企业资产和资源要素。近年来，中国企业也更多地通过并购投资等方式，在全球范围内进行产品市场拓展、关键技术联合研发等，中国部分企业或行业实现了在全球价值链中的环节攀升，中国企业也逐渐成为主导全球并购市场、推动国际经贸发展的重要力量（胡浩等，2013；Buckley et al., 2016）。2015 年，中国境内投资者对全球 155 个国家/地区的 6 532 家境外企业进行了非金融类直接投资，投资额达到 1 456 亿美元，总量位居世界第二，并超越当年中国吸引外商直接投资额，成为全球资本净输出国[①]。

表 3–3　中国企业海外并购与全球价值链升级

时间	买方企业	标的	并购后整合效果
2004	联想	IBM 的 PC 业务	联想 PC 跃升全球第三，品牌、技术、管理、产品运营等方面均有较大提升。
2009	吉利汽车	澳大利亚 DSI 公司	吉利整合了全球第二大自动变速器供应商，核心竞争优势显著增强。
2009	北汽	瑞典萨博公司及相关知识产权	使北汽获得萨博核心技术，获取了完整的质量控制和制造工艺体系。
2010 2017	吉利汽车	沃尔沃汽车公司	吉利成为沃尔沃第一大股东，吉利获取国际著名汽车名牌及相关技术等。
2015	中国化工	意大利倍耐力	整合全球高端轮胎品牌及相关核心技术。
2016	美的	德国库卡集团	进军工业机器人研发与制造领域。

资料来源：作者根据网络资料整理。

---

① 数据与资料来源自《中国外资统计 2016》。

三、国内区域一体化与企业并购

强化区域内部的经济社会联系。 与经济全球化一样，区域一体化或区域经济集团化也是当今世界经济发展的主要特点。越来越多的城市/区域为了相近的发展目标，以及在全球竞争中获取比较优势，不断通过政府间合作、协商，制定一体化发展目标及政策措施，形成打破行政区边界的"区域联合体"，从而实现城市/区域之间资源要素、商品与服务等的自由流通，使一体化区域内部的经济社会联系更加紧密；同时，一体化的政策措施也大幅降低了区域内部的进入壁垒、交易成本、市场不确定风险等，促进了区域内部规模经济、集聚经济等效益的优化。因此，区域一体化能够使企业在本地及邻近区域进行标的选择和交易的成本费用大大降低，进而可能导致了企业并购投资活动在空间上的集聚分布。

转变地方特性与比较优势。 区域一体化或区域经济集团化可能使区域内部形成交易成本和风险的"洼地"，从而导致企业经济活动及相关资源要素在空间上更加极化，这就重塑了原有相对均衡的区域发展格局，改变了地方特性与比较优势的空间差异性。而对于一体化区域内部而言，政府间经济政策等方面的协同，逐渐打破了行政分割，有利于区域内部资源要素的自由流动与优化配置，相关区域环境及比较优势也会发生转变，从而影响企业并购投资及其区位选择。例如，经济发达地区的企业可以通过并购投资等方式获取欠发达地区的政策比较优势，或当地企业优质资产（人才、技术等）和消费市场等；而针对欠发达地区的政策扶持，为本地企业积累优质资产、获取高端生产要素提供了良好的区域环境。

四、市场经济、金融自由与企业并购

金融自由与相关技术进步。 伴随全球金融一体化，各国金融开放度不断提高，信息技术尤其是金融工程技术的发展使国际货币与资本流动日益频繁（Gabor et al., 2017）；同时，信息技术也使企业间财务等信息更加透明，与企业间投资性活动相关的信息获取、处理与运用更加简便高效，企业在国际金融市场上通过资本运作获取标的企业控制权，进行市场扩张的风险显著下降。因而，在金融自由及相关技术进步的背景下，全球范围内的企业并购投资活动日益活跃。

资源要素市场化配置的机制不断完善。 区域内具有完善的市场机制以及交易制度体系和规则，能够有效降低企业内部管理成本和外部交易成本，尤其是减少由政府干预市场带来的不确定风险与机会成本等。因而，市场化机制的完善能够

使企业并购投资等产权交易的重要前提。以中国为例，计划经济时期，企业并购投资的决策并非基于自身利益最大化的市场选择，而是服从国家或集体利益的公共选择，基本上属于行政性的政府行为（企业兼并与破产问题研究课题组，1997）。而改革开放以来，中国逐步建立和完善了社会主义市场经济体制，明确了适应现代市场经济的市场调节和资源分配机制，企业的市场主体地位得到提升（高明华，2003；李晓西等，2017；张卓元，2018），这为中国企业间产权交易、兼并和收购等自主决策提供了制度保障，公司形态下、以产权交易为主的中国现代企业并购投资活动也得到快速发展。

现代企业制度的完善和发展。 公司制企业的发展，是活跃企业投资市场，尤其是企业兼并和收购市场的重要动力（杨积勇，1999；方军雄，2008），具体体现在以下几个方面：①产权制度改革明晰了企业国家所有权与企业法人财产权的关系，企业拥有独立行使的法人财产权，并自负盈亏责任，加之产权市场的建立和完善，企业可以通过产权市场进行产权转让和流动，这是企业并购投资市场形成的基础。②以公司制为主的企业领导体制与组织管理制度改革，推动了公司法人治理结构的建立和完善，企业家和职业经理人负责企业运营，使企业资产处理和投资决策成为市场行为。③企业组织管理现代化改革使企业拥有明确的企业发展战略（如在技术创新和市场营销等方面），为企业展开市场竞争、进行投资扩张提供了战略基础。近年来，中国国有企业的改革，将进一步推动国有企业在全国范围内进行资产重组、加速国有资本流动和重新配置，同时优质社会资本也将通过产权市场、证券和资本市场进入国有企业。

地方资本、证券市场的发展。 地方资本和证券市场的逐步建立和完善，有利于上市公司、融资规模及相关投资者的快速增长；同时，多层次的资本市场在企业融资、优化要素和资产配置等方面发挥重要作用，是企业并购投资、链接全球资本市场的重要载体（宁佰超，2012；黄玮强等，2015）。以中国为例，改革开放初期"企业债券"兴起，中国资本市场开始萌芽；1990 年前后证券二级市场的出现、沪深交易所成立运营等，标志着中国资本市场的初步形成；20 世纪 90 年代中期以来，中国资本和证券市场进入规范发展和深化改革阶段，随着创业板、科创板分别于 2009 年和 2019 年成立运营，中国多层次的资本市场体系框架基本形成；同时，场外交易市场快速发展，尤其是区域性股权交易市场体系不断完善，相关金融产品和衍生服务日渐丰富。可见，多层次资本市场的形成发展为企业并购带来巨大便利，尤其是减少了并购信息获取处理、融资和投资服务等方面成本和费用支出；上市公司也成为发起企业兼并和重组事件，活跃中国企业本土并购投资市场的"主力军"（黄玮强等，2015）。

五、政府作用与企业并购

企业并购投资活动一方面能够促进生产要素跨区域、跨部门流动与重组，有利于企业竞争力提升、产业转型转移与区域经济发展；另一方面，企业并购投资也会带来少数企业对市场的垄断，损害区域经济发展竞争活力，使标的企业所在区域面临优质地方资产流失、丧失企业控制权等风险。因此，不同地区、不同层级的政府对待企业并购投资活动的态度、各自发挥的作用均存在显著差异。

政府对企业并购的限制。 为了防止企业并购投资活动对本地经济社会发展带来负面影响，地方政府会通过制定一系列法律、政策、审查规则等，提高企业并购，尤其是恶意或过度并购的交易成本，从而对企业并购意愿、并购市场快速发展等进行限制。例如，美国在 1890 年实施的《谢尔曼法》，中国的《反垄断法》、《反不正当竞争法》等均是通过提高并购投资的交易成本、违法成本与风险等，对其进行一定程度的限制，从而维护市场正常竞争秩序等。此外，虽然经济全球化进程减少了企业投资壁垒，但东道国出于对国内关键行业的保护（如电信、金融等），仍然会通过加强投资审查、提高准入条件、增设进入壁垒等方式，放大企业异地并购的交易成本与风险，从而限制外国投资者的进入。

政府对企业并购的鼓励和引导。 考虑到企业并购投资为地方经济发展带来的益处，政府部门也会通过制定相关鼓励和引导政策，通过规范企业行为、降低企业交易成本与风险等，使企业并购投资与地方经济发展实现良性互动。但是，由于行政区经济影响效应的存在，不同层级政府的作用也存在差异。国家或区域层面的政府倾向于鼓励企业跨行政区并购投资，以促进国家或区域内部资源要素优化配置；而地方政府则倾向于鼓励企业在本地进行并购投资与整合，并限制外来资本进入，从而提升本地经济社会发展活力与竞争力。以中国为例，分权化改革，尤其是在经济财税增长、政治晋升的双重激励下，地方政府及行政官员的经济发展决策往往以地方自身利益为基础，通过企业化行为干预地方经济发展，加剧了地方政府间竞争（Ma et al., 1995; Wei, 2001; 张京祥等，2007）。财税分权制度下，地方政府为保持经济增长、增加财税收入等，会选择扶持、做大做强"税高利大"的本土企业，同时保护相关企业产品和服务的本地市场（Wei et al., 2009; 袁丰，2011; Wei, 2015），这使得企业在本地进行并购投资能够节省交易成本、降低风险，也能够获得政策优惠等更多预期收益。可见，地方政策环境、政府行为，尤其是与产业/企业发展相关的优惠政策和制度，也是影响企业并购投资及其区位选择的关键因素。

六、影响企业并购成本—收益的宏观环境因素解释

由上述分析可以看出，宏观环境的变化根本上是改变了企业并购投资过程中的"成本—收益"结构及其作用机制。一方面，在转型升级、抢占全球价值链制高点等压力趋紧条件下，企业通过并购投资进行外部扩张的需求更加强烈、预期收益更加可观，同时信息革命、金融自由与经济全球化等进程深化，又大幅降低了企业进行并购投资的成本费用支出与潜在风险，地方市场经济体系完善以及证券交易市场的规范化发展，更是为企业并购投资最优标的选择提供了平台，这些有利条件也使得企业跨国境/区域、跨行业/部门进行并购投资的能力不断增强。如图 3-7a 所示，在上述有利条件影响下，企业并购潜在收益曲线和成本曲线分别由 R 和 C 变化为 R_1 和 C_1，在"成本—收益"机制作用下企业并购投资及其区位选择"阈值"由 D_0 扩展至 D_1。另一方面，在区域一体化以及政府作用的影响下，特定区域范围内可能形成企业并购投资交易成本的"洼地"，地方的优惠政策也会影响原有的预期收益，企业出于利润最大化的考量，可能会更偏向于在一体化区域内选择并购标的。如图 3-7b 所示，在 $[D_2, D_3]$ 之间进行并购投资，能够得到更高的预期收益、更低的成本费用支出，企业的潜在净收益空间也将由区域 abcd 扩展至区域 a'b'c'd'。

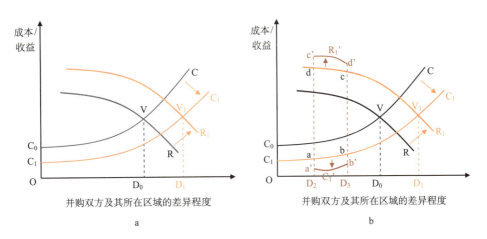

图 3-7 企业并购投资宏观环境影响作用的成本—收益

总体而言，企业和区域发展的外部宏观环境，深刻影响着企业及区域特性，不断改变着企业间关联、区域间联系的特征，这都不同程度地影响了"多尺度、多维度临近性"因素的作用机制，进而使得不同宏观环境下企业并购投资的成本支出和预期收益结构存在显著差异，企业并购投资的区位选择偏好及其具体表现也将随之呈现动态演化趋势。为此，本文在下一节中将讨论特定空间尺度内，企业并购投资空间格局的一般演化过程及模式。

第三节　企业并购投资时空动态演化规律

企业微观主体并购投资及并购双方配选偏好的不同，决定了企业并购投资的时空动态及其演变特征的差异。考虑到企业并购投资选择的"成本—收益"不仅受企业自身诉求与能力的影响，也与内外部宏观环境息息相关，不同空间尺度下、不同经济社会环境中的企业并购投资空间格局势必会存在较大差别。因而，对企业并购投资空间格局演变一般性规律的探讨，需要明确研究的空间尺度及宏观环境背景。已有研究基于西方发达国家发展的宏观背景，较为充分地探讨了不同空间尺度上企业并购投资空间格局的演变特征。综上，本节在并购投资时空动态性概念界定的基础上，进一步结合本书研究案例区特征，主要基于转型期中国特殊的经济社会与制度环境，分析在主权国家内部区域尺度上，企业并购投资的时空动态演变过程及其内部差异性（图3-8）。

一、企业并购投资空间格局演变的一般过程

1. 第一阶段：以大都市内部的并购投资为主

伴随社会主义市场经济体制改革，中国公司形态下通过股权交易的企业并购投资活动到20世纪90年代才开始出现。这一时期，正处于传统计划经济向市场经济转轨初期，政府在资源和商品配置中仍发挥重要作用，尤其是国家指令性计划、行政区经济等深刻影响着企业生产经营与投资活动；地方政府为了提高国资企业经营绩效、消除亏损和保障本地就业民生，往往会使用行政力量推动行政区内部的企业兼并和重组，并为外来资本和企业设置较高的进入壁垒。同时，在长期计划经济体制影响下，这时期大部分企业资本投资和运营意识薄弱，而且在产权关系、金融制度障碍等多重因素影响下，企业主动发起或参与并购投资的能力

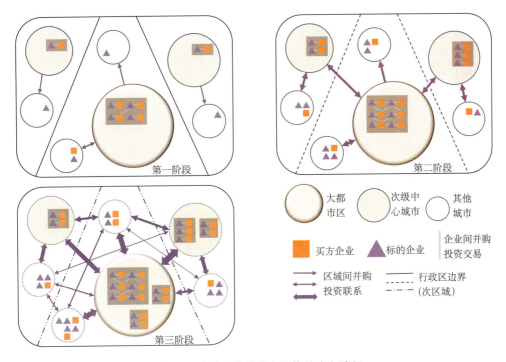

图 3-8　企业并购投资空间格局演化过程

不足、意愿较低；尤其是这时期企业大多缺乏并购投资经验、信息获取与处理能力不足，远距离进行并购标的选择存在较大的成本和风险，而对临近、同一行政区内部或集团下属的企业状况较为了解，地方政府的支持下也会提高并购整合效率。

另一方面，改革开放后中国实施了"让一部分地区、一部分人先富裕起来"的区域发展政策，导致区域间在经济发展、对外开放水平以及制度改革进程等方面形成显著差异，不同区域企业生产经营能力、并购投资市场与制度环境迥异。其中，大都市具有明显的区位和制度优势，工业化、城镇化程度较高，工商业较为发达，相当一部分企业已具备并购投资与扩张的需求和能力；同时，大都市产业门类齐全、企业集聚优势明显，也能够为企业并购投资提供更多、更优质的潜在标的。虽然，也有一些企业并购投资活动发生在工商业基础较好的中小城市，或者国有经济相对发达、较早推动国有/国资企业兼并重组的外围地区（如资源型城市）。但总体来说，在地方保护、行政区经济，以及区域经济发展差异等因素的影响下，这时期企业并购投资活动主要集聚在大都市或区域性中心城市内部，城市及区域间并购联系较弱。

2. 第二阶段：跨区域企业并购投资网络初步形成

这时期，在经济全球化以及市场化改革过程的影响下，伴随经济快速发展、产业结构演变与信息技术进步等，中国企业自主生产经营能力不断增强，更多的企业及其所在地方开始进入并购投资市场。随着现代企业制度和证券市场的发展，上市公司数量快速增长，越来越多的大型民营企业开始利用证券市场上的并购重组，进行规模扩张。伴随国有企业改革，国家和地方政府鼓励国有企业通过资产重组和结构调整，更充分地参与市场公平竞争，国有企业并购投资市场较为活跃。随着中国参与全球化程度深化，外资企业更多地通过并购投资进入中国市场，其资本运营模式、投资和管理经验也开始向本土企业"溢出"。总的来说，随着企业规模和竞争力的提升，企业通过并购投资进行对外扩张、实现价值链环节攀升的意愿更强，其并购决策、信息处理与融资等能力不断提升，企业并购标的选择不再局限于本地，大都市内部原有的市场、资源要素也可能无法满足企业扩张需求，企业开始在更大领域和空间范围内寻找并购目标、获取优质资源要素和地方资产等。

与此同时，随着市场经济与区域一体化的深入发展，区域内部市场自由化与各地政府间协作程度不断提升，区域内部的地域界限与行政分割进一步被打破，促进了区域内部企业资本自由流动、要素优化配置与专业化分工，区域内部交通运输、信息等基础设施体系也不断完善，这都大大降低了区域内部的交易成本与风险，为企业突破"行政区"、在更大区域范围内选择最优标的创造了条件。另一方面，随着区域内部工业化、城镇化、对外开放水平差距的缩小，以及相关优惠政策的趋同，各城市在工商业发展、企业集聚空间分布上更加均衡，尤其是大都市周边、次级中心城市涌现出一批以乡镇工业、外资或民营经济为主导的产业集聚区，这些区域为大都市内部企业对外并购投资与扩张提供了新的"标的供给"和集聚空间。从这时期区域内部企业并购投资空间格局整体特征来看，大都市的区位和制度优势仍然突出，企业并购双方仍主要集聚在区域中心城市、省会城市的内部（尤其是中心城区或产业集聚区）；但是，随着企业自身规模能力和城市间经济社会联系的增强，企业可以在更大空间范围内进行标的选择，区域内部企业并购投资空间出现扩散态势，但新的集聚空间以次级中心城市、临近大都市的中小城市为主。

3. 第三阶段：企业加快多元化、远距离并购扩张

这时期，在新一轮产业科技革命、金融危机以及中国经济社会转型发展等影响下，大都市地区生产要素相对优势、产业结构与组织形式、投资消费需求等也呈现出新的特征；尤其针对企业而言，其生产经营环境更加复杂多变，企业原有的核心要素与盈利模式可能不再有效，如何实现结构升级成为企业持续发展所面临的难题。在此背景下，通过并购投资获取新兴要素与市场、化解市场不确定风险、占据全球价值链高端环节等，成为企业持续盈利、提升竞争优势的重要手段。同时，区域一体化发展更加制度化、全面化，城市间信息流通、交通运输更加便捷，经济社会联系更加紧密，加之地方多层次资本与证券交易市场体系的形成，这些都进一步降低了企业跨行政区并购投资的不确定风险、成本与费用支出，为企业加快多元化、远距离并购扩张创造了良好条件，企业搜寻并购标的的行业领域更广、空间范围更大。

从空间格局的演变特征来看，虽然大量并购投资活动仍发生在大都市及其中心城区内部，但相关比重开始下降，区域内企业并购投资集聚空间的扩散态势日益明显，企业间、地区间的并购网络结构也开始呈现扁平化的趋势。具体表现为，在市场环境变化、区域一体化发展等过程影响下，企业并购投资诉求及能力的进一步提升，远距离、跨区域企业本土并购投资活动日益频繁，增强了大都市与其他城市的企业投资与经济发展联系，同时也使更多偏远城市和地区及其企业开始融入区域并购投资网络。其中，企业并购投资的集聚空间主要向经济基础较好，即能够提供充足、优质"标的供给"的城市进行扩散，如区域内次级中心城市城区以及外资与民营经济较为发达的县城区等。

二、企业并购投资空间格局的内部差异

由于企业异质性、空间差异性因素深刻影响着企业并购投资的成本支出和预期收益，会转变企业并购投资及并购双方配选偏好，因而分析企业并购投资时空动态演变时，需要注重其内在差异性，主要表现为以下几个方面。

第一，不同行业的企业并购投资空间格局差异显著。由于要素组合、组织形式等差异较大，不同行业的企业并购投资战略及标的选择也存在差异，制造业企业为了产业整合、成本降低等，可能并购整合外围地区的标的企业以获取较为廉价的土地、劳动力等资源要素，而服务业企业可能通过并购进行市场拓展或占有率提升，这都将呈现出不同的并购投资空间格局特征。

第二，不同类型（投资目的）的企业并购投资空间格局也存在差异。为了兑现预期收益，企业的横向和垂直整合类并购投资一方面可能偏好行政区内较为熟悉的标的企业，以控制成本、提高整合效率，另一方面则可能为了稀缺性技术资源等进行远距离并购；而在财务投资和资产重组类并购投资中，企业更加关注资本和资产的溢价，偏好寻找更具发展前景的标的企业；这些标的及其区位选择的偏好将导致并购投资空间格局的差异。

第三，由于不同城市/区域企业对外并购能力以及资源要素条件、产业层次与经济发展水平等存在差异，城市/区域间企业并购投资联系存在空间"不对称性"（asymmetric）。一是两两城市或区域间，买方企业和标的企业的数量并不对等，总有一方（城市/区域）占据主导，例如可能存在更多的大都市企业在中小城市进行并购投资，而中小城市企业却很少或很难在大都市进行并购投资；二是两两城市或区域间，由于区域间发展阶段以及企业扩张诉求等方面的差异，各自企业在对外并购投资过程中的行业偏好等并不相同，例如，大都市企业可能会更多并购外部的加工制造厂商，而中小城市企业则可能会选择并购外部生产服务商或关键技术供应商等。

第四节 企业并购投资的空间效应

并购投资改变了企业原有的组织结构与业务领域，也转变了企业间的生产经营联系和权力控制关系，促进了企业组织增长和空间扩张（Chapman，2003；Kangueehi，2015）。同时，企业并购投资促进了资源要素在不同部门间、区域间的流动配置，导致企业控制权、经济决策权在地区间转移转换，从而影响着地方经济发展活力、区域经济空间结构、城镇等级体系等（Liu et al.，2008；后锐等，2010；Kling et al.，2014）。为此，本节重点从企业组织以及城市和区域发展等层面展开并购投资空间效应的分析。

一、并购投资与企业组织结构及其空间特征演变

公司地理学相关研究指出，并购等对外投资是企业由"单厂、单区位"向"多厂、多区位"组织演进的重要方式（李小建等，2006），并总结出多种企业组织及空间结构变化的模式，如 Watts 的市场区扩大模式、Taylor 的组织变形及区域演化模式、Hakanson 的全球多级扩张模式和 Dicken 的全球转移模式等（图3-9）（费洪平，1993；李小建，1999）。虽然公司地理学相关研究很早就开始关注并购投资对

企业组织复杂化、生产功能多样化以及地理范围扩张的重要性，但一定程度忽视了并购双方企业组织间的整合效应，并购对企业组织结构及其空间特征演变的影响效应和具体表现还有待进一步探讨。以下内容主要区分功能部、产品（业务）部、区域部等不同企业组织结构类型，分析并购投资在企业层面的空间效应。

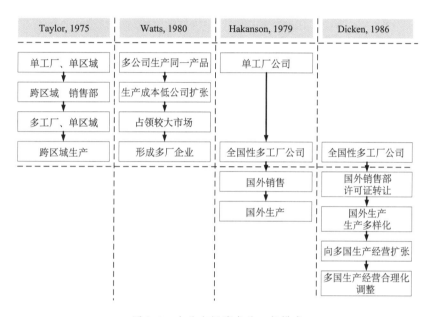

图 3–9　企业空间演变的一般模式

资料来源：根据李小建等（2006）改绘。

　　功能部结构是指企业按照技术研发、生产制造、市场营销、人力资源、财务管理等专业化功能进行部门划分的企业组织结构类型，企业同类功能均集中于一个职能部门内（李小建等，2006；李硕，2013）。并购投资对企业功能部结构演变的影响效应主要体现在两个方面（图 3–10）：一方面，并购投资是企业依据发展方向与战略、实际生产经营需求等，新设具有专业化功能的职能部门的重要手段。如以产品加工制造为主业的企业，随着新产品、新工艺、新技术研发等方面的需求不断提升，企业可以选择并购技术研发类标的企业，通过有效整合实现产业链前向整合、完善企业功能。另一方面，并购投资也是企业完善现有功能、拓展产品和服务市场的重要方式。如在企业的生产制造部门内部，企业可以通过收购或兼并相关企业进行横向整合，从而开发或衍生出新的产品类型；而在市场营销部门内部，企业可以通过收购或兼并异地相关的批发零售类企业，从而在更大市场区域内建立起分销或零售网络。

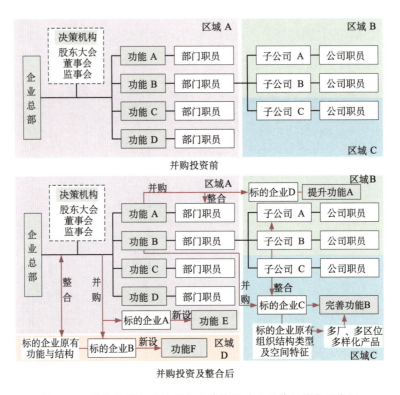

图 3-10　并购投资与功能部企业结构及其空间特征演变示意图

产品（业务）部结构是指企业按照主营业务产差别或生产销售产品的不同来进行管理及职能部门划分（李小建等，2006）。并购投资对企业产品（业务）部组织结构演变的影响效应主要体现为（图3-11）：兼并和收购是买方企业根据自身发展需求，进行横向整合、实现产品（业务）多元化经营的重要方式，因而并购投资对产品（业务）部结构的直接影响效应就是进一步增加了相关产业（业务）分部或事业群（部）数量；同时，相关并购投资交易完成后，尤其是在整合标的企业现有产品（业务）、管理部门和相关人事关系后，买方企业相关分部的管理层构成以及公司组织架构也会发生相应改变。此外，买方企业各产品（业务）分部的空间布局及其相互间的关联也将发生转变。

区域部结构是指企业按照原材料与生产设施所在区域、产品市场所在区域等区位进行部门划分的企业组织结构类型（李小建，1999；李小建等，2006）。并购投资对企业区域部结构演变的影响效应主要体现在以下两个方面（图3-12）：一方

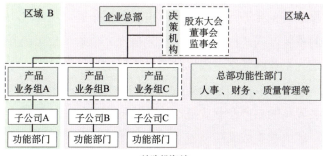

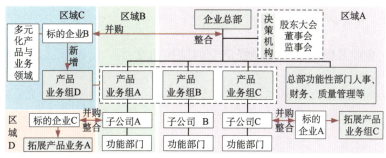

图 3-11 并购投资与产品（业务）部企业组织结构及其空间特征演变示意图

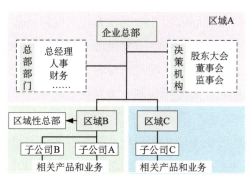

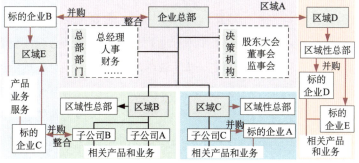

图 3-12 并购投资与区域部企业组织结构及其空间特征演变示意图

面，对外并购投资是企业进行产品和服务市场区域拓展，从而进一步设立新区域性总（分）部的重要方式，而且相较于在异地设立全资子公司或分支机构，并购投资能够更好地为企业降低交易成本与市场不确定风险等。另一方面的影响主要体现在并购投资交易达成后的整合效应，买方企业在目标市场区域内并购的标的企业往往拥有多元化的生产经营业务，标的企业也有相应的管理决策机构、功能性职能部门等，因而在完成并购双方企业间权力转换以及资源要素、功能业务整合之后，企业区域性分部内可能会出现功能部、产品（业务）部等组织结构类型，这就改变了买方企业原有的区域部组织结构及空间分布特征。

二、企业并购投资与区域经济空间结构演变

企业并购投资活动与区域经济发展联系密切、相互影响，一方面买方和标的企业所在地方环境、区域间经济社会联系等是影响并购双方投资选择的重要因素；另一方面，并购投资在转变并购双方企业自身组织结构类型及空间特征的同时，也重构了企业间资源要素配置、供应链（产业链）联系与权力归属关系等（Rodríguez-Pose et al., 2006; Kling et al., 2014），而区域内外一定数量企业发起或参与并购投资活动，势必会导致企业控制权及相关经济决策权在空间上的转移转换，进而深刻影响地方自身产业和经济发展活力、转变地方间原有经济联系及空间结构体系等（Zademach, 2005）。特定区域内企业并购投资的强度，能够体现区域内企业资本、知识技术、人才等资源要素自由流动或优化配置的程度，也能够反映企业自身体制改革、生产经营理念和领域调整、产品市场扩张等各方面能力。因而，区域内企业并购投资强度与本地产业转型升级以及经济可持续发展活力等息息相关（Rodríguez-Pose et al., 2006; Boschma et al., 2014）。

从并购投资对区域经济联系的影响效应来看，不同区域参与企业并购投资活动的企业数量及企业角色存在差异，买方（标的）企业集聚的特定区域逐渐成为了企业控制权、经济决策权净流入（净流出）的空间，这势必会改变各地在区域经济空间结构中的地位及相互关联。以区域内的大都市（相对发达地区）和中小城市（欠发达地区）为例（图3–13）。经济相对发达的大都市拥有一批本地龙头企业或高成长性中小企业（如行业"独角兽"企业），这些企业通过发起对外并购投资实施纵向整合、横向拓展等扩张战略，整合异地尤其是周边中小城市标的企业的生产和创新资源要素，从而获取异地相关经济决策权，这会促使区域内的要素进一步向大都市内部集聚，区域经济空间结构进一步极化。广大的经济发展欠

发达地区或中小城市则面临优质要素、企业控制权流失的不利局面，地方产业转型升级、社会福利的改善等均面临危机，陷入"弱者更弱"的发展困境。但同时，少数中小城市内也培育除了一批活跃在区域证券和资本市场的优质企业，这些企业可以通过兼并或收购大都市相关标的企业，获取大都市的优质资源要素、政策制度红利与差异化产品市场等，从而扭转本地经济决策权流失的不利局面，并可能为本地突破路径依赖、实现跨越式发展提供重要机遇；在这一过程中，大量位于大都市的标的企业被外部资本并购，能够促进发达地区知识技术、管理模式和经验的输出，也是区域经济辐射能力增强的重要体现。

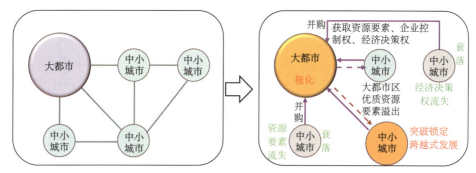

图3–13　并购投资与区域经济空间结构、城镇等级体系演变示意图

本章在现有理论脉络与研究成果归纳演绎的基础上，构建了涉及企业并购双方配选机制、时空动态与空间效应的理论分析框架，以期为后文实证分析提供理论基础，推动中国经济地理学界的企业并购投资研究，并为丰富世界企业投资区位理论研究提供中国范式。首先，基于"成本—收益"，分析了企业并购投资的根本动因及相关权衡机制；结合企业异质性、空间差异性对并购"成本—收益"结构的影响作用，以及国内外企业并购投资典型实践案例的分析，构建了基于"多尺度、多维度临近性"的企业并购投资及并购双方配选驱动机制的理论分析框架。其次，全面考察了信息技术进步、经济全球化、区域一体化以及市场与政府作用等宏观环境，对企业并购投资的影响作用，并从"成本—收益"视角解释了宏观环境因素对企业并购投资选择的作用机制。再次，基于转型期中国特殊的经济社会与制度环境，结合相关概念界定与案例区特征，分析和总结了在区域内部企业并购投资的时空动态演变的一般性过程与差异性特征。最后，分别从企业组织结构与空间特征演变、区域经济空间结构与城镇等级体系演变等层面，着重从空间视角探讨了企业并购投资的影响效应。

第四章　中国企业并购市场演进特征

本章首先系统回顾了中国企业本土并购投资市场的发展历程，重点从交易事件数量规模、并购双方空间格局及行业部门差异等方面描述了中国企业本土并购投资的总体特征，简要介绍了长三角在经济与产业发展、金融资本市场、区域一体化等方面的基础条件，进一步分析了长三角企业本土并购投资市场概况，以此解释本书为何选择长三角作为研究案例区，并为实证分析提供背景资料，奠定研究基础。

第一节　中国企业本土并购投资市场发展历程

企业并购投资是商品货币经济及市场经济体系发展到相应程度的产物（陈朝阳，1996）。中国企业并购投资历史可以追溯至民国时期、明清资本主义萌芽时期甚至更早，但真正意义上以现代企业为主要组织形式的本土并购投资及其交易市场，最早出现在改革开放后的 20 世纪 80 年代，此后随着社会主义市场经济体制确立、证券与资本市场规范化发展、经济社会全面转型升级等得到快速发展（企业兼并与破产问题研究课题组，1997）。总的来看，中国企业并购投资市场发展历程可以分为以下几个阶段。

一、早期萌芽阶段：改革开放之前

中国企业并购投资活动及其交易市场萌芽于明清时期，即中国商品经济及资本主义萌芽时期。《织工对》①等文学作品反映出明初时期，江南地区手工业等商品经济得到较快发展，日益激烈的市场竞争使小商品生产者、手工业经营者内部出现阶层分化，少数从业者发展壮大并成为"小老板"或"包买商"，而另一部分从业者则被迫成为无产者和被雇佣工人，社会上出现"机户出资，机工出力"的雇佣和劳务关系，大型手工业作坊也开始利用低价收购商品与生产设备等方式剥削、兼并小手工业者。由此可见，明清资本主义萌芽时期已经出现了商业资本控制生产的情形，江南地区的手工业作坊间最早开始出现类似于收购与兼并的市场交易。但是，上述商品经济活动只是中国封建社会中出现的新兴生产力和生产关系，并非具有产权关系基础的企业并购投资。此外，由于"禁榷"、重农抑商等封建法制环境，民间商品贸易及资本集中等受到种种限制，手工业经营者也倾向于将商业资本投入至土地兼并等，私营手工业作坊规模、手工业经营者之间的市场交易规模均较为有限。

20 世纪 20 年代，西方发达国家进入垄断资本主义阶段，出现大规模企业兼并浪潮，生产和资本集中、市场垄断的程度不断提升。这一时期，中国官僚资本、国家垄断资本和民族资本得到较快发展，尤其是民国时期以"蒋宋孔陈"四大家族为代表的官僚资本与当时民国政府政权相结合，一方面继续压迫劳动群众及一般商品生产者，另一方面压迫和兼并民族资本，发展成为控制金融业、工商业等经济发展多个领域的国家垄断资本主义（杜恂诚，1982）。在金融领域，国民政府联合官僚资本先是通过"加入官股"等方式控制原北洋政府的中国银行和交通银行，随后于 1928 年在上海成立中央银行，通过发行法币等手段支持发展国家垄断资本的金融体系，大规模兼并民族资本银行、压缩民间钱庄的发展空间。在工商业领域，官僚资本通过兼并、非法侵占等对多个行业形成垄断，新中国成立前夕，官僚资本占全国工业企业的三分之二，控制了国家外汇和对外贸易等②。

新中国成立至改革开放前，中国实行高度集中的计划经济体制，完成手工业与资本主义工商业的社会主义改造后，国有、集体所有成为主要的企业所有制形式，企业发展战略制定、投资行为等也受到行政部门的深刻影响，企业资产重组、企业联合与转让等大多是国家或地方行政命令的结果。例如，为调整"大跃进"

---

① 明代徐一夔《织工对》里就有"余僦居钱塘之相安里，有饶于财者，率聚工以织"等描述和记载，一定程度上反映了我国资本主义萌芽以及手工业作坊发展等历史情况。

② 相关数据和资料源自《中国近代史纲要（2013 年修订版）》。

带来的产业结构失衡状况，1961 年中国对部分企业实行了"关（关闭）停（停办）并（合并）转（转产）"举措，通过强制性的行政手段进行企业资产划拨；1963—1964 年间，国家主导开展了试办"国家托拉斯"的行政性企业重组，通过整合、重组相关工商企业，先后在烟草、汽车工业、纺织机械、医药工业等领域成立了全国性的公司（陈朝阳，1996；企业兼并与破产问题研究课题组，1997；杨积勇，1999）。上述计划经济体制下的企业重组单纯依靠政府行政命令，缺乏企业等市场主体的积极参与，只是中国探索生产社会化、专业化和规模化的早期尝试。

二、初步形成阶段：20 世纪 80 年代

改革开放初期，中国高度集中的计划经济开始转向有计划的商品经济，传统国有企业制度逐渐向现代企业制度过渡，政府对于企业生产经营的管理开始重视市场价值规律的作用，企业逐渐可以自主制定发展战略、生产计划与投资方向等（张维迎，1995；费洪平，1998；周敏慧等，2018）。1984 年，保定机械厂兼并保定针织器械厂，被视为中国改革开放后第一起以企业为主要组织形式的并购事件，随后北京、上海、南京、武汉等大城市也相继出现企业兼并的典型案例。这一时期，部分城市政府开始调整 20 世纪 60 年代的"关停并转"政策，更加注重"优胜劣汰"的市场竞争机制，并开始探索经济体制改革背景下企业兼并重组的有效形式，"保定模式"和"武汉模式"成为中国改革开放后企业并购市场发育的典型代表。其中，"保定模式"是指政府主导下的自上而下的企业兼并重组程序，即政府以所有者代表参与，根据大型企业带动小企业、优势企业兼并劣势企业等原则，结合产业政策等，鼓励和引导相关企业进行兼并重组。"武汉模式"是指自下而上的企业并购程序，即双方企业结合自身发展战略与生产经营状态，自主自愿达成兼并重组协议，进而报主管政府部门批准（企业兼并与破产问题研究课题组，1997）。

20 世纪 80 年代末期，中国企业本土并购规模和范围开始由少数城市内的少数企业向全国跨区域众多企业参与转变，涉及地区和行业领域有所拓展；同时，企业并购对象和动机也日渐复合多样，企业和地方政府愈发重视兼并重组在优化经济结构、发展壮大企业集团、强化企业竞争优势等方面的作用。1988 年 5 月，中国第一家企业产权转让交易市场在武汉成立，随后保定、成都、郑州、太原等城市也纷纷效仿。1989 年，国家颁布实施《关于企业兼并的暂行办法》，对中国企业兼并概念界定、形式与程序、企业兼并后产权归属、员工安置与税收管理等系列问题作出明确规定。这也标志着中国企业本土并购市场初步形成，并开始进一步向规范化阶段发展。

三、规范发展阶段：20 世纪 90 年代至 21 世纪初

1990 年、1991 年上海证券交易所和深圳证券交易所相继成立，标志着中国股票市场的初步形成，也正式拉开了中国企业并购投资市场规范化发展的序幕。随后，邓小平同志 1992 年南巡讲话正式明确了中国社会主义市场经济的改革方向，并提出以明晰产权关系为重点推进企业改革改制，科学引导和促进产权自由流动与重组，这一时期中国区域性产权交易市场快速增长，为以实物形态为主要特征的企业资产权益交易提供了平台载体（朱戈，2003）。同时，沪深交易所成立以后，由地方政府主导的区域性证券与股票交易中心等场外交易市场纷纷建立，上市公司及其交易数量快速增加。股份制经济和证券市场的发展完善，为企业通过股权交易实现兼并、收购提供了条件，改革开放初期政府影响下的企业不自觉并购活动开始向自觉行为转变。1993 年 9 月深圳宝安集团通过上海证券交易所收购上海延中实业股份有限公司，是中国企业通过股票二级市场收购上市公司的首例，随后依托证券市场的企业本土并购投资案例呈快速增长态势（企业兼并与破产问题研究课题组，1997）。同时，随着中国对外开放深入和公司产权的确立，外资、港澳台资开始通过兼并、收购国内企业的方式进入中国市场，外来资本在华并购投资数量急剧增加（王巍等，2003）。相关研究表明，1996 年底外商在中国部分行业内已具有较高控股率，如全国 13 家大型医药企业中有 12 家被外商控股。

由于相关法律依据和监管制度的缺失，中国以证券和股票为主的资本市场组织形式较为混乱，区域分割显著。为此，相关部门着手建立健全证券市场交易规则和监管体系，并于 20 世纪 90 年代底开始清理整顿场外证券交易场所、证券经营机构、投资基金与期货市场等。这一时期，有关企业并购重组的法律规范和实施细则也没有及时颁布实施，导致企业并购投资存在"暗箱操作"、信息披露不透明、虚假重组等一系列问题。资本市场规范化发展的同时，有关部门也开始加强对企业并购市场的监管，尤其是 2000 年后颁布一系列交易规则和政策措施。例如，2001 年证监会发布《关于上市公司重大购买、出售、置换资产若干问题的通知》，并以此规范上市公司并购投资活动；2002 年，证监会颁布实施《上市公司收购管理办法》和《上市公司股东持股变动信息披露管理办法》，与《证券法》和《公司法》共同形成了中国上市公司并购重组的主要法律框架。此外，证监会也通过相

关法律法规对境外公司的在华并购投资行为进行规范。

这一时期，随着中国资本市场的初步形成和公司产权制度的确立，公司制企业，尤其是上市公司融资能力大幅提升，并可以通过股权交易实现并购投资需求；同时，企业主体在并购投资中的能动性和自主权有所增强，买方企业积极通过并购投资实现组织结构优化、市场拓展与竞争力提升，标的企业也可以通过并购后的产权和资产重组进入买方企业经营体系。此外，中国相关法律法规和监管体系不断完善，企业并购市场规范化发展水平得到显著提升。

四、快速和深化发展阶段：2005 年以来

2005 年以来，在中国股权分置改革、多层次资本市场建立、后金融危机时代经济社会全面转型发展等宏观背景下，中国企业并购投资市场进入快速和深化发展阶段。长期以来，股权分置①严重阻碍了我国资本市场健康发展、上市公司并购重组。为此，证监会于 2005 年发布《关于上市公司股权分置改革试点的有关问题的通知》，拉开改革序幕，并在 2006 年基本完成了 A 股市场股权分置改革。受此影响，2007 年中国企业并购投资市场空前活跃，交易数量和涉及金额急剧增长，其中内资交易和私募股权投资成为中国并购市场繁荣的主要驱动力。同时，股权分置改革也使中国资本市场进入"全流通"时代，企业并购投资的支付方式、并购类型与运作手段等均呈现多样化趋势，并购双方企业信息、交易程序等日渐透明，内幕交易、投机性并购投资等得到一定程度遏制。另一方面，随着中小企业板、新三板和创业板市场分别在 2004 年、2006 年和 2009 年成立，以及场外交易市场的持续健康发展，这一时期中国多层次资本市场的框架体系基本形成，资本市场中的金融产品日渐丰富，有效促进了上市和非上市公司通过股权、产权交易进行并购投资与资产重组等。

此外，虽然 2008 年国际金融危机给全球对外投资市场、中国实体经济以及企业并购投资市场带来较大冲击，但同时金融危机等内外压力也加速推动了中国经济社会的全面转型发展，突出表现在产业结构优化、社会主义市场经济体制深化改革等方面。其中，促进企业并购重组，也成为国家和地方政府优化调整产业结构、发展混合所有制经济，尤其是加快国有经济布局和结构的战略性调整的重要

---

① 股权分置，是指 A 股市场上的上市公司股份按能否在证券交易所上市交易，被区分为流通股和非流通股。前者主要成分为社会公众股；后者大多为国有股和法人股。

举措。2010 年，《国务院关于促进企业兼并重组的意见》明确提出要把"促进企业兼并重组作为贯彻落实科学发展观，保持经济平稳较快发展的重要任务"，并提出 20 项促进企业兼并重组的重要任务。2013 年，国家多部委联合下发了《关于加快推进重点行业企业兼并重组的指导意见》，明确了汽车、钢铁、水泥、船舶、电解铝、稀土、电子信息、医药等行业的兼并重组目标和任务。2014 年，《国务院关于进一步优化企业兼并重组市场环境的意见》正式发布，分别从审批制度改革、金融服务、财税政策、土地管理和员工安置、产业政策引导、加强服务管理等方面提出了优化企业兼并重组市场环境的具体举措，强调突出企业在兼并重组中的主体作用。加之在党的十八届三中全会对全面深化改革作出战略部署以来，中国国有企业改革、供给侧改革以及产业结构调整和化解产能过剩等步伐加快，成为促进中国企业本土并购投资市场快速和深化发展的主要动力。2016 年，《国

表 4–1　中国"五年规划"与企业并购投资（1996 年以来）

阶段	相关内容（关键词为"兼并"、"收购"与"并购"）
九五计划 1996—2000 年	"振兴支柱产业和调整提高轻纺工业"部分：加快企业的联合、改组、兼并。"建立现代企业制度"部分：形成兼并破产、减员增效机制。
十五计划 2001—2005 年	"优化企业组织结构"部分：通过上市、兼并、联合、重组等形式，形成一批……大公司和企业集团。"深化国有企业改革部分"：继续执行现行的国有企业兼并破产政策。"积极合理有效地利用外资"部分：积极探索采用收购、兼并、风险投资、投资基金等各种方式。
十一五规划 2006—2010 年	"提高汽车工业水平"部分：引导企业在竞争中兼并重组。"规范发展商务服务业"部分：发展……并购重组……等投资与资产管理服务。"加快发展直接融资"部分：推进证券发行、交易、并购等基础性制度建设。"实施'走出去'战略".部分：通过跨国并购……等方式，培育和发展中国的跨国公司。
十二五规划 2011—2015 年	"引导企业兼并重组"单独成节。其他相关内容有：推进煤炭资源整合和煤矿企业兼并重组；加快发展……并购重组……等企业管理服务；鼓励和引导非公有制企业通过……并购等多种形式，参与国有企业改制重组；鼓励外资以参股、并购等方式参与境内企业兼并重组；做好并购安全审查。
十三五规划 2016—2020 年	"推动传统产业改造升级"部分：鼓励企业并购。"积极稳妥化解产能过剩"部分：通过兼并重组……，加快钢铁、煤炭等行业过剩产能退出。促进房地产业兼并重组。"加快发展现代文化产业"部分：推动文化企业兼并重组。
十四五规划 2021—2025 年	"构筑产业体系新支柱"部分：鼓励技术创新和企业兼并重组。"提升供给体系适配性"部分：完善企业兼并重组法律法规和配套政策。

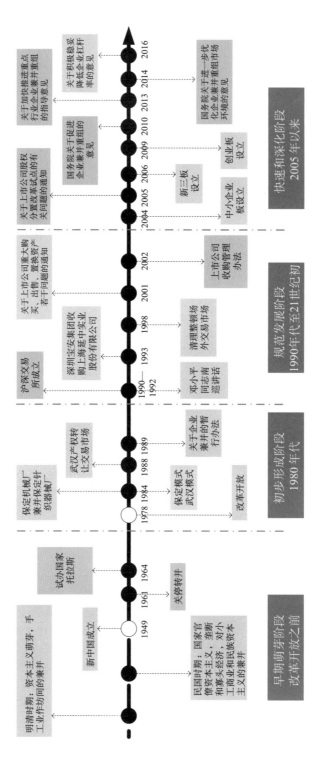

图 4-1　中国企业本土并购市场发展历程及关键事件

务院关于积极稳妥降低企业杠杆率的意见》正式出台，将推进重点行业和企业兼并重组、引导企业业务结构重组等作为供给侧改革、"降杠杆"的重要方式，并提出加大对企业兼并重组的金融支持。2019 年，科创板正式开市并试点注册制规则，中国多层次资本市场进一步完善。上述中央和地方政府的政策措施为这一时期企业开展并购重组释放了积极信号，中国大陆企业本土并购投资市场日渐繁荣。

第二节　中国企业本土并购投资的总体特征

虽然新中国企业本土并购市场形成于 20 世纪 80 年代，并在 20 世纪 90 年开始步入规范化发展阶段，但是受计划经济体制思维、资本市场不健全等因素影响，20 世纪 80 年代至 20 世纪 90 年代中国企业本土并购投资规模相对较小，并购双方企业高度集聚在区域性中心城市或省会城市等。进入 21 世纪，伴随改革开放深化，中国社会主义市场经济体系与现代企业制度逐渐完善，尤其是证券市场规范发展和多层级资本市场的建立，推动中国企业本土并购投资快速发展。通过利用 WIND[①] 中国企业并购库收集了 2002 年 1 月至 2016 年 12 月期间中国大陆（不包含台湾、香港、澳门）企业本土并购投资交易公告[②]。图 4–2 展示了 2002—2016 年中国企业本土并购投资的发展态势，总体上呈现波动增长趋势，尤其在"十二五"进入快速增长时期，2015 年交易事件公告达到 5 959 件，约是 2002 年的 9.3 倍。为此，本节基于地理空间分析视角，重点从并购双方地理分布格局与联系网络特征、产业构成及演化特征等方面，分析新世纪以来中国本土并购投资市场的总体特征，以此作为本书研究的背景和基础。

一、并购双方分布格局演化

表 4–2 和图 4–3 展示了 2002—2016 年中国各省区企业本土并购双方的地理分布格局。首先，中国企业本土并购事件以及买方和标的企业主要集聚在东部沿海地区，尤其是以北京、上海、深圳等全球城市为核心的都市密集区，企业并购投

---

①　Wind 咨询是中国领先的金融数据和分析工具服务商。
②　在本节分析中剔除了交易失败/被迫中止、两个及以上买方企业、无买方/标的企业名称等信息不完整的企业并购投资公告。

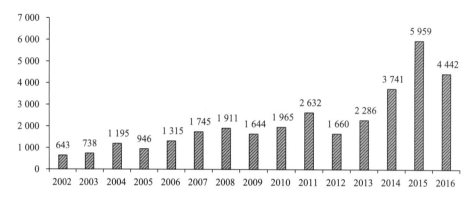

图 4-2　2002—2016 年中国企业本土并购投资公告事件数量（单位：件）

数据来源：WIND 数据库。

资活跃、经济发展更有活力。其次，中国企业本土并购投资在省区尺度上的空间差异逐渐固化，并购双方企业进一步向东南沿海和沿江地区集聚。如表 4-2 所示，广东、北京、上海、江苏、浙江等地并购双方企业占全国总量的累计比重达到 50% 左右，表明上述地区对企业并购资本具有绝对控制力；而中西部省区企业本土并购投资活动较少，宁夏、青海、西藏等末五位省区累计占全国总量比重仅约为 3%；2012 年以来北京、长三角与珠三角等发达地区企业并购投资事件占全国比重均显

表 4-2　2002—2016 年中国部分省（市）区企业并购投资事件累计占比情况

	买方企业			标的企业		
	2002—2006	2007—2011	2012—2016	2002—2006	2007—2011	2012—2016
前五位省（市）区	上海(19.1)	北京(15.7)	广东(17.3)	上海(17.8)	上海(13.2)	广东(14.0)
	北京(38.1)	上海(28.2)	北京(31.6)	北京(29.1)	北京(24.5)	北京(27.3)
	广东(46.9)	广东(38.6)	浙江(41.5)	广东(38.7)	江苏(33.1)	上海(38.0)
	浙江(52.6)	浙江(46.7)	江苏(50.7)	浙江(44.9)	广东(41.3)	江苏(48.2)
	四川(57.4)	江苏(54.1)	上海(59.9)	江苏(49.9)	浙江(46.9)	浙江(56.3)
			……			
末五位省（市）区	江西(0.7)	广西(1.0)	甘肃(0.8)	山西(1.0)	贵州(1.1)	黑龙江(0.9)
	新疆(1.4)	贵州(1.6)	内蒙古(1.5)	西藏(1.9)	海南(2.2)	宁夏(1.5)
	宁夏(1.8)	青海(2.0)	西藏(1.9)	贵州(2.5)	宁夏(2.8)	甘肃(2.0)
	青海(2.2)	宁夏(2.3)	青海(2.2)	青海(3.1)	青海(3.3)	青海(2.5)
	西藏(2.5)	西藏(2.5)	宁夏(2.5)	宁夏(3.6)	西藏(3.7)	西藏(2.7)

注：括号内为前/末五位省（市）区占当期全国总数累计百分比。

著提升，而内蒙古、黑龙江、山西、云南等省区的比重则呈下降趋势。再次，买方企业和标的企业在空间上存在高度的共同集聚特征。2012—2016 年广东、北京、上海、江苏、浙江等地企业以买方或标的身份参与并购投资的事件数量均在 1 000 件以上。总体而言，中国企业本土并购投资活动的地理格局日渐固化，东中西部、大都市与中小城市间的集散差异明显，基本呈现与中国"T"型区域发展格局、"核心—边缘"的城镇等级体系相似的地理格局，这也从侧面印证了中国区域差异格局的相对固化。

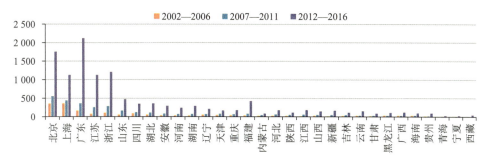

买方企业地理分布（单位：个）

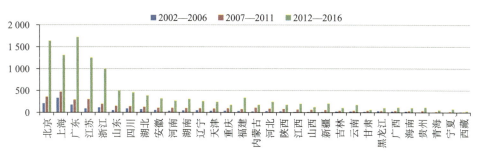

标的企业地理分布（单位：个）

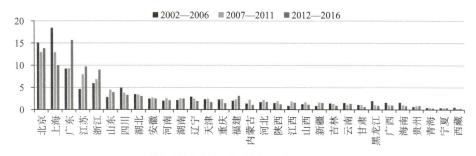

并购事件占全国比重（单位：%）

图 4–3　2002—2016 年中国企业并购双方地理分布情况

二、并购双方联系网络演化

图 4–4 展示了省区内部企业并购投资事件数量占中国本土并购投资事件总量比重的变化趋势。2002—2009 年这一比重总体呈上升趋势，2009 年约有 65.4%的企业本土并购投资事件发生在中国各省区内部，企业并购投资及其区位选择在省区尺度上的"本土偏好"不断增强。而 2009 年以来，伴随中国经济地理格局重塑、区域一体化发展等，省区间要素、企业与产业转移加速，这一比重由 2009 年的65.4%降至 2016 年的 44.1%。企业跨省区并购投资事件快速增长，中国省区间企业并购投资联系日益紧密，区域经济活动开始在更大范围内进行组织和联动。

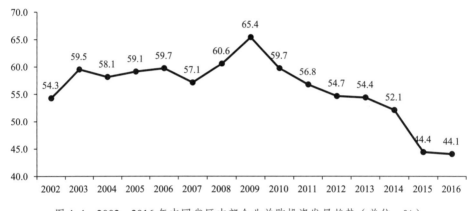

图 4–4　2002—2016 年中国省区内部企业并购投资发展趋势（单位：%）

数据来源：WIND 数据库。

图 4–5 展示了 2002—2016 年中国企业跨省区并购投资网络及演化趋势。一方面，发起或参与跨省区并购投资事件的企业不断增长，各省区在企业并购投资联系网络中的节点层级和地位普遍提升；但各省区在网络中的节点层级差异较大，北京、上海、广东、江苏与浙江等经济发达省（市）是中国企业本土并购投资联系网络的绝对核心。另一方面，各省区间企业并购投资联系强度不断提升，但经济较发达省区之间的企业并购投资活动更为频繁，2011—2016 年北京、上海、广东等核心节点间企业并购投资事件均在 200 起以上；东北、中西部省区也进一步融入了企业本土并购投资网络，尤其是 2006 年以来安徽、四川、新疆等节点与上述核心节点间并购投资联系不断增强；可见，中国企业本土并购投资网络联系的"核心"也开始呈现由东部沿海、大都市向中西部欠发达省区扩散的趋势。

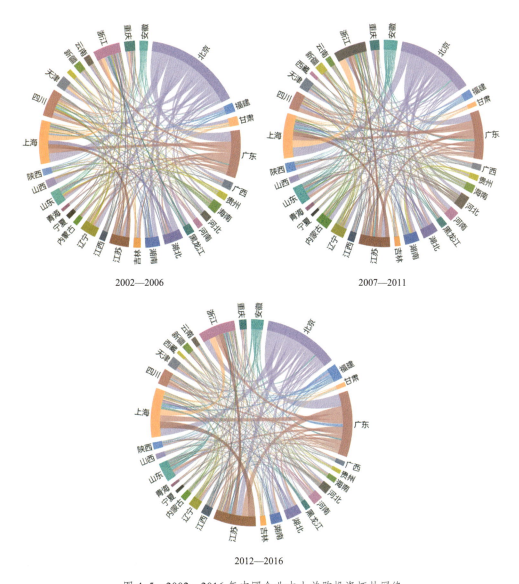

2002—2006

2007—2011

2012—2016

图 4-5　2002—2016 年中国企业本土并购投资拓扑网络

　　图 4-6 展示了中国各省区企业在跨区域并购投资活动中的"角色地位"。首先，北京、浙江与广东企业更多以买方角色发起并购投资，在并购投资网络中拥有较强控制力；相比之下，金融危机以来上海、江苏的企业更多地以标的角色参与并购活动，在并购投资网络中的主导地位有所降低。其次，中西部企业以省区内部并购投资为主，在跨区域并购投资活动中以标的角色为主，企业控制权、经济决策权以及优质人才、技术资产流失的风险较高；但近年来山西、西藏等中西部省

区企业的跨区域并购投资增长较快，表明相关企业通过并购进行对外扩张与转型升级的能力增强。再次，北京、长三角和珠三角周边省区的企业主要以标的角色参与并购投资，一定程度上也表明企业控制权可能进一步向"核心"极化。

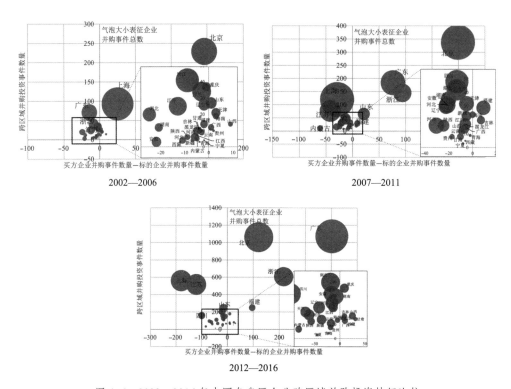

图 4-6　2002—2016 年中国各省区企业跨区域并购投资特征比较

三、并购双方行业结构演化

从制造业和服务业构成情况来看，2008 年以前服务业并购投资较为活跃，服务业企业并购事件占全部并购事件的比重稳定在 55% 左右；受金融危机影响，中国制造业发展受到冲击，出现大量企业兼并与重组，2008 年制造业并购事件比重接近 60%；2010 年以来，服务业逐渐取得国民经济主导地位，服务业并购事件比重快速增长，并于 2015 年达到 50% 以上（图 4-7）。

中国不同行业并购双方的地理分布格局差异较大（图 4-8）。由于乡镇工业、民营与外资工业相对发达，江苏与浙江等省区制造业企业并购投资事件相对较多；而在上海、北京、天津与海南等省（市）内部，企业并购投资事件中的服务业事件比重超过了 60%；近年来，受地方优惠政策等影响，西藏自治区（作为企业注

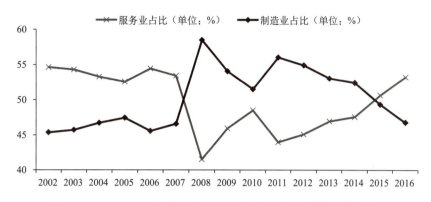

图 4–7　2002—2016 年中国制造业和服务业企业并购投资发展趋势

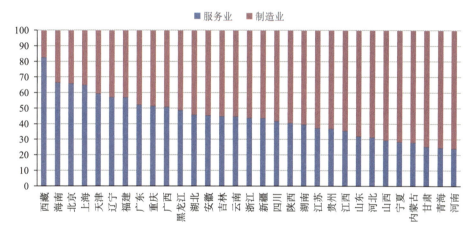

图 4–8　2002—2016 年各省区内部并购活动的行业构成（单位：%）

册地）出现一批活跃于中国资本市场的服务业企业，但西藏工业发展基础薄弱，其内部企业并购投资事件的服务业事件占比高达 80%；除了重庆、广西等少数省（市），中国中西部各省区内部企业并购投资事件的制造业事件比重相对较高，尤其是山西、内蒙古、河南等资源型产业占比较高的省区。此外，不同行业企业并购投资网络结构也存在较大差异（图 4–9）。北京、上海、广东等地的服务业并购市场更为活跃，相互之间的企业并购投资联系更为紧密；北京、上海、广东、江苏与浙江等地则控制着中国制造业并购市场；与服务业相比，经济发达省市之间、东部沿海与中西部省区之间的制造业企业并购投资联系更为频繁。

　　从上述分析可以看出，长三角是中国企业并购投资最为活跃、增长最快的区域之一。长三角各省市企业并购投资市场发育程度差异显著，但相互间的并购投资联系不断加强。可以将长三角作为案例区，进一步探讨区域内部中国企业本土并购投资时空动态演化、双方配选机制与空间影响效应等科学问题。

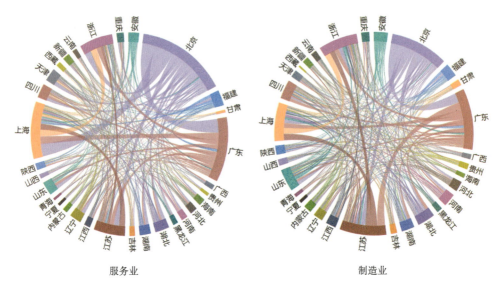

服务业　　　　　　　　　制造业

图 4-9 2002—2016 年中国服务业与制造业企业本土并购投资拓扑网络比较

第三节　长三角及其企业并购投资市场发展

长三角①地处亚太经济区、太平洋西岸交汇的东亚地理中心，是中国经济最具活力、开放程度最高、创新能力最强、国际竞争力最强的地区之一。同时，长三角也是中国金融和证券市场形成和发育的重要区域，尤其是上海证券交易所已成为中国上市公司通过股权交易进行兼并重组的主要场所和载体。近年来，长三角经济结构调整与产业转型转移步伐加快，传统产业改造升级与新兴产业发展壮大同步推进，区域金融服务体系与多层次资本市场进一步发展完善（季菲菲，2014），一体化进程深化也推动区域内各城市经济社会联系不断增强（陈雯等，2013；陈雯等，2015；陈雯等，2019）。上述宏观环境也为长三角区域内企业并购投资日益活跃创造了良好条件。总的来说，选择长三角作为中国企业本土并购投资研究的案例

---

① 为了区分长三角内部不同城市和地区间企业并购投资活动特征的差异性，本文将上海、苏南（南京、苏州、无锡、常州、镇江）、浙东北（杭州、宁波、湖州、嘉兴、绍兴、舟山）地区作为长三角核心区，而将其他城市和地区作为长三角外围区。

区，具有较强代表性和现实意义。本节主要从整体上介绍长三角企业本土并购市场发展历程和总体特征，为后文实证分析奠定基础。

一、长三角企业并购市场发展的基础条件

本部分重点从经济和产业转型、金融与资本市场情况、区域竞合与一体化发展等方面，分析长三角企业本土并购投资市场发展的条件和基础。

1. 经济和产业转型发展

长三角雄厚的经济实力、完备的现代产业体系和活跃的企业主体，是其并购投资市场持续发展的重要基础。21 世纪以来，长三角各省市经济总量呈快速增长态势，区域 GDP 占全国比重稳定在 23% 左右（图 4–10）。较快的工业化进程也使长三角拥有较为完备的制造业体系，战略性新兴产业与现代服务经济发展迅速，区域内配套能力较强，产业集群优势突出。2016 年，长三角工业和服务业增加值分别达到 6.67 万亿和 9.25 万亿元，分别占全国总量的 23.4% 和 24.2%。同时，长三角也集聚了中国 30.7% 的规模以上工业企业、30.1% 的限额以上批发业企业、21.1% 的限额以上零售业企业，是中国大中型企业集聚的主要区域之一。

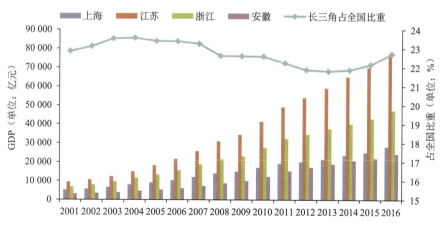

图 4–10　2001—2016 年长三角 GDP 增长情况

另一方面，经济结构调整、产业转型升级，尤其是新兴业态发展和科技创新能力增强等，也是促进长三角企业本土并购投资规模和强度快速提升的重要因素。近年来，长三角以重化工、外资工业为主导的传统工业化模式受国际经济形势、资源环境约束等影响，正在加速向创新驱动与质量型发展模式转变。2016 年，长

三角三次产业结构为 4.9∶42.9∶52.2，已实现经济结构"三二一"的转变，高新技术产业、生产性服务业占经济总量的比重显著提升，新兴业态和模式不断涌现（图 4–11）；同时，区域创新系统日渐完善，企业创新能力显著增强，2016 年长三角规模以上工业企业 R&D 和新产品开发经费投入占全国比重分别达到31.6%和 33.8%。这些都推动了传统产业加快资产重组，以及新兴产业并购活动快速增长。

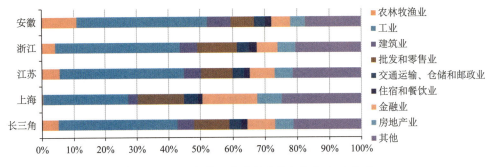

图 4–11　2016 年长三角分行业增加值占 GDP 比重

2. 金融与资本市场优势

与中国其他地区相比，长三角的金融与资本市场发育较早、规模较大、体系完善，尤其在金融机构、政策及其服务实体经济发展等方面具有明显优势，这也是长三角企业并购投资市场较为活跃的重要原因。长三角金融市场规模已突破 90万亿元，占全国 24%左右，明显高于珠三角、京津冀等其他城市群区域；长三角金融机构体系较为完整，以商业银行、证券、信托、保险与基金公司为主的金融机构超过 600 家，占全国总量的 18%左右，金融业增加值占全国比重也达到 26.6%；同时，长三角各省市出台多类促进金融业发展政策，尤其是在金融业支持实体经济发展、企业投融资等方面，区域金融服务体系不断健全。金融市场的发展完善也便利了长三角企业融资，当前长三角社会融资规模达到 4.6 万亿元左右，占全国社会融资规模的 24%，其中直接融资规模占全国比重超过 50%。此外，长三角也是中国上市公司集聚的主要区域（图 4–12），拥有的上市公司、新三板挂牌企业分别超过 1 100 家和 3 500 家，均占全国总量的三分之一左右；上市公司在证券市场中的股权交易十分活跃，长三角证券交易规模约为 280 万亿元，明显高于其他城市群区域。

图 4-12 1990 年以来长三角上市公司增长情况

3. 长三角区域一体化发展上升为国家战略

区域竞合与一体化发展是促进企业并购投资的重要因素（McCarthy et al., 2015）。长三角自古城市间人员交流和经济往来密切，尤其是在改革开放以来，城市间交通运输条件逐渐改善，经济互补性不断增强，城市间全方位、多领域的自主协作交流显著加强，区域一体化发展更加制度化、全面化（陈雯等, 2018）。当前，长三角区域一体化发展已正式上升为国家战略，长三角制度创新与政策优势将进一步凸显，企业也面临着新的转型压力与发展机遇。此外，随着《长江三角洲城市群发展规划》、《长三角地区一体化发展三年行动计划》、《长江三角洲区域一体化发展规划纲要》以及长三角区域合作办公室、长三角生态绿色一体化发展示范区的相继出台和成立，城市与区域间竞合，尤其是城市间产业转型转移、技术创新协作、要素市场一体化建设、区域金融体系完善等方面将不断深化，这将进一步降低长三角内部交易成本，并为企业提供更多的并购投资和对外扩张机会。同时，长三角各地也将促进企业兼并重组作为区域资源要素整合、产业结构优化的重要手段，例如《长三角地区一体化发展三年行动计划》指出支持长三角港口龙头企业以资本为纽带进行合作；《长江三角洲区域一体化发展纲要》提出"鼓励民营经济跨区域并购重组""扩大商务服务、先进制造、批发零售、金融服务、境外并购等对外投资"等。

二、长三角企业本土并购投资市场概况

1. 发展历程

中国企业本土并购投资市场就萌芽于长三角。明清时期，当时江南地区（今苏州、无锡等地）以纺织、工艺美术品、酿造等为主的手工业发展较为繁荣，并出现"机户—机工"之间的雇佣劳动关系，以及手工工场之间的合作与合并现象。近代以来，尤其是在第一次世界大战期间长三角民族资本主义工商业得到较快发展，出现一批近代工业企业以及大量的手工工场，轻纺工业领域中企业吞并手工工场等活动也较为频繁。但20世纪20年代以后，西方列强及其企业资本重新侵入中国市场，长三角大批民族工业被外资控制兼并，或者因为竞争力弱而亏损倒闭。另一方面，南京民国政府成立后，以"蒋宋孔陈"四大家族为代表的国家官僚资本主义在长三角地区迅速发展和扩张，以中央银行、资源委员会、中国棉业公司、扬子建业股份有限公司、中国农业银行等为代表的"四大家族"企业总部大多分布在上海、南京等长三角城市，这些企业利用国民政府权力形成资本主义买办统治集团，并利用统购、统销、限价、议价等手段对金融、贸易、商业、工矿业等领域实行统制，大肆低价强买或兼并民族资本主义工商业企业。由于官僚资本主义对国民经济发展的全面垄断，长三角尤其是南京和上海等城市，在这一时期成为了中国企业控制权、经济决策权的中心。

新中国成立初期，在计划经济体制和思维影响下，长三角企业并购活动主要表现为行政命令下的企业合并与资产重组，大量民族资本主义工商业企业通过联合成立了相应的地方国营企业或工厂。例如，当时的无锡市动力机厂、无锡市通用机械厂分别是由60家小铁工厂与41家小机械厂合并而建立的。此外，长三角各城市也在20世纪60年代经历了"关停并转"、试办"国家托拉斯"等行政性的企业重组。改革开放初期，随着中国以企业为主体的并购市场初步形成，在上海、南京、苏州、无锡等工商业基础较好的城市也相继出现了优势企业兼并亏损或弱势企业的事件。同时，这一时期长三角出现"苏南模式"和"温州模式"等工业化路径，以纺织、食品、机械等消费品工业为主的乡镇工业和民营企业快速发展，民间借贷和资本市场也随之形成发展，行政区内部的企业间交易投资也较为活跃。

长三角企业并购投资市场渐成规模并快速发展是进入20世纪90年代，即上海证券交易所正式建成营业、中国企业产权制度改革进入深化阶段之后的事情。

一方面，随着上海证券交易所以及地方证券经营机构体系的发展完善，长三角一大批国有重点企业、民营优势企业开始进行通过上市筹集发展资金，通过股权交易实现组织结构、产品技术和市场领域的转型升级，截至 20 世纪 90 年代末长三角已拥有上市公司 224 家，这些企业成为当时发起企业并购投资的主体。另一方面，企业兼并重组作为优化产业结构、培育龙头企业等的重要手段，逐渐被长三角各地政府所认可，长三角各地政府相继出台并实施了鼓励、促进及规范地方企业并购投资的政策文件。例如，1994 年上海市政府颁布《上海市企业兼并暂行办法（草案）》，1996 年浙江省政府发布《关于鼓励优势企业兼并弱势企业若干政策问题的通知》，等等。2005 年以来，随着长三角区域一体化深入，金融和资本市场体系不断发展完善，长三角上市公司快速增长，企业并购投资数量规模和强度也大幅提升，尤其是企业跨行政区的并购投资活动。2010 年前后，长三角三省一市政府相继出台贯彻《国务院关于促进企业兼并重组的意见》的实施意见以及具体措施，相关地方政策也密集出台，浙江等地还成立了"促进企业兼并重组工作部门联席会议办公室"；《长江三角洲城市群发展规划》中在传统产业转型升级、培育本土跨国公司以及提高外资利用质量等领域均提出支持和鼓励内外资企业并购投资；《长江三角洲区域一体化发展规划纲要》则在相关支持政策基础上，进一步明确提出"鼓励民营经济跨区域并购重组和参与重大基础设施建设""扩大境外并购等对外投资"等。此外，近年来有关并购、创业投资等主题的长三角民间企业联盟和交流活动也不断开展，长三角也成为中国企业并购投资市场最为活跃的地区之一。

表 4-3　20 世纪 90 年代以来长三角各省（市）关于企业并购的部分政策文件

时间	地区	政策文件名称
1994 年	上海市	上海市企业兼并暂行办法（草案）
1996 年	浙江省	关于鼓励优势企业兼并弱势企业若干政策问题的通知
2005 年	上海市	关于外资并购本市国有企业若干意见的实施细则
2010 年	浙江省	关于支持和引导上市公司开展并购重组的若干意见
2011 年	上海市	贯彻《国务院关于促进企业兼并重组的意见》的实施意见；关于做好促进企业兼并重组相关税收工作通知
2011 年	江苏省	关于促进企业兼并重组的意见
2014 年	浙江省	关于优化市场环境促进企业兼并重组的若干意见
2014 年	上海市	关于加快上海创业投资发展若干意见的通知

续表

时间	地区	政策文件名称
2015 年	安徽省	关于进一步优化企业兼并重组市场环境的实施意见
2016 年	浙江省	2016 年全省促进企业兼并重组工作要点
2017 年	浙江省	推进企业上市和并购重组"凤凰行动"计划；浙江省人民政府关于促进创业投资持续健康发展的实施意见
2017 年	江苏省	关于促进创业投资持续健康发展的实施意见
2017 年	安徽省	关于促进创业投资持续健康发展的实施意见

2. 总体特征[①]

首先，作为中国企业本土并购投资市场最为活跃的地区之一，长三角尤其是新世纪以来企业并购规模和强度快速增长，但三省一市之间也存在显著差异。整个 20 世纪 90 年代，由长三角企业发起或参与的并购投资事件仅约为 200 起左右，而新世纪以来长三角本土并购市场规模呈快速增长态势，2002—2016 年长三角买方和标的企业数量均增长了约 7 倍，占全国买方和标的企业总量的比重均达到 30% 左右（图 4-13）。但是，长三角各省（市）之间存在较大差异，上海作为中国乃至全球的经济、金融和科技创新中心，是中国企业并购投资活动最为集聚的城市之一，长三角约 40% 的买方和标的企业都分布在上海市内；江苏和浙江工业基础雄厚，尤其是外资经济、民营经济较为发达，近年来服务业和战略性新兴产业发展较快，企业并购投资也较为活跃，集聚了长三角约 55% 的买方和标的企业；而安徽经济社会发展水平相对较低，缺乏行业龙头企业及大型上市公司，企业并购投资市场规模相对较小。

其次，长三角企业并购活动的行业构成及其演变特征与全国市场的变化趋势较为相似，2008 年前后国际金融危机严重冲击了长三角外资和出口导向的制造业企业，促进了长三角相关企业的兼并重组，这一时期长三角并购投资事件中的制造业占比显著增长；而随着后金融危机时期长三角经济和产业结构经历深刻调整，2012 年以来长三角并购投资事件中的服务业占比开始呈增长态势（图 4-14）。另一方面，长三角各省（市）企业并购事件行业分布特征也存在较大差异。上海内部并购投

---

① 为了将长三角企业并购投资市场发展的总体特征与全国概况进行比较，本部分与本章第二节采用相同数据库（2002 年以来的全国企业并购投资数据库，该数据库未进行缺失数据的补充），侧重分析 21 世纪以来的长三角企业并购投资活动，便于与全国情况进行对比分析。

资事件中服务业和制造业的占比分别是 65% 和 35%；相比之下，江苏、浙江和安徽内部并购投资事件中的制造业占比分别为 62.8%、56.2% 和 54.6%（图 4–15）。

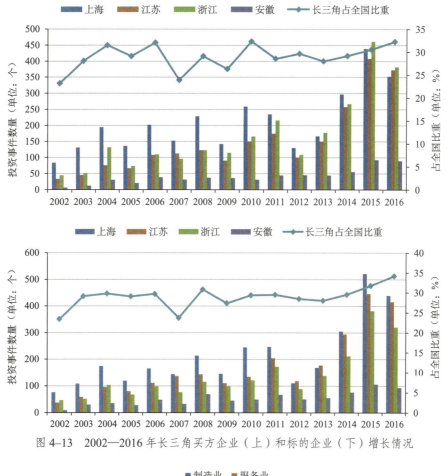

图 4–13　2002—2016 年长三角买方企业（上）和标的企业（下）增长情况

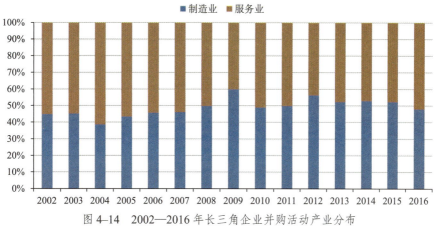

图 4–14　2002—2016 年长三角企业并购活动产业分布

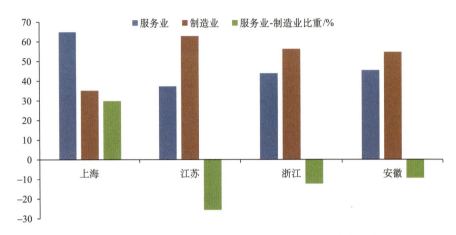

图 4-15　2002—2016 年长三角三省一市企业并购活动产业构成

再次，从长三角省市内和跨省市企业并购投资的比较来看，长三角各省市内部的企业并购投资事件占全部事件的比重呈下降趋势，上海、江苏与安徽的这一比重由 2002—2008 年的 70% 以上降至 50%—55% 左右；同时，企业跨区域并购投资日渐频繁，长三角各省市与相邻地区、经济发达地区之间的企业并购联系强度均有所提升（表 4-4、图 4-16）。但总体上看，与长三角企业相关的并购投资活动约 70% 左右发生在长三角区域内部。

表 4-4　长三角三省一市内外部企业并购投资情况比较

地区	2002—2008			2009—2016		
	区域内部	与相邻地区间	与发达省（市）①间	区域内部	与相邻地区间	与发达省（市）间
上海	73.8%	7.8%	14.0%	55.1%	11.9%	24.6%
江苏	74.6%	7.1%	10.7%	56.2%	16.0%	23.9%
浙江	54.8%	17.2%	15.6%	50.0%	20.9%	30.8%
安徽	79.0%	8.1%	11.3%	50.7%	11.6%	27.5%

---

① 本表格中的发达省（市）主要是指北京、上海、广东、江苏、浙江（与相邻地区不重复计算）。

图 4-16　长三角各省市之间、长三角与外部的企业并购投资联系

本章主要总结了中国企业本土并购投资市场的发展历程和总体特征，在此基础上，从形成发展基础以及总量规模、行业分布、内外部联系等方面，分析了长三角企业本土并购投资市场的主要特征。总体而言，以长三角为例研究中国企业本土并购投资具有较强的代表性和现实意义。

中国企业并购市场形成与发展最早可以追溯至明清资本主义萌芽时期，新中国成立后，企业本土并购投资市场的发展也先后经历了建国初的萌芽阶段（1949年至改革开放前）、初步形成阶段（20世纪80年代）、规范发展阶段（20世纪90年代至2005年）以及快速和深化发展阶段（2005年以来）。从相关数据分析来看，中国不同省区间企业本土并购投资市场发展差异显著，并购双方高度集聚在京津、长三角、珠三角等经济发达的东部沿海地区，尤其是北京、上海、深圳等大都市；跨区域企业并购投资日益活跃，北京、上海、广东、浙江等发达地区在网络中也同样占据着主导地位，而中西部地区则面临企业控制权和经济决策权流失的风险；不同行业企业并购投资活动在地理分布格局、联系网络结构等方面也存在显著差异。

长三角是中国经济最具活力的地区之一，同时也是中国企业本土并购市场形成和发育最早的区域之一。尤其是近年来，长三角经济结构调整与产业转型转移步伐加快，区域一体化进程深化，金融服务体系与多层次资本市场不断发展完善，各地密集出台了鼓励企业并购投资的政策措施，推动了企业间、城市间并购投资联系强度的大幅提升。从相关数据分析结果来看，与长三角企业相关的并购投资活动约 70%发生在长三角区域内部，但不同省（市）在企业并购投资市场规模及行业构成等方面也存在较大差异。将长三角作为案例区，通过研究对象与尺度细化，可以帮助我们进一步分析中国企业本土并购投资空间格局、驱动机制与效应等关键问题。

第五章 长三角企业本土并购投资时空动态

　　并购投资时空动态是企业并购双方及其投资联系的地理呈现。本章重点考察 20 世纪 90 年代中期以来不同阶段内长三角企业本土并购投资时空动态性特征，尤其是并购双方的地理分布格局与联系网络结构，并比较不同行业、不同类型（投资目的）、不同城市和区域企业并购投资时空动态的差异性特征，最后总结长三角企业本土并购投资时空动态演变的阶段规律。

第一节 研究数据与方法

　　本节主要阐述长三角企业并购投资相关数据来源与处理过程，并对本章使用到的具体分析方法进行简要介绍。

一、数据来源与处理

　　本章所使用的长三角企业并购投资相关数据的获取和处理主要分为以下几个步骤：首先，从 WIND 资讯[①]发布的"中国并购库"中检索获取企业并购投资事件，每条并购事件中包含首次公告时间、交易标的[②]、交易买方、买方财务顾问、交易价值与币种、交易最新进度等信息。但交易总价值等部分属性数据存在严重缺失，考虑到研究内容和数据完整性，本章实证分析主要利用并购事件首次公告时间以及标的、买方企业名称信息等。由于中国以公司为主要组织形式的并购活

---

① WIND 资讯是中国领先的金融数据和分析工具服务商。

② 交易标的信息包含标的企业简称、本次并购中交易的股权比例。

动发展于 20 世纪 90 年代，且由上一章分析可知长三角企业并购投资 70%发生在区域内部，出于统一研究阶段和案例区等考虑，本章检索了 1996 年 1 月至 2016 年 12 月期间，买方和标的企业同为上海、江苏、浙江、安徽等地企业的所有并购投资交易公告，剔除交易失败、被迫中止、标的和买方企业名称信息不完整的公告后，获得可供分析的有效事件数为 5 999 件[①]，数据描述见表 5–1。

表 5–1　1996—2016 年长三角企业并购投资数据处理及描述

数据描述（定义）	数量（单位：件）
买方企业位于上海、江苏、浙江与安徽的并购事件	8 722
交易失败、被迫中止的企业并购投资事件	392
交易标的重复的并购投资公告	72
标的企业位于长三角以外地区的公告	2 309
可供本章实证分析的有效并购投资事件	5 999
1996—2000 年	161
2001—2005 年	805
2006—2010 年	1 539
2011—2016 年	3 494

　　其次，基于并购事件及双方企业简称等信息，通过在Baidu、国家企业信用信息公示系统、企查查以及相关企业官网上进行人工检索，获取并购双方企业的具体名称，再利用 Python 网络抓取等方法获取企业成立时间、所属地区、所属行业、登记机构、工商注册代码、注册资本与企业地址等详细信息[②]。再次，利用 DataMap 等分析插件对并购双方企业地址进行解析，获取企业地址对应地理坐标(经纬度)，并以省、市、县（区）三级行政区划明确企业所属地区；借助 ArcMap 10.2 等空间分析软件，对并购双方企业地址进行空间化处理，将企业地址信息与长三角省、

----

　　① 与第四章中的全国企业并购投资数据库相比，本章使用的长三角企业并购投资事件数据是在第四章相关数据库的基础上，进一步增加了 1996—2002 年的并购投资事件及相关数据，并针对 WIND 数据库中缺少所属行政区的并购双方企业，进行了企业地址信息的人工检索，对案例区内有效观测样本进行了补充。

　　② 本文依据并购公告的买方和标的企业名称进行地理编码处理；考虑数据可得性与采集难度，结合现有文献中买方与标的企业"点到点"的并购网络构建方法（Boschma et al, 2014），针对多厂、多区位的买方或标的企业，本文仅将其总部区位纳入并购网络分析。

市、县（区）行政区划进行空间匹配，从而建构长三角企业并购投资的空间数据库。此外，本章所使用的经济社会数据库主要源自于《中国城市统计年鉴》及研究区各省、市、区统计年鉴与统计公报等。本章研究尺度为长三角县市（区），在2016 年底各地行政区划的基础上，本文将上海市黄浦区、徐汇区、长宁区、静安区、普陀区、虹口区与杨浦区整合作为上海中心城区，将大部分城市的市辖区归并作为省辖市市区[①]，共计形成 210 个县市（区、市区）研究单元（图 4–10）。

二、研究方法

1. 一般数理统计分析方法

基尼系数被广泛用于区域经济社会发展差异研究（刘慧, 2006）。本章使用协方差法测度的基尼系数测度县市尺度并购双方企业的空间集散程度及其变化情况（G_i），计算公式如下：

$$G_i = \frac{1}{2N^2\mu}\sum_j\sum_k\left|\frac{x_j}{X}-\frac{x_k}{X}\right| \tag{5.1}$$

其中，N 和 μ 分别代表样本数量和各单元买方企业或标的企业数量的均值，X 为长三角买方或标的企业的总量，x_j 和 x_k 则表示 j 和 k 城市买方或标的企业的数量。

2. GIS 空间分析方法

核密度估计法（Kernel density estimation）。由于本文将并购双方企业地址进行空间化处理，相关企业可视为连续空间中的一系列点，而现有研究中广泛使用核密度估计法分析规则区域内企业点位（地址）的密度变化，以呈现企业与相关经济活动的地理分布格局及其演变特征（袁丰等, 2010）。该方法将每个已知点 x 与双变量概率密度函数联系，用于估算点 x 的核密度，估计值可表达为：

$$\hat{f}(x)=\frac{1}{nh^d}\sum_{i=1}^n K\left(\frac{x-x_i}{h}\right) \tag{5.2}$$

其中，$K(\ )$ 表示核函数，h 为带宽，n 是带宽范围内已知点数量，d 则是数据的维度；而 x_i 则表示落在以已知企业点 x 为圆心，h 为半径的圆形范围内第 i 个已知企业点的位置（邬伦等, 2001）。在使用 ArcMap 等软件进行实际应用过程中，带

---

① 在本章中，南京高淳、南京溧水、常州金坛、杭州临安、宁波奉化等市辖区仍作为单独研究单元。

宽大小的选择会直接影响核密度估计的平滑程度，故需要进行多次试验与比较[①]。

探索性空间数据分析（exploratory spatial data analysis，ESDA）。 GIS 空间统计方法是考察经济社会活动空间关联的常用方法，其中探索性空间数据分析通过采用空间自相关指数或模型，被广泛应用与空间相关性和异质性研究。ESDA 包含全局空间自相关（如全局 Moran's I、全局 Geary's C 指数）和局部空间自相关（如 Getis-Ord's Gi*和 local Moran's I 等）。由于本文研究对象涉及并购双方，即买方和标的企业，故使用双变量全局自相关（bivariate Moran's I）和双变量局部自相关（bivariate local Moran's I，LISA）两种方法分析长三角并购双方的地理分布格局及其空间关联性。其中，双变量全局自相关指数表达式如下：

$$I_{AT} = \frac{\sum_i^n \sum_{j \neq i}^n w_{ij} z_i^A z_j^T}{S^2 \sum_i^n \sum_{j \neq i}^n w_{ij}} \tag{5.3}$$

$$S^2 = \frac{\sum_i^n (x_i - \bar{x})^2}{n} \tag{5.4}$$

式 5.4 中，I_{AT} 为买方企业 A 和标的企业 T 的双变量自相关系数，该系数越大则表明并购双方空间分布相关性越强；n 为研究单元个数，z_i^A 是空间地域单元 i 中买方企业数量的均值标准化，z_j^T 则是与 i 邻近空间地域单元中标的企业数量的均值标准化（毕硕本，2015）。式 5.5 中空间权重矩阵 w_{ij} 采用行标准化形式，即：

$$\sum_i^n \sum_{j \neq i}^n w_{ij} = n \tag{5.5}$$

此外，为了考察不同空间单元内并购双方分布的关联性差异，本文使用双变量局部自相关（LISA）进一步识别并购双方在空间上可能存在的四种空间关联模式，即高—高、低—低、高—低和低—高[②]，双变量局部空间自相关的计算方法如下：

---

① 核密度分析中输出栅格数据集的像元大小、h（带宽/搜索半径）的取值是有弹性的，需要根据输出效果进行试验。经过在 ArcMap 10.2 空间数据平台工具内的比选，本文像元大小和 h 值确定标准分别为输出空间参考中输出范围（长三角案例区）的宽度或高度较小值除以 250 和 30。

② 正的高—高和低—低空间关联模式表示同类值的空间集聚，即买方企业集聚的地区，周边标的企业的集聚程度也比较高；而负的高—低和低—高空间关联模式则表示不同值的空间集聚，即买方企业集聚程度较高的地区周边标的企业反而较少。

$$I_i^{AT} = z_i^A \sum_{j}^{n} w_{ij} z_j^T \tag{5.6}$$

其中，z_i^A 和 z_j^T 分别代表买方和标的企业数量的均值标准化，w_{ij} 为空间权重；I_i^{AT} 是空间地域单元 i 上的买方企业与标的企业数量的加权平均的乘积。若 I_i^{AT} 显著为正（负）值，则表明空间 i 中的买方和标的企业数量具有正（负）相关性（毕硕本，2015）。在实证分析过程中，本文使用 GeoDa 软件工具构建空间权重矩阵，通过在随机模型假设中产生 99 组随机排列（蒙特卡罗检验），来确定分布模式的显著性水平。

3. 社会网络分析与拓扑可视化方法

为了考察长三角企业并购投资网络结构及其演变趋势，本文以长三角各县市（区）作为企业并购网络的节点，以各县市（区）之间的企业并购投资频次作为网络的边，并利用复杂网络（complex network）以及 UCINET 分析软件，构建 1996—2016 年不同时期内长三角企业并购投资联系网络，并利用 ArcMap 10.2 软件进行可视化分析。其中，利用度中心性（degree centrality）度量网络中各节点的中心性，即节点 i 与其他所有节点的联系程度，拥有 g 各节点的网络可以构建 g 阶矩阵，而 i 节点度中心性计算公式如下：

$$C_D(N_i) = \sum_{J=1}^{g} x_{ij} (i \neq j) \tag{5.7}$$

式 5.7 中，$C_D(N_i)$ 表示节点 i 的度中心性，x_{ij} 为与节点 i 相关的矩阵单元格值（林聚任，2009；刘军，2014）。此外，本文利用弦图（chord diagram）等新兴可视化方法（宋周莺等，2017），加强企业投资流的拓扑结构和网络的图形化呈现。弦图以不同颜色的圆弧表示各网络节点，节点属性值（即节点中心性）越大，对应的圆弧越长；不同节点之间的拓扑关系、网络联系为圆弧间的连线，即弦，弦的粗细则取决于节点间并购投资强度的大小[1]。

第二节 并购双方企业地理分布格局

本节重点考察 1996—2016 年不同时期内长三角企业本土并购投资双方的地

---

[1] 引自 https://en.wikipedia.org/wiki/Chord_diagram。

理分布格局及其演化过程，探讨买方和标的企业地理分布的空间关联，并比较制造业与服务业企业并购双方的空间集散特征。

一、并购双方总体分布格局

1. 企业并购投资活动的总体格局

图5–1展示了1996—2016年间长三角企业本土并购投资事件数量及交易价值的变化情况。可以看出，20世纪90年代中期以来长三角各地企业并购投资事件

图5–1　1996—2016长三角企业本土并购投资事件数量及交易价值变化情况

总体呈波动增长态势，2005 年以来并购交易价值①呈倍速增长，并购市场日益活跃。2011—2016 年并购公告事件近 3 500 起，约是 1996—2000 年间的 20 倍；2011—2016 年长三角约 80%的县市（区）有企业参与并购投资活动，而 1996—2000 年仅有约 16%；同时，2011—2016 年并购交易总价值与平均价值分别达到 1.75 万亿元、5.48 亿元，分别约是 2006—2010 年间的 4.76 倍和 1.84 倍。但由于数据库中企业并购交易价值数据存在缺失，且波动较大，可能无法充分体现长三角企业并购空间格局。因此，本节使用买方或标的企业出现总频次及其占比，来测度长三角各地企业并购投资活动的集聚程度及差异，结果如图 5–2 所示。

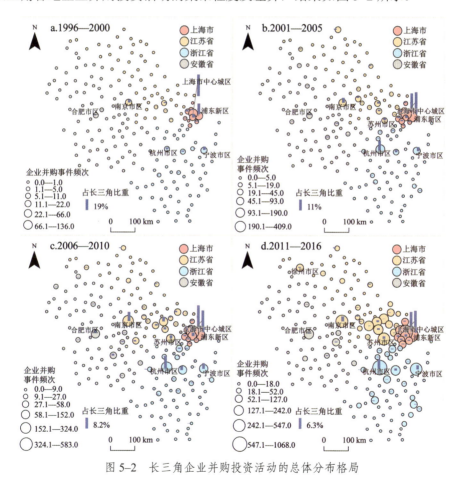

图 5–2　长三角企业并购投资活动的总体分布格局

---

① 由于数据库中，部分企业并购投资时事件"交易总价值"数据属性存在缺失，故本文中有关长三角企业并购投资交易（平均）价值的数据均根据现有数据计算得出。1996—2016 年间，共有 824 起并购投资事件相关数据缺失，占样本总量近 14%。

首先，长三角的大都市尤其是上海以及南京、杭州、合肥、宁波、苏州等城市市区企业并购投资市场较为活跃。其中，2011—2016 年杭州市区、上海中心城区、浦东新区企业参与并购投资事件数量均达到 800 以上，南京市区、苏州市区与宁波市区则达 300 以上；而长三角外围区，尤其是苏北、浙西南、皖北和皖南等地大部分县市（区）的企业并购投资事件数量均低于 5。

其次，长三角各地间企业并购投资活动集聚程度的差异不断缩小。1996—2000 年上海市中心城区和浦东新区企业并购投资事件占长三角比重高达 57.4%，而 2011—2016 年降至 21.4%；杭州市区、苏州市区、南京市区、合肥市区的比重则分别由 1996—2000 年的 2.6%、5.1%、0.6% 和 1.9% 上升至 2011—2016 年的 12.5%、6.4%、4.7% 和 2.8%；随着长三角各地民营或外资经济的快速发展，江阴、张家港、诸暨等工商业基础好的中小城市企业并购投资也日渐活跃；苏北、浙西南、皖北与皖南大部分县市企业并购投资活动更是实现了"从无到有"的转变，尤其是温州等浙西南城市在长三角企业并购投资市场中的表现日益突出，徐州市区、盐城市区、连云港市区等苏北县市（区）企业并购投资活动增长明显，而皖北与皖南大部分县市企业并购投资市场总体上并不活跃。

再次，从基尼系数的分析结果也可以看出，虽然长三角企业并购投资活动在空间上总体呈现为高度集聚（基尼系数均在 0.8 以上）；但是，并购投资事件及买方和标的企业的系数值均持续下降（图 5–3），这表明长三角企业并购投资活动的空间扩散态势明显，核心区与外围区、区域中心城市与中小城市、大都市及其周边城市的差异逐渐缩小。

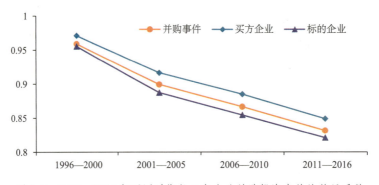

图 5–3　1996—2016 年不同时期长三角企业并购投资事件的基尼系数

2. 并购双方企业的分布格局及演化特征

运用核密度估计方法进一步分析并购双方企业的空间点位数据，考察 1996—2016 年不同时期买方和标的企业的地理分布格局，结果如图 5–4 所示。总体上，长三角买方和标的企业均呈现以中心城市（市区）为核心的空间集聚特征，但随着时间的推移，买方和标的企业集聚空间范围呈现由核心区向外围区、由上海等大都市向周边中小城市逐渐扩散的趋势。

1996—2000 年，长三角买方和标的企业高度集聚在上海市中心城区和浦东新区，南京市区、宁波市区、杭州市区和江阴等少数县市也是主要的集聚地。2001—2005 年，买方和标的企业集聚的空间范围开始由区域中心城市市区向外扩展，尤其是沪宁、沪杭甬沿线主要城市的市区成为并购双方企业新的集聚地，苏北、浙西南、皖中等地主要城市市区并购双方企业也开始增多。2006—2010 年，长三角并购双方企业仍主要集聚在沪宁、沪杭甬沿线的主要城市市区，但集聚空间也开始由大都市向周边县市拓展，县域经济较为发达的江阴、张家港、昆山、诸暨等地成为新的集聚空间，同时合肥等外围区城市并购双方企业数量明显增多。2011 年以来，并购双方企业集聚空间拓展态势较为明显，除了沪宁、沪杭甬沿线地区"连片式"集聚空间，苏北、浙西南、安徽等外围区并购双方企业增长较快，合肥等主要城市市区成为新的集聚空间。

另一方面，长三角买方和标的企业的地理分布格局及其演变特征存在一定差异，图 5–4 的结果表明标的企业地理分布格局较买方企业而言更为分散，即标的企业在长三角核心区中小城市（尤其是民营或外资经济发达、工商业基础较好的县市）、外围区主要城市市区的集聚程度更高。

二、并购双方地理分布的空间关联

1. 一般相关性分析

对不同时期长三角各县市（区）买方和标的企业数量进行一般相关性分析，结果如图 5–5 所示。从相关性系数来看，各县市（区）买方和标的企业数量高度相关，且随时间推移有所强化，1996—2000 年相关系数约为 0.9，后三个阶段内高达 0.98 左右。进一步比较各县市（区）与拟合直线间的关系，2001 年以来的三个阶段内各研究单元基本都在拟合直线附近，但多数县市（区）都处于低值区，仅有上海市中心城区、杭州市区、浦东新区等位于高值区，可见在多数县市（区）内企业并购双方呈现为低水平共同集聚状态。

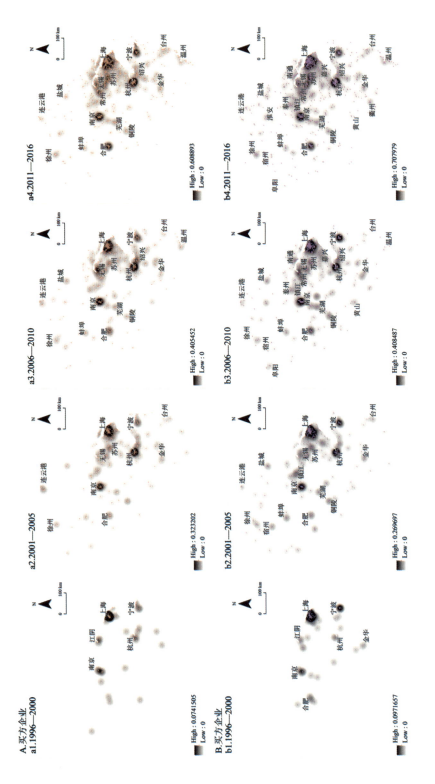

图 5-4 1996—2016 不同时期买方企业和标的企业核密度估计

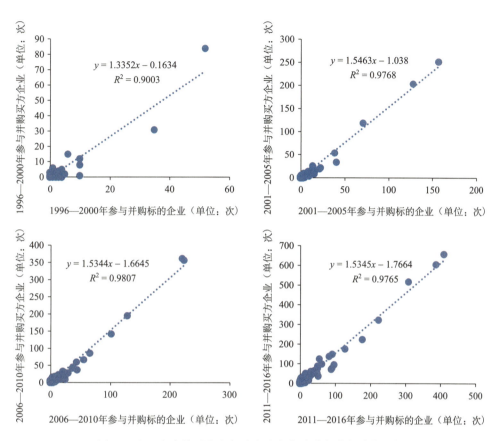

图 5–5 长三角各地买方和标的企业参与并购频次相关性分析

2. 空间自相关分析

1996—2000、2001—2005、2006—2010、2011—2016 年买方和标的企业数量的 Moran's I 指数均显著为正值，分别为 0.341、0.303、0.283 和 0.245，且均在 P≤0.01 水平上显著，表明买方和标的企业在空间上具有显著的共同集聚特征；但随着时间的推移，两者相关性呈下降趋势，说明长三角县市尺度上并购双方企业集散特征出现分化，即近年来长三角买方和标的企业的地理分布格局差异更加明显，这也与图 5–4 的结果一致。

表 5–2 显示了不同时期买方企业和标的企业数量的 LISA 集聚类型及其显著性水平①。1996—2000 年，高一高集聚区仅有上海市中心城区、浦东新区等地，高一低和低一高集聚区主要位于杭州与宁波等市区及周边县市。2001—2005 年以

---

① 均在 P≤0.1 水平上显著。

表5-2 长三角买方和标的企业双变量LISA自相关分析结果

LISA集聚类型	1996—2000	2001—2005	2006—2010	2011—2016
高—高集聚	上海（上海市中心城区、浦东新区、宝山区、奉贤区、嘉定区）	上海（上海市中心城区、浦东新区、奉贤区、宝山区、金山区、松江区、崇明区、嘉定区）；江苏（无锡市区）；浙江（德清县）	上海（上海市中心城区、浦东新区、嘉定区、崇明区）；江苏（无锡市区、江阴市、常州市区）；浙江（德清县）	上海（上海市中心城区、浦东新区、宝山区、奉贤区、崇明区、金山区、嘉定区）；江苏（苏州市区、无锡市区、常州市区、江阴市）；浙江（德清县）
低—低集聚	江苏（句容市、扬中市、溧阳市、南通市区、海安市、盐城市区、东海县）；浙江（新昌县、象山县、天台县、临海市、永嘉县、松阳县、云和县）；安徽（黄山市区、桐城市、太湖县、无为县、凤阳县、利辛县、固镇县、泗县、灵璧县、淮北市区）	江苏（阜宁县）；浙江（新昌县、永嘉县、泰顺县、景宁畲族自治县、景宁畲族、全椒县）；安徽（宿州市区、凤台县）	江苏（淮安市区、泗洪县、睢宁县、灌南县、淳安县）；浙江（衢州市区、瑞安市、仙居县、苍南县、缙云县、青田县、泰顺市区、丽水市、景宁畲族自治县、云和县、庆元县、松阳县、龙泉县）；安徽（天长市、滁州市区、怀宁县、望江县、东至县、桐城市、太湖县、岳西县、宿松县、潜山县、利辛县、蒙城县、阜南县、亳州市区、阜阳市区、灵璧县、凤台县）	江苏（淮安市区、泗洪县、灌南县、响水县、睢宁县、阜宁县）；浙江（天台县、仙居县、文成县、青田县、丽水市区、景宁畲族自治县、云和县、庆元县）；安徽（铜陵市区、桐城市、潜山县、宿松县、岳西县、太湖县、望江县、祁门县、黟县、东至县、石台县、旌德县、金寨县、黄山市区、歙县、庭德县、蚌埠市区、滁州市区、宿州市区、霍邱县、阜阳市、亳州市、砀山县、泗县）
低—高集聚	上海（金山区、松江区、青浦区、崇明区）；江苏（太仓市、昆山市、启东市、无锡市区、仪征市）；安徽（来安县）	江苏（仪征市）；浙江（奉化市区）	上海（宝山区、奉贤区、金山区）；江苏（仪征市）；安徽（来安县）	江苏（太仓市、仪征市）；浙江（湖州市区）
高—低集聚	浙江（杭州市区、宁波市区、桐乡市）；安徽（宣城市区、阜阳市区）	江苏（盐城市区、合肥市区）；安徽（芜湖市区）	安徽（蚌埠市区）	江苏（徐州市区）
不显著	其他县（市、区）	其他县（市、区）	其他县（市、区）	其他县（市、区）

来，高—高集聚区主要分布在上海及苏南中心城市，表明上述地区内买方和标的企业的集聚程度都相对较高；部分中心城市周边县市为低—高集聚区，标的企业的集聚程度相对较高；而南京、杭州、宁波与合肥等城市买方和标的企业的空间集聚类型并不显著。此外，苏北、浙南以及皖北、皖南的大多数县市都属于低—低集聚区，买方和标的企业的数量均相对较少。总的来说，长三角并购双方企业在空间上共同集聚的态势较为明显，尤其是在上海及苏南等主要城市市区及周边发达县市。

三、并购双方行业构成及其集散特征差异

1. 并购双方企业的行业构成①及演变趋势

图 5-6 展示了不同时期内长三角企业并购双方的行业门类构成及其演变趋势。各时期长三角并购买方中服务业和制造业企业比重达 95%左右，但两者比重变化趋势差异显著，买方企业的服务业比重由 1996—2000 年间的 70%降至 2011—2016 年间的 55%左右，而同期买方企业的制造业比重则由 27.4%上升至 40.8%，表明长三角制造业企业并购投资活动增长较快；买方企业服务业比重下降主要体现在批发和零售业、房地产业等生活性服务业，而信息传输、软件和信息技术服务业、金融业、科学研究和技术服务业等生产性服务业的比重呈持续上升趋势，表明长三角生产性服务业企业并购投资市场也日益活跃。

各时期长三角并购标的中制造业和服务业比重也达到 93%以上，但其行业构成及演变趋势特征与买方企业截然相反。标的企业的制造业比重由 1996—2000 年的 48.9%持续降至 2011—2016 年的 29.5%，而服务业比重则由 47.3%上升至 64.0%；标的企业中信息传输、软件和信息技术、科学研究和技术服务业比重分别由 1996—2000 年的 2.2%和 4.9%上升至 2011—2016 年的 8.4%和 16.7%，而批发和零售业、房地产业等生活性服务业比重则呈波动下降趋势。总的来说，长三角企业并购双方均以制造业和服务业为主，制造业、生产性服务业买方企业在并购市场上日渐活跃，买方企业愈发偏好选择生产性服务业企业作为并购标的。

---

① 本文将批发和零售业，住宿和餐饮业，房地产业，水利、环境和公共设施管理业，居民服务、修理和其他服务业，教育，卫生和社会工作，文化、体育和娱乐业等作为生活性服务业；将交通运输、仓储和邮政业，信息传输、软件和信息技术服务业，金融业，租赁和商务服务业，科学研究和技术服务业等作为生产性服务业。

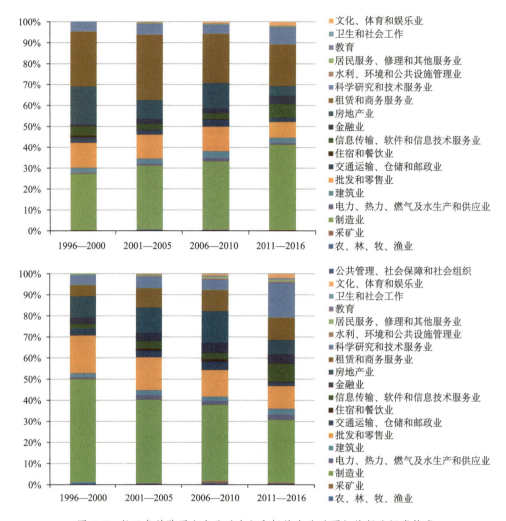

图 5–6　长三角并购买方企业（上）和标的企业（下）的行业门类构成

2. 不同类型行业并购双方的分布格局与集散特征

运用核密度估计法，进一步考察不同行业并购双方的地理分布格局及其演变特征，结果如图 5–7 所示。虽然长三角并购双方共同集聚特征显著，但不同行业并购双方地理分布格局存在一定差异，生产性和生活性服务业并购双方主要集聚在上海及区域中心城市内，而制造业并购双方集聚范围的空间扩散态势更为显著。

图 5-7　长三角制造业、生产性与生活性服务业企业并购双方分布格局

制造业并购双方企业主要集聚在上海以及南京、杭州、宁波等主要城市市区范围内，随着时间的推移，制造业并购双方企业的集聚空间范围开始沿沪宁、沪杭甬向苏锡常、嘉兴、绍兴等城市市区拓展，同时合肥、徐州、温州等外围区部分城市市区的集聚程度也有所提升；从制造业买方和标的企业集散差异来看，标的企业地理布局相对分散，在大都市周边县市和长三角外围区的集聚程度更高。

生产性和生活性服务业的并购双方高度集聚在上海中心城区、浦东新区以及南京市区和杭州市区，随着时间的推移，苏锡常、宁波、合肥等其他主要城市市区并购双方数量有所增长；从服务业并购双方集散差异来看，标的企业集聚空间范围向上海周边城市扩展的态势更为明显。

第三节　企业并购投资联系网络特征

本节重点考察 1996—2016 年不同时期内长三角企业并购双方投资联系网络及其演变过程，并从不同行业、类型以及"空间不对称性"探讨并购网络的内部差异。

一、企业并购投资网络总体特征

图 5–8 展示了 1996—2016 年不同时期长三角企业跨县市（区）并购投资事件数量及其比重变化。可见，企业跨县市（区）并购投资事件数量呈持续增长态势，但其占长三角全部并购事件的比重却由 1996—2000 年的 56.2%降至 2006—2010 年的 48.0%，表明长三角企业并购投资仍以在县市（区）内部交易为主；2011—

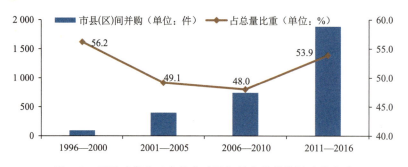

图 5–8　不同时期长三角县市（区）间企业并购活动的比重

2016 年间，跨企业县市（区）并购投资比重增至 53.9%，表明长三角县市（区）之间企业并购投资联系日益紧密。本节运用 GIS 空间分析、社会网络分析、网络拓扑结构可视化等方法，进一步考察长三角企业并购投资联系网络及其演化特征。

1. 县市尺度企业并购投资联系网络及其演变特征

图 5–9 展示了不同时期内长三角县市（区）尺度企业并购投资联系网络结构及其演化特征。总体上看，长三角企业并购投资网络涉及的县市（区）越来越多，各节点间的并购投资联系强度不断提升，但节点间度中心性差异明显，并购投资网络以上海中心城区、浦东新区、杭州市区、南京市区等核心节点联系为主。

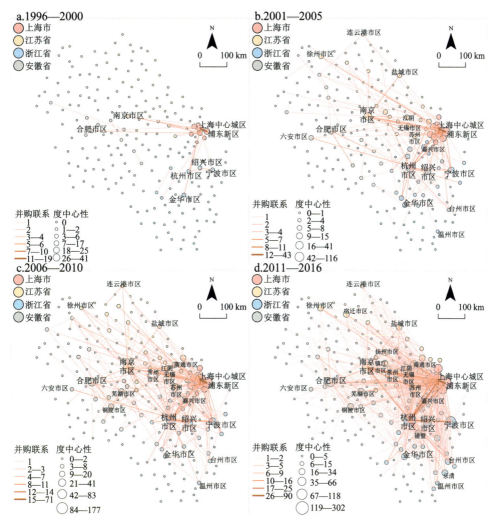

图 5–9　长三角企业并购投资联系网络结构（县市尺度）

度中心性体现了网络中各节点的层级地位，从计算结果来看（表 5-3）：① 参与企业并购网络的节点，即长三角县市（区）由 1996—2000 年的 27 个持续增长至 2011—2016 年的 163 个，约 80%的长三角县市（区）有企业不同程度地参与了企业并购投资活动，所有节点度中心性均值也由 1996—2001 年的 0.7 持续增至 2011—2016 年的 13.6，这都表明长三角企业并购投资网络节点整体层级地位有所提升；②节点间度中心性差异显著，即长三角各县市（区）在企业并购投资网络中的层级地位悬殊较大，如表 5-3 所示，不同时期内前 5%的节点的度中心性均值约为全部节点的 10 倍左右，且前 5%节点固化为上海中心城区、浦东新区、上海其他市辖区，以及杭州、南京、苏州、宁波、合肥等主要城市市区，形成了并购投资网络的（次级）核心节点；③2011—2016 年，江阴、昆山、诸暨、张家港等核心区的县市，以及南通、台州、芜湖、金华等外围区城市市区度中心性值增长较快，并成为前 10%的节点，在长三角并购投资网络中的层级地位显著提升。

表 5-3　不同时期节点度中心性位列前 11（前 5%）的县市（区）

阶段		1996—2000	2001—2005	2006—2010	2011—2016
前 5%节点对应的县市(区)及其度中心值		上海中心城区 (41)	上海中心城区 (116)	浦东新区 (177)	上海中心城区 (302)
		浦东新区 (25)	浦东新区 (101)	上海中心城区 (170)	浦东新区 (258)
		上海闵行区(17)	杭州市区(41)	杭州市区(83)	杭州市区(242)
		上海嘉定区(10)	上海闵行区(29)	南京市区(55)	南京市区(118)
		合肥市区(6)	南京市区(24)	上海闵行区(41)	苏州市区(107)
		绍兴市区(5)	宁波市区(15)	宁波市区(34)	上海嘉定区(89)
		上海宝山区(5)	上海青浦区(15)	上海宝山区(26)	上海闵行区(85)
		上海奉贤区(5)	上海松江区(14)	绍兴市区(23)	宁波市区(80)
		南京市区(4)	上海嘉定区(13)	合肥市区(23)	合肥市区(66)
		宁波市区(4)	绍兴市区(12)	上海嘉定区(22)	无锡市区(62)
		上海青浦区(4)	合肥市区(11)	苏州市区(22)	常州市区(62)
度中心性均值	全部节点	0.7	3.0	5.6	13.6
	前 5%节点	11.5	35.5	61.5	133.7

　　图 5–9、表 5–4 展示了长三角各节点间，即县市（区）之间企业并购投资的强度及其演化特征。总体上，长三角企业并购投资主要发生在少数主要节点之间，上海中心城区、浦东新区、杭州市区、南京市区是网络的绝对核心，长三角核心区各节点间企业并购投资强度明显高于外围区；但随着时间推移，企业并购投资网络也呈现出空间扩散趋势。①1996—2000 年，长三角企业跨县市（区）并购投资多数发生在上海中心城区、浦东新区之间（29 起并购事件），其他事件则主要发生在上海市辖区之间、上海与其他城市市区之间。②2001—2005 年，企业跨县市（区）并购投资集中发生在上海市辖区之间，以上海中心城区、浦东新区以及闵行、青浦等为主；上海与南京、杭州等城市市区之间，大都市与其周边县市之间的并购投资也略有增长，长三角并购投资网络开始由上海沿沪宁、沪杭甬向外拓展。③2006—2010 年，上海市辖区间并购投资联系进一步增强，上海中心城区与浦东新区间的企业并购事件超 120 起，远高于其他节点联系对；上海以及杭州市区、南京市区、宁波市区相互间，大都市与同省其他县市（区）间的并购联系

表 5–4　不同时期并购网络中前 5% 的节点联系对

阶段	前 5% 节点联系对
1996—2000 (2/40)	上海中心城区—浦东新区(32.0)；上海中心城区—闵行区(11.0)
2001—2005 (8/161)	上海中心城区—浦东新区(20.6)；上海中心城区—闵行区(4.4)；浦东新区—闵行区(2.8)；上海中心城区—奉贤区(2.6)；青浦区—浦东新区(2.1)；松江区—上海中心城区(2.1)；上海中心城区—宝山区(1.8)；上海中心城区—嘉定区(1.8)
2006—2010 (14/288)	上海中心城区—浦东新区(16.6)；上海中心城区—闵行区(3.2)；杭州市区—宁波市区(2.1)；浦东新区—宝山区(2.1)；浦东新区—闵行区(2.1)；浦东新区—嘉定区(1.9)；青浦区—浦东新区(1.8)；……；浦东新区—杭州市区(1.2)；浦东新区—南京市区(1.2)；上海中心城区—杭州市区(1.2)；绍兴市区—杭州市区(1.2)；……
2011—2016 (35/703)	上海中心城区—浦东新区(9.5)；杭州市区—上海中心城区(2.2)；宁波市区—杭州市区(2.0)；上海中心城区—闵行区(1.8)；……；杭州市区—浦东新区(1.3)；……；南京市区—上海中心城区(1.1)；苏州市区—南京市区(0.9)；上海中心城区—苏州市区(0.9)；南京市区—杭州市区(0.8)；……；南京市区—无锡市区(0.8)；苏州市区—杭州市区(0.8)；……；闵行区—杭州市区(0.7)；……；绍兴市区—杭州市区(0.7)；……；诸暨市—杭州市区(0.7)；……；苏州市区—昆山市(0.6)；浦东新区—张家港市(0.5)；金华市区—杭州市区(0.5)；南京市区—常州市区(0.5)；……；乐清市—杭州市区(0.4)；嘉兴市区—杭州市区(0.4)；……

注：括号内为联系对并购事件数占该时期跨县市并购总量的比重，单位为%。

有所强化，并购网络由上海向外扩散的态势更加明显，"Z"字型网络联系核心（上海—南京、上海—杭州—宁波）初步形成。④2011—2016年，上海中心城区与浦东新区间并购事件高达175起，前10%节点联系对仍主要与上海市辖区以及杭州、南京、宁波、苏州、无锡等城市市区有关，且上述主要节点间企业并购投资联系进一步强化；合肥、金华、徐州、芜湖、盐城等外围城市市区，以及江阴、诸暨等发达县市与外部的并购投资联系不断增强；长三角并购网络空间集中性仍然突出，且基本形成了以上海市辖区之间、上海—杭州—宁波、上海—南京、南京—杭州等通道为核心区域的复杂网络结构，同时长三角外围区城市、大都市周边中小城市呈现出与网络核心快速融合的趋势。

2. 城市尺度企业并购投资联系网络及其演变特征

图5-10展示了不同时期内长三角城市尺度企业并购投资的拓扑网络结构，体现了长三角企业并购投资在城市间的具体流向。总体上，各节点间企业并购投资事件数量持续增长，长三角企业跨城市并购投资网络基本形成了多中心的复杂拓扑结构。1996—2000年，84%的长三角企业跨城市并购投资事件与上海有关，上海作为网络的单核心，对长三角企业并购资本流动具有绝对控制力。2001—2005年，长三角企业并购投资网络拓展至38个城市，44.7%的企业跨城市并购投资事件与上海有关，其依然是网络的绝对核心；除上海之外，其他的企业跨城市并购投资主要发生在相同省区的各个城市之间，行政区划分割的特征较为明显。2006—2010年，长三角企业并购网络包含所有41个城市，节点间企业并购投资联系增强、拓扑结构更加复杂；仍有40.9%的企业跨城市并购投资事件与上海有关，同时杭州、南京、苏州、宁波等城市成为次重要节点，相互间联系更为紧密。2011—2016年，除上海之外，杭州逐渐成长为网络的核心节点，与之相关的跨城市企业并购投资事件达到364件，同时苏州（243）、无锡（120）、绍兴（103）等节点层级明显提升，而南京（157）和宁波（119）的节点重要性则相对弱化了。

二、不同产业并购投资网络特征

图5-11展示了不同时期内，长三角制造业、生产性和生活性服务业企业①跨县市（区）并购投资事件数量及其占各自产业全部并购事件比重的变化情况。总体上看，长三角各产业类型的企业跨县市（区）并购投资数量持续增长，但不同

---

① 本节中不同产业类型的企业并购投资活动是按照买方企业的行业属性进行划分的。

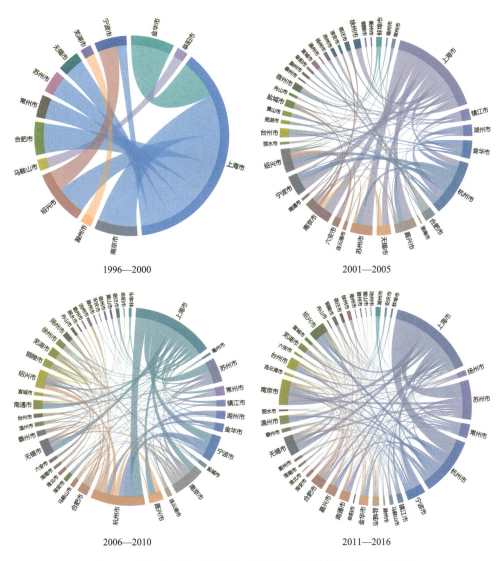

图 5-10 长三角企业并购投资联系的拓扑网络结构（城市尺度）

产业间变化趋势存在一定差异：相比于生活性服务业，制造业和生产性服务业企业跨县市并购投资事件数量增长更快。另一方面，各产业类型的企业跨县市（区）并购投资占各自产业全部并购事件总量的比重均呈现"先减后增"的变化趋势，2011—2016 年制造业、生产性和生活性服务业的这一指标均超过 50%，生产性服务业企业的跨县市（区）并购投资最为活跃。以下内容进一步考察不同产业类型的企业并购投资联系网络及其演变特征的差异（表 5-5、图 5-12）。

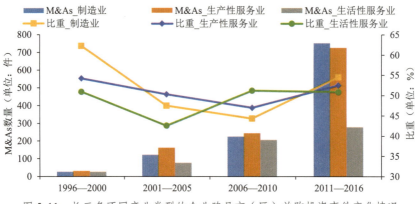

图 5—11　长三角不同产业类型的企业跨县市（区）并购投资事件变化情况

1. 制造业企业并购网络及其演变特征。 2001—2005 年，长三角 52.5%的制造业企业并购投资活动发生各县市（区）内部；制造业企业跨县市（区）并购投资事件相对较少，且集中发生在上海市内部，其他县市（区）之间的企业并购投资联系相对较弱；这时期长三角制造业企业跨县市（区）并购投资网络以上海中心城市、浦东新区为绝对核心。2011—2016 年，长三角制造业企业跨县市（区）并购投资事件快速增长，除了上海各市辖区之间，上海以及杭州、南京、宁波、苏州等城市市区相互间的并购投资联系显著增强，大都市周边以及长三角外围区的县市（区）也逐渐融入制造业并购投资网络，但长三角外围地区制造业并购投资网络密度仍相对较低；这时期，长三角制造业企业并购网络以上海中心城市、浦东新区以及杭州和苏州市区为核心节点，南京、宁波、绍兴等城市市区为次级重要节点，常州、合肥等城市市区以及张家港、诸暨、江阴等中小城市的节点中心性也有所提升。总体上看，长三角制造业企业并购投资网络的空间扩展趋势较为明显，基本形成了多核心、多层级的复杂网络结构。

2. 生产性服务业企业并购网络及其演变特征。 2001—2005 年，长三角已有超过 50%的生产性服务业企业并购投资发生在县市（区）之间，但以上海中心城区与浦东新区间的并购投资事件为主（46 起），其他县市（区）间联系普遍较弱；这时期上海中心城区、浦东新区是长三角生产性服务业并购网络的绝对核心，杭州、南京等区域性中心城市市区的节点层级也相对较高。2011—2016 年，长三角生产性服务业企业跨县市（区）并购投资活动更为活跃，其中上海中心城区和浦东新区间并购事件增至 107 起，上海其他市辖区之间、上海与其他城市市区之

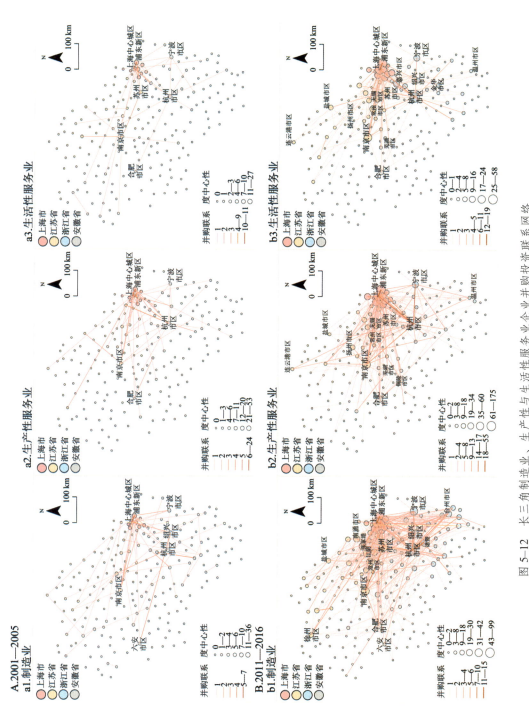

图 5-12　长三角制造业、生产性与生活性服务业企业并购投资联系网络

表 5–5　不同产业类型企业并购投资网络中前 5% 的节点度中心性和联系对（部分）

行业门类	指标	2001—2005	2011—2016
制造业	度中心性	上海中心城区(36)；浦东新区(24)；杭州市区(10)；绍兴市区(10)；南京市区(9)；闵行区(9)；嘉定区(6)；松江区(6)；金山区(6)；镇江市区(6)；宁波市区(5)	杭州市区(99)；浦东新区(82)；上海中心城区(72)；苏州市区(66)；南京市区(42)；嘉定区(38)；宁波市区(38)；闵行区(36)；绍兴市区(34)；常州市区(32)；张家港市(31)
	联系对	上海中心城区—浦东新区(9.0)；上海中心城区—嘉定区(4.1)；上海中心城区—闵行区(4.1)；绍兴市区—六安市区(3.3)	上海中心城区—浦东新区(3.3)；杭州市区—宁波市区(1.5)；上海中心城区—闵行区(1.5)；苏州市区—杭州市区(1.5)；……；苏州市区—南京市区(1.2)；绍兴市区—杭州市区(1.1)；诸暨市—杭州市区(1.1)；苏州市区—昆山市(0.9)；乐清市—杭州市区(0.8)；……；张家港—嘉定区(0.8)；金华市区—杭州市区(0.7)；……；苏州市区—无锡市区(0.7)；……
生产性服务业	度中心性	上海中心城区(53)；浦东新区(51)；杭州市区(20)；青浦区(11)；南京市区(10)；闵行区(10)；嘉定区(6)；松江区(6)；嘉兴市区(6)；宁波市区(5)；江阴市(5)	上海中心城区(175)；浦东新区(142)；杭州市区(114)；南京市区(60)；闵行区(41)；嘉定区(39)；宁波市区(34)；青浦区(32)；苏州市区(32)；崇明区(29)；无锡市区(23)
	联系对	上海中心城区—浦东新区(28.8)；浦东新区—闵行区(4.4)；上海中心城区—闵行区(3.8)	上海中心城区—浦东新区(14.8)；上海中心城区—杭州市区(4.1)；杭州市区—宁波市区(2.9)；杭州市区—浦东新区(2.3)；……；上海中心城区—南京市区(1.9)；杭州市区—南京市区(1.5)；……；无锡市区—南京市区(1.4)；……；张家港—浦东新区(1.1)
生活性服务业	度中心性	上海中心城区(27)；浦东新区(23)；杭州市区(10)；闵行区(9)；南京市区(6)；宁波市区(6)；青浦区(5)；苏州市区(5)；奉贤区(4)；松江区(3)；嘉兴市区(3)	上海中心城区(58)；杭州市区(53)；浦东新区(49)；南京市区(24)；嘉定区(16)；常州市区(15)；宁波市区(14)；苏州市区(14)；松江区(12)；无锡市区(12)；嘉兴市区(11)
	联系对	上海中心城区—浦东新区(25.3)；浦东新区—闵行区(3.8)	浦东新区—上海市中心城区(10.8)；杭州市区—上海市中心城区(1.8)；上海中心城区—闵行区(1.8)；南京市区—无锡市区(1.8)；杭州市区—海宁市(1.4)；江阴市—嘉定区(1.4)；嘉定区—浦东新区(1.4)；……；上海中心城区—南京市区(1.4)

注：度中心性表格括号内为节点度中心性值，联系对表格括号内数字含义同表 5–4。

间的并购投资事件也快速增长；除上海中心城区和浦东新区外，杭州市区升级
为核心节点，南京、苏州、无锡、宁波等城市市区成为网络中的次级重要节点。
总体上看，虽然长三角生产性服务业企业并购投资网络也存在扩展态势，但并
购活动主要与上海以及南京、杭州、苏州、宁波、无锡、合肥等主要城市市区
相关。

　　3. 生活性服务业企业并购网络及其演变特征。2001—2005 年，约 57.4%的生
活性服务业企业并购投资发生在县市（区）内部；生活性服务业企业跨县市（区）
并购投资事件相对较少，且集中发生在上海市辖区之间，上海中心城区、浦东新
区同样是网络的绝对核心。2011—2016 年，虽然有超过 50%的生活性服务业企业
并购投资发生在县市（区）之间，但主要发生在上海市辖区之间，或杭州、南京
等主要城市市区之间；这时期并购网络以上海中心城区、浦东新区和杭州市区为
核心，南京市区等节点中心性有所提升。总体上看，长三角生活性服务业企业跨
县市（区）并购投资联系相对较弱，并购联系集中在以上海、杭州、南京为中心
的核心区内，且同一省区内大都市与其他县市（区）并购联系更强。

　　三、不同类型并购投资网络特征

　　图 5–13 展示了长三角不同类型（投资目的）的企业并购投资事件中跨县
市（区）并购事件的数量及其比重的变化情况。从事件数量来看，不同类型的企
业跨县市（区）并购投资事件数量规模及增速存在差异，2011—2016 年横向整合
类企业跨县市（区）并购投资事件数量接近 950 件，而多元化战略、资产调整、
财务投资类的数量分别为 370、250 和 120 件左右，垂直整合类的数量仅有 76 件。
从各类型企业并购投资事件中跨县市（区）投资的比重来看，财务投资类的比重
从 1996—2000 年的 30%持续增至 2011—2016 年的 51.6%，其他类型的比重呈"先
降后升"趋势，2011—2016 年垂直整合、多元化战略、横向整合的比重分别达到
53.1%、53.9% 和 56.0%，而资产调整类仅有 47.8%。这很大程度上说明了不同类
型的企业并购市场发育程度，以及相关企业并购投资及其区位选择偏好等存在较
大差异，进而表现出不同的并购投资网络结构。为此，以下内容进一步比较不同
类型的企业并购投资网络及其差异特征（图 5–14、图 5–15、表 5–6）。

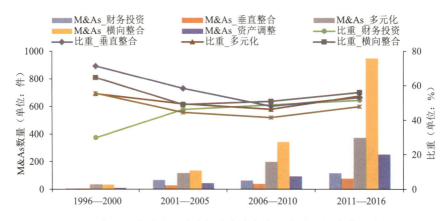

图 5-13　长三角不同类型企业并购投资事件中跨县市（区）并购的数量及比重

1. 横向整合类企业并购网络及其演变特征。2001—2005 年，长三角横向整合类的企业跨县市（区）并购投资事件主要发生在上海市辖区之间，上海市中心城区、浦东新区为网络的绝对核心。2011—2016 年，长三角 56.0%的横向整合类企业并购投资事件发生在县市（区）之间，形成了以上海中心城区、浦东新区、杭州市区为核心，以上海其他市辖区以及南京、苏州、宁波等城市市区为次级重要节点的网络结构。总体上看，横向整合类企业并购投资网络由核心区向外围区、由大都市向周边县市的扩展趋势相对较为显著，尤其是上海等大都市与外围县市（区）的并购联系明显增强。这也从侧面表明横向整合类并购投资使企业能够在更大区域范围内获取优质资产，兼并竞争对手，进行业务和市场扩张。

2. 垂直整合类企业并购网络及其演变特征。2001—2005 年，长三角垂直整合类的企业跨县市（区）并购投资活动较少，网络中各节点联系较弱，且绝大多数事件都发生在上海或其他省级行政区内部。2011—2016 年，长三角垂直整合类的企业并购投资网络联系有所增强，但相关事件主要发生在上海以及南京、杭州、苏州等城市市区内部，以及大都市及其周边县市之间，网络的行政区划局限仍较为明显。总体上看，长三角垂直整合类企业跨县市（区）并购投资较少，上海市内部及周边相关投资活动更为活跃，这也一定程度说明了长三角企业可能偏好通过并购大都市内的优质标的对产业链或供应链其他环节进行整合。

3. 多元化战略类企业并购网络及其演变特征。2001—2005 年，超过 50%的长三角多元化战略类的企业并购投资发生在各县市（区）内部，以上海以及苏州、无锡、南京、杭州等城市市区为主；这时期多元化战略类的企业跨县市（区）并购投资也主要发生在上述地区之间。2011—2016 年，长三角 53.9%的多元化战略

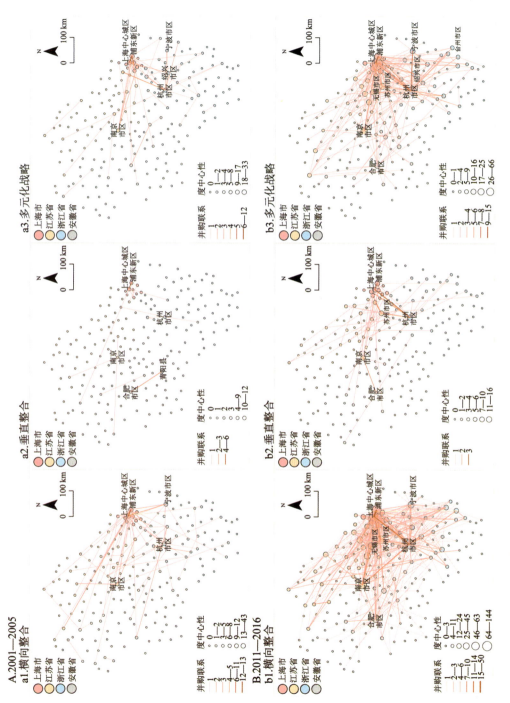

图 5-14　长三角横向整合、垂直整合、多元化战略类企业并购投资联系网络

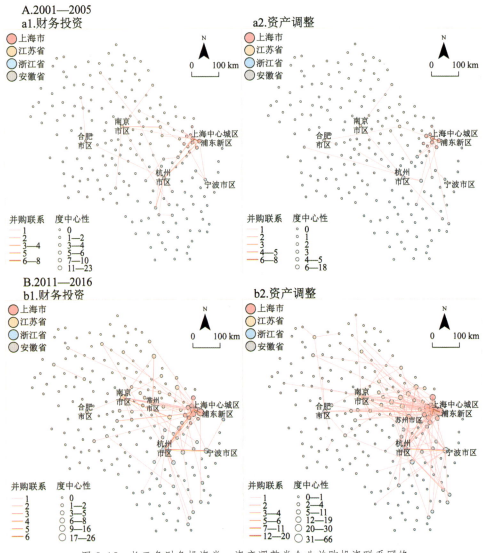

图 5–15 长三角财务投资类、资产调整类企业并购投资联系网络

类企业并购投资发生在县市（区）之间，形成了以上海中心城区、杭州市区、浦东新区为核心，闵行区以及南京、苏州等城市市区为次级重要节点的网络结构，江阴、诸暨等经济发达县市的节点重要性、对外网络联系强度显著提升。总体上看，长三角多元化战略类企业并购投资网络主要以"南京—上海—杭州—宁波"这一"Z"字型区域为核心，外围区并购投资的网络密度较低。这也从侧面反映了长三角核心区内企业（尤其是上市公司）产品、市场和技术多元化扩张步伐的加快，"并购需求"更为迫切，同时核心区也能够提供充足、优质的并购标的。

表5–6 不同投资目的企业并购网络中前5%的节点度中心性和联系对（部分）

投资目的	指标	2001—2005	2011—2016
财务投资	度中心性	上海中心城区(23)；浦东新区(18)；杭州市区(10)；南京市区(6)；奉贤区(5)；嘉定区(4)；松江区(4)；江阴市(4)；嘉兴市区(4)；青浦区(3)	杭州市区(26)；上海中心城区(24)；浦东新区(21)；南京市区(16)；宁波市区(8)；闵行区(7)；常州市区(6)；青浦区(5)；宝山区(5)；绍兴市区(5)
	联系对	浦东新区—上海中心城区(19.4)；奉贤区—上海中心城区(6.0)	浦东新区—上海中心城区(8.3)；杭州市区—宁波市区(5.5)；上海中心城区—杭州市区(3.7)；苏州市区—南京市区(3.7)；诸暨市—杭州市区(3.7)
垂直整合	度中心性	上海中心城区(12)；浦东新区(9)；杭州市区(3)；合肥市区(3)；青阳县(3)；青浦区(2)；奉贤区(2)；金山区(2)；湖州市区(2)；南京市区(2)	杭州市区(16)；浦东新区(10)；苏州市区(10)；上海中心城区(9)；南京市区(8)；宝山区(6)；嘉定区(5)；昆山市(5)；松江区(4)；常州市区(4)
	联系对	上海中心城区—浦东新区(25.0)	杭州市区—上海中心城区(5.3)；上海中心城区—浦东新区(5.3)；苏州市区—杭州市区(3.9)
多元化战略	度中心性	上海中心城区(33)；浦东新区(31)；杭州市区(17)；闵行区(11)；南京市区(8)；松江区(5)；嘉兴市区(5)；绍兴市区(5)；青浦区(5)；苏州市区(4)	上海中心城区(66)；杭州市区(65)；浦东新区(63)；苏州市区(25)；闵行区(24)；南京市区(24)；嘉定区(20)；宁波市区(16)；无锡市区(15)；江阴市(14)
	联系对	浦东新区—上海中心城区(19.8)；浦东新区—闵行区(6.9)；上海中心城区—闵行区—浦东新区(5.2)	上海中心城区—浦东新区(7.8)；宁波市区—杭州市区(3.8)；浦东新区—杭州市区(2.4)；杭州市区—上海中心城区(2.1)；……；南京市区—上海中心城区(1.6)；……；杭州市区—金华市区(1.1)；南京市区—苏州市区(1.1)；……；上海中心城区—绍兴市区(1.1)
横向整合	度中心性	上海中心城区(43)；浦东新区(36)；杭州市区(12)；闵行区(11)；宁波市区(10)；南京市区(8)；绍兴市区(5)；崇明区(5)；徐州市区(4)；德清县(4)	上海中心城区(144)；浦东新区(130)；杭州市区(124)；苏州市区(63)；南京市区(62)；嘉定区(45)；宁波市区(41)；闵行区(36)；合肥市区(36)；无锡市区(35)

续表

投资目的	指标	2001—2005	2011—2016
横向整合	联系对	上海中心城区—浦东新区(17.9)；上海中心城区—闵行区(5.2)；上海中心城区—青浦区(3.0)；上海中心城区—宁波市区(2.2)	上海中心城区—浦东新区(9.4)；杭州市区—上海中心城区(2.0)；闵行区—上海中心城区(1.4)；杭州市区—南京市区(1.3)；上海中心城区—苏州市区(1.3)；南京市区—无锡市区(1.3)；……；上海中心城区—南京市区(1.1)；……；苏州市区—昆山市(1.0)；……；苏州市区—浦东新区(0.9)；……；杭州市区—宁波市区(0.7)；杭州市区—绍兴市区(0.7)；诸暨市—杭州市区(0.7)；……；苏州市区—常州市区(0.6)；……；张家港—浦东新区(0.6)；……；苏州市区—南京市区(0.5)
资产调整	度中心性	上海中心城区(18)；浦东新区(15)；闵行区(5)；杭州市区(4)；嘉定区(4)；绍兴市区(3)；奉贤区(3)；南京市区(2)；合肥市区(2)；江阴市(2)	上海中心城区(66)；浦东新区(52)；杭州市区(30)；宁波市区(19)；嘉定区(15)；南京市区(14)；崇明区(13)；苏州市区(11)；闵行区(10)；合肥市区(8)
	联系对	上海中心城区—浦东新区(29.5)	上海中心城区—浦东新区(12.6)；上海中心城区—闵行区(4.0)；杭州市区—宁波市区(4.0)；青浦区—上海中心城区(2.8)；上海中心城区—崇明区(2.4)；上海中心城区—嘉定区(2.4)；浦东新区—嘉定区(2.0)；上海中心城区—奉贤区(1.6)

注：同表 5–5。

4. 财务投资类企业并购网络及其演变特征。2001—2005 年，长三角财务投资类的企业并购投资事件主要发生在上海市辖区以及杭州、南京、苏州、宁波等城市市区内部，或上述地区之间，上海中心城区、浦东新区在网络中的重要性较高，其他节点间联系较弱。2011—2016 年，长三角财务投资类企业并购投资网络以杭州市区、上海中心城区、浦东新区、南京市区为核心，长三角外围区企业较少参与。这也一定程度说明，由于财务投资类企业并购投资重在选择具有发展前景、升值潜力的企业或资产，而相关优质标的主要集聚在大都市内部。

5. 资产调整类企业并购网络及其演变特征。2001—2005 年，长三角资产调整类企业并购投资事件主要发生在上海市辖区以及杭州、宁波、南京等城市市区内部，或上海市辖区之间，区域尺度的企业并购投资网络并未形成。2011—2016 年，仍有超过 50% 的资产调整类企业并购投资发生在县市（区）内部，跨县市（区）并购事件也主要发生在上海市辖区、各城市市区之间。总体上看，长三角资产调整类并购投资主要集中在核心区，尤其是大都市内部及周边。这也从侧面说明由于资产调整类并购可能发生在大型企业内部或关联方之间，因而上市公司聚集的大都市及其周边区域在并购网络中地位突出。

四、并购投资网络的"空间不对称性"

本节重点从并购事件数量、并购双方行业构成两个方面，进一步分析长三角城市和区域间企业并购投资双方联系网络内部的"空间不对称性"及其演变特征。

1. 并购投资联系强度的空间不对称性

通过比较不同时期内长三角核心区与外围区、一市三省、大都市与其他区域相互之间企业并购事件数量的差异（表 5–7、表 5–8），发现并购投资联系强度的"空间不对称性"主要体现在以下几个方面。

（1）相比于城市和区域之间，长三角次区域（核心区和外围区）、省（直辖市）、大都市内部的企业并购投资活动总体上更为活跃。2011—2016 年有 91.7% 的核心区买方企业的并购标的也分布在核心区内，同期江苏、上海这一比例也分别在 80% 和 70% 以上；相比之下，外围区买方企业的并购标的更多分布在区域外，这与经济欠发达地区缺少优质"标的供给"有关。但与 2001—2005 年相比，各地的这一比例均呈下降趋势，表明跨区域企业并购投资活动日渐活跃，城市和区域之间相关的经济联系有所加强。

表5-7　长三角不同城市/区域内外部企业并购投资联系的比较

企业并购投资	2001—2005						2011—2016					
	核心区	外围区	上海	江苏	浙江	安徽	核心区	外围区	上海	江苏	浙江	安徽
内部联系	647 (92.6)	90 (85.7)	361 (84.7)	120 (88.9)	150 (82.0)	47 (90.4)	2 584 (91.7)	437 (67.1)	811 (76.9)	839 (80.1)	833 (74.4)	194 (76.4)
外部联系	52 (7.4)	15 (14.3)	65 (15.3)	15 (11.1)	33 (18.0)	5 (9.6)	234 (8.3)	214 (32.9)	243 (23.1)	208 (19.9)	286 (25.6)	60 (23.6)

注：表格内的数字为企业并购投资事件数量（括号内为占该地区所有并购数量比重，单位：%）。

（2）在长三角核心区与外围区之间的并购投资联系中，核心区占据优势，但这种差异正不断缩小。2001—2005 年间，核心区企业在外围区的并购事件为 52 起，而外围区企业在核心区的并购事件仅为 15 起，两者比例约为 3.5∶1；但在 2011—2016 年间，这一比例缩小为 1.09∶1，外围区企业在核心区并购事件占当期长三角跨县市并购事件总量的比重增至 11.6%，长三角核心区与外围区在并购投资联系强度基本"对称"。此外，在考虑地方经济规模基础上，2011—2016 年外围区企业对核心区的并购投资强度已达到 0.28，超过核心区—外围区的 0.22，这表明外围区部分企业对外并购投资能力快速提升，并通过并购进入发达地区企业合作网络、进行技术市场升级以及异地市场扩张等。

（3）在长三角一市三省之间的并购投资联系中，上海对苏浙皖的绝对优势逐渐弱化，而浙江在企业并购投资网络中的比较优势不断凸显。2001—2005 年间，上海企业在浙江的并购事件，以及浙江企业在上海的并购事件数量比为 2.6∶1，上海与江苏、安徽的这一比例分别为 3.3∶1 和 9∶1，上海优势地位明显；而在 2011—2016 年间，上海与苏皖之间的企业并购投资事件基本持平，更是在与浙江的"较量"中处于劣势；2011—2016 年间，浙江企业在沪苏的并购事件，约为沪苏企业在浙江并购事件的 2 倍；此外，安徽企业在沪苏浙三地的并购投资活动增长较快，表明安徽企业愈发注重通过并购获取沪苏浙优质要素和地方资产；而在考虑经济规模基础上，江苏在与沪浙皖的企业并购"较量"中均处"劣势"，这从侧面反映了江苏雄厚的实体经济基础为外部提供了大量优质并购标的，但本土能够发起或主导并购的大型上市公司、行业领先企业相对较少。

（4）沪宁杭等大都市与外部区域之间的并购投资联系强度也趋于"对称"，

但不同大都市之间存在一定差异。2001—2005 年间，上海企业在外部的并购事件，是外部企业在上海并购事件数量的 3.3 倍左右；而在 2011—2016 年间，外部区域，尤其是上海周边城市企业在上海的并购投资事件数量相对更多，上海及其周边区域间的企业并购联系强度基本"对称"；但是，与上海不同，南京、杭州与外部区域在并购投资事件数量与联系强度的"较量"中仍占据明显优势。上述结果也表明，近年来上海能够为苏浙皖等地企业并购投资提供更多的优质企业与地方资产，对区域企业与经济发展的辐射带动能力有所增强，而相比之下南京、杭州等大都市在省域范围内或对周边地区的"虹吸效应"仍然较强。

表 5–8　长三角不同城市和区域相互之间的企业并购投资事件数量及联系强度比较

买方企业所在—标的企业所在	2001—2005		2011—2016		买方企业所在—标的企业所在	2001—2005		2011—2016	
	事件数量	联系强度	事件数量	联系强度		事件数量	联系强度	事件数量	联系强度
核心区—外围区	52	0.21	234	0.22	外围区—核心区	15	0.11	214	0.28
上海—江苏	30	0.38	129	0.45	江苏—上海	9	0.06	128	0.16
上海—浙江	26	0.33	83	0.29	浙江—上海	11	0.09	153	0.31
上海—安徽	9	0.11	31	0.11	安徽—上海	1	0.02	28	0.11
江苏—浙江	2	0.01	52	0.07	浙江—江苏	14	0.12	110	0.22
江苏—安徽	4	0.03	28	0.04	安徽—江苏	1	0.02	17	0.07
浙江—安徽	8	0.07	23	0.04	安徽—浙江	1	0.02	15	0.06
上海—外部	65	0.82	243	0.65	外部—上海	20	0.06	308	0.20
上海—周边	30	0.38	90	0.24	周边—上海	9	0.09	102	0.21
南京—外部	14	0.75	88	1.00	外部—南京	11	0.03	70	0.04
南京—江苏其他	10	0.54	49	0.56	江苏其他—南京	2	0.02	33	0.05
南京—周边	2	0.11	14	0.16	周边—南京	0	0.00	4	0.02
杭州—外部	32	1.29	209	1.78	外部—杭州	18	0.05	156	0.09
杭州—浙江其他	18	0.73	79	0.67	浙江其他—杭州	13	0.14	83	0.22
杭州—周边	14	0.56	44	0.37	周边—杭州	8	0.18	43	0.23

注：不同城市/区域相互间并购联系强度计算方法：（不同城市或区域间企业并购事件数量/长三角跨县市区所有并购事件数量）/（买方所在地方经济总量/长三角经济总量），其中经济总量取各阶段内相应单元的均值；江苏/浙江其他指除南京/杭州外的其他省辖市；上海周边具体指苏州、无锡、南通、嘉兴、宁波、舟山，南京周边具体指镇江、扬州、淮安、马鞍山、滁州、芜湖、宣城，杭州周边具体指嘉兴、湖州、绍兴、金华、衢州、黄山、宣城。

2. 企业并购投资产业选择的空间不对称性

通过比较长三角核心区与外围区、大都市与外部之间并购双方的行业属性（表5–9、表5–10），发现企业并购投资产业选择的空间不对称性主要体现为。

表5–9　长三角核心区与外围区相互之间并购标的的行业构成

行业门类	2001—2005		2011—2016	
	核心区—外围区	外围区—核心区	核心区—外围区	外围区—核心区
制造业	55.8	33.3	44.9	33.6
生产性服务业	9.6	33.3	25.6	46.3
科研	1.9	13.3	10.3	24.8
信息技术	—	6.7	2.1	7.5
金融	5.8	6.7	5.1	3.7
商务	1.9	6.7	4.7	9.8
生活性服务业	17.3	26.7	23.5	18.7
批发零售	5.8	13.3	8.1	11.7
房地产	7.8	13.3	10.7	4.2

注：表格内数字表示某一行业的标的企业占该区域间全部并购标的企业的比重（单位：%）；城市/区域联系对中买方所在城市/区域在前，标的所在城市/区域在后。

表5–10　上海、南京及杭州与外部区域相互之间并购标的的行业构成

行业门类	2001—2005						2011—2016					
	上海—外部	外部—上海	南京—外部	外部—南京	杭州—外部	外部—杭州	上海—外部	外部—上海	南京—外部	外部—南京	杭州—外部	外部—杭州
制造业	41.5	31.6	42.8	45.5	56.2	16.7	40.7	13.3	21.6	18.6	22.5	20.5
生产性服务业	7.7	21.1	28.6	—	12.5	33.3	33.3	64.6	47.7	54.3	48.3	57.7
科研	—	15.8	7.1	—	—	—	11.9	26.0	21.6	18.6	14.8	19.2
信息技术	—	—	—	—	—	11.1	8.6	13.6	10.2	15.7	11.0	19.2
金融	3.1	—	—	—	3.1	16.7	2.9	4.2	3.4	2.9	2.4	7.1
商务	—	5.3	21.4	—	—	6.2	7.4	19.2	9.1	17.1	18.2	11.5
生活性服务业	29.3	42.1	7.1	9.1	25.0	44.4	21.0	20.8	25.0	20.0	24.9	20.5
批发零售	13.8	21.1	—	9.1	9.4	22.2	9.5	14.9	11.4	7.1	13.9	8.3
房地产	10.8	15.8	—	—	9.4	11.1	10.7	2.9	10.2	8.6	4.8	5.8

注：同表5–9。

（1）核心区企业更多地选择并购外围区的制造业企业，而外围区企业则更偏好并购核心区的服务业企业，尤其是科研等生产性服务业。2001—2005 年、2011—2016 年间，分别有 55.8%和 44.4%的核心区买方企业选择并购外围区的制造业企业；而在这两个阶段内，分别有 60.0%和 65.0%的外围区买方企业选择并购核心区的服务业企业，其中 2011—2016 年间约 45.8%的外围区买方企业选择并购核心区的科研、商务、金融与信息技术等生产性服务业。这也从侧面说明了，核心区企业通过并购可能为了降低生产成本等向外围地区转移生产制造功能，而外围区企业则更多希望通过并购获取优质地方和企业资产，以实现转型发展和功能升级。

（2）外部尤其是周边城市的企业主要选择并购大都市内的服务业企业，以批发零售、科研及信息技术等生活性、生产性服务业标的为主。2001—2005 年，63.2%的外部企业选择并购上海的服务业企业，这一比例更是在 2011—2016 年间上升至 85.4%，外部企业对南京、杭州等大都市并购投资的标的选择也体现了这一演变趋势。可见，并购大都市内的服务业企业，是中小城市企业获取优质要素与专业化服务、进行企业产业链横向拓展与纵向整合，进而实现企业转型或产品业务功能升级的重要方式。

（3）由于地方要素禀赋与产业层次等方面的差异，不同大都市企业对外并购投资标的的行业构成有所差异。由于区域内资源环境与要素成本压力相对较大，上海企业对外并购投资标的以制造业企业为主，2001—2005 年、2011—2016 年间，分别有 41.5%和 40.7%的上海企业选择并购外部的制造业企业，以在要素成本相对较低的地区实现生产制造功能的转移与提升等；这两个阶段内，上海企业对外并购投资的服务业标的企业以房地产、批发零售等生活性服务业为主，生产性服务业标的企业也呈现增长趋势，体现了上海相关企业越来越多地通过并购投资这一方式来拓展周边及外围区的市场。相比之下，2011—2016 年间，分别有 72.7%的南京企业、73.2%的杭州企业选择对外并购服务业企业，尤其是从事科研、批发零售、信息技术与商务服务的标的企业。

本章基于企业层面的并购投资数据，综合运用一般统计分析、GIS 空间分析和社会网络分析等方法，聚焦企业并购投资的时空动态性及其演化过程，对长三角企业并购双方地理分布格局、投资联系网络等展开实证分析，重点比较了不同产业、类型（投资目的）的企业并购投资空间格局差异性特征，主要发现：

（1）长三角企业并购投资时空动态及其演化过程。20 世纪 90 年代中期以来长三角企业并购市场日渐活跃，企业并购双方在空间上呈现共同集聚特征，主要分布在上海以及沪宁、沪杭甬沿线的中心城市市区和发达县市，而长三角外围区企业并购投资活动相对较少；随着时间的推移，长三角企业并购双方及其投资联系网络的核心区域范围不断扩展，主要表现为由上海向长三角核心区中心城市、由大都市向周边县市、由长三角核心区向外围区的拓展态势。

总体上，伴随区域一体化发展进程（陈雯等，2018），长三角企业并购投资时空动态性，尤其是并购双方投资联系网络演化的阶段性特征明显，大致可以分为以下三个阶段（图5–16）。第一阶段（1996—2000）：单核心、弱网络联系。并

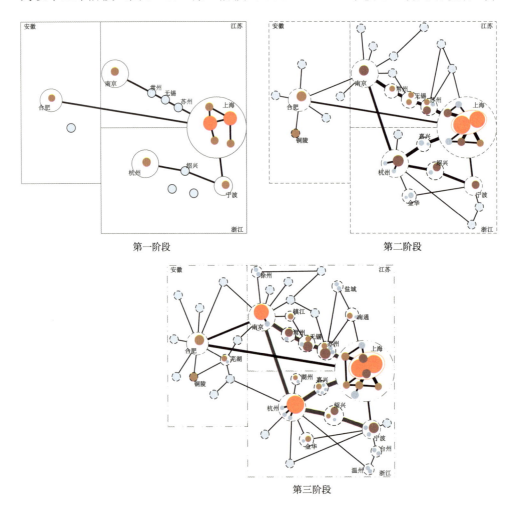

图5–16 长三角企业并购投资时空动态演变过程

购双方高度集聚在上海中心城区和浦东新区，跨县市（区）企业并购投资联系较弱。第二阶段（2001—2010）：单核心、多次重要节点，并购投资网络联系加强。并购双方主要集聚在上海以及杭州和南京等中心城市市区，杭州、南京等城市市区成为次级重要节点，企业跨县市（区）并购投资主要发生在上海市辖区之间、上海与其他中心城市市区之间。第三阶段（2011 年以来）：多核心、多层级的复杂网络结构基本形成。并购双方在沪宁、沪杭甬沿线的城市市区和发达县市高度集聚，外围区企业并购投资增长较快；上海以及杭州、南京、苏州、宁波等节点的核心地位突出，中小城市开始融入网络，核心区域也开始由"南京—上海—杭州—宁波"向外围扩展。

（2）长三角企业并购时空动态性的内在差异性。企业并购双方空间集散态势逐渐分化。随着时间的推移，并购双方地理分布格局特征出现分化，标的企业集聚空间向长三角外围区、中小城市扩散的态势更为明显，而买方企业在中心城市市区的集聚程度更高。并购双方地理分布格局存在明显的行业差异。制造业并购双方主要聚集在沪宁、沪杭甬沿线地区，投资联系网络具有多层级节点，且由上海及中心城市向中小城市、外围区的拓展趋势更为明显；生产性和生活性服务业并购双方高度集聚在上海以及南京、杭州等少数城市市区，并购投资联系仍主要发生在上海、杭州、南京、苏州等核心区主要城市之间。不同类型企业并购投资网络结构差异较大。垂直整合、财务投资与资产调整类企业并购投资网络主要发生在大都市内部及其临近县市之间；横向整合、多元化战略类企业并购投资会在更大空间范围内选择标的，并购网络的多层级结构演变，以及由核心向外围空间拓展的趋势也更加明显。企业并购投资网络的"空间不对称"特征明显。在长三角核心区与外围区之间的并购投资联系中，核心区占据优势，但这种差异正不断缩小；在长三角一市三省之间的并购投资联系中，上海对苏浙皖的比较优势逐渐弱化，而浙江在并购网络中的优势不断凸显；沪宁杭等大都市与外部区域之间的并购投资联系强度也趋于"对称"，但不同大都市之间存在一定差异；此外，长三角核心区、大都市企业更多地选择并购外部的制造业企业，而外围区企业则更偏好并购大都市的服务业企业，尤其是科研、商务等生产性服务业企业。

第六章　长三角企业并购双方配选机制

　　并购投资时空动态是买方和标的企业双方配选的结果及地理表现，也与区域特征因素息息相关。本章首先遵循"多尺度、多维度临近性"的企业并购投资双方配选机制分析框架，结合中国企业发展的特殊环境和时代背景，重点从企业和区域两个层面，定性识别可能影响企业并购投资双方配选过程及结果的关键因素；在此基础上，运用计量模型等方法，定量刻画特定企业间、区域间并购投资联系形成演变的驱动机理。

第一节　研究数据与方法

一、数据来源与处理

　　本章分析所使用的数据主要分为两个方面，一是与1996—2016年长三角企业本土并购投资事件以及并购双方企业属性数据，二是与长三角各县市（区）经济社会发展统计数据。其中，并购双方企业名称、地址信息、所属行业门类等原始数据与第五章分析所用基本一致。为了分析企业层面因素对并购投资及其区位选择的影响作用，本章结合拟选取因素及代表变量，对原始数据和信息进行了必要的补充和处理。首先，基于企业并购投资空间数据库，利用 ArcGIS 软件测度了并购双方之间的地理距离。其次，利用企业名称等信息在国家企业信用信息公示系统、企查查等网站进行检索和匹配分析，从而明确了并购双方的经济类型，即所有制结构特征，如国有、民营、中外合资、外资及港澳台资等。再次，补充了并购双方企业的上市状态信息，并进一步细化相关企业的上市板块，如沪深主板、中小企业板、创业板等。最后，增加了并购双方企业组织结构的相关信息，即企业是否进行对外投资及其对外投资事件数量等。

另一方面，本章针对各研究单元，即各县市（区）经济社会发展情况，构建了 1996—2016 年长三角县市尺度的经济社会发展统计数据库，具体统计指标涉及地方经济发展水平、产业结构、市场规模、创新资源与劳动力要素、交通与产业政策等多方面，具体指标和变量选取请见后文具体分析内容，相关数据主要收集自长三角各省（直辖市）、省辖市以及县市（区）的统计年鉴与统计公报等公开出版或发布资料。

二、研究方法

基于本文的理论分析框架，在已有文献归纳演绎的基础上，采用质性分析方法分别从企业和区域层面遴选和辨析可能影响企业并购投资双方配选的因素。另一方面，本章主要利用一般统计、计量模型等分析方法，定量刻画长三角特定企业间、区域间并购投资联系的驱动机理。考虑到企业间并购投资交易与否是较为典型的二值选择行为（binary choice），被解释变量为虚拟变量（取值为 0 或 1），传统的 OLS 回归分析对此并不适用，而 Logistic 和 Probit 模型可以很好地解决这一问题（王文博，2011）。考虑到 Logistic 和 Probit 模型两者的估计结果（如边际效应等）较为接近，而 Logistic 模型的累积分布函数具有解析表达式，计算更为简便，回归系数的经济社会意义也更容易解释，故本章使用 Logistic 模型分析企业间并购投资的驱动机理（Shariff et al., 2009）。Logistic 模型假设如下：

$$\ln\left(\frac{P}{1-P}\right) = \beta_0 + \sum_{j=1}^{k}\beta_j X_j \tag{6.1}$$

其中，β_0 为截距，X_j 和 β_j 分别是第 j 个自变量和该变量的回归系数，而 P 是指因变量 Y 取值为 1 时的概率，即：

$$P = Prob(Y=1) \quad ; \quad Prob(Y=0) = 1-P \tag{6.2}$$

结合式 6.1，因变量 Y 取值为 1 的概率可以表达为：

$$Prob(Y=1 \mid X_j) = \frac{1}{1+e^{-\beta_j X_j}} \tag{6.3}$$

此外，当探讨特定区域间企业并购投资驱动机理时，因变量转变为跨县市（区）企业并购投资事件数量，其为非负整数，且可能服从如下的泊松分布：

$$Prob\left(MA\_F_{ij}\right) = \frac{exp\left(-\mu_{ij}\right)\mu_{ij}^{MA\_F_{ij}}}{MA\_F_{ij}!}, \left(MA\_F_{ij} = 0,1\cdots\right) \tag{6.4}$$

其中，MA_F_{ij} 为一段时期内区域 i 和区域 j 之间企业并购投资事件数量，μ_{ij} 为条件均值，可以表达为相关自变量的函数，具体如下：

$$\mu_{ij} = exp\left(\beta_0 + \sum_k \beta_j X_j\right) \tag{6.5}$$

由现有文献可知，泊松分布需要满足样本条件均值与方差相等的假设，无法对过度分散的样本数据进行回归分析（王文博，2011）。而在本书中，1996—2016 年间各阶段内长三角县市（区）之间企业并购事件观测样本的条件方差均显著大于条件均值[①]，数据存在明显的过度分散特征，并不适合使用泊松回归分析。为此，本章选择使用负二项回归模型（NBRM）解决这一问题，NBRM 中的条件均值估算方法与式 6.5 一致，其条件方差可表达为条件均值 μ_{ij} 和样本分散度参数 α 之间的函数，具体为：

$$Var\left(MA\_F_{ij}\right) = \mu_{ij} + \alpha\mu_{ij}^2 \tag{6.6}$$

在 NBRM 中，区域间企业并购投资事件数量，即样本观测值需要服从 Gamma 分布，即：

$$Prob\left(MA\_F_{ij}\right) = \frac{\Gamma\left(MA\_F_{ij} + \alpha^{-1}\right)}{MA\_F_{ij}!\Gamma\left(\alpha^{-1}\right)}\left(\frac{\alpha^{-1}}{\alpha^{-1} + \mu_{ij}}\right)^{\alpha^{-1}}\left(\frac{\mu_{ij}}{\alpha^{-1} + \mu_{ij}}\right)^{MA\_F_{ij}} \tag{6.7}$$

其中，Γ 表示标准 Gamma 分布函数。

由于长三角县市（区）之间的企业并购联系数据绝大部分为零值，本文也考虑在必要情境下使用零膨胀负二项回归模型（ZINBRM）对相关因素的作用机制进行实证分析。ZINBRM 方法主要将样本数据分为"零值组"和"非零值组"，并分别使用 Logistic 回归（或者 Probit 回归）模型和 NBRM 对上述两组样本数据进行分析验证，从而实现对大量零值观测值和非负整数观测值的分步处理，相关观测值为零值、非负整数值的分布概率可以如下表示：

---

① 1996—2000 年观测样本均值为 0.002，方差为 0.014；2001—2005 年观测样本均值为 0.009，方差为 0.093；2006—2010 年观测样本均值为 0.017，方差为 0.221；2011—2016 年观测样本均值为 0.042，方差为 0.526。

$$Prob\left(MA\_F_{ij}=0\right)=\varphi_{ij}+\left(1-\varphi_{ij}\right)\left(\frac{\alpha^{-1}}{\alpha^{-1}+\mu_{ij}}\right)^{\alpha^{-1}} , \qquad (6.8)$$

$$Prob\left(MA\_F_{ij}\right)=\left(1-\varphi_{ij}\right)\frac{\Gamma\left(MA\_F_{ij}+\alpha^{-1}\right)}{MA\_F_{ij}!\Gamma\left(\alpha^{-1}\right)}\left(\frac{\alpha^{-1}}{\alpha^{-1}+\mu_{ij}}\right)^{\alpha^{-1}}\left(\frac{\mu_{ij}}{\alpha^{-1}+\mu_{ij}}\right)^{MA\_F_{ij}} \qquad (6.9)$$

其中,条件均值 μ_{ij} 估算方法与式 6.5 一致,φ_{ij} 表示观测样本总是为零值的概率(王文博,2011)。本章借助 Stata 12.0 软件实现 Logistic 模型、负二项回归模型或零膨胀负二项回归模型等方法的定量分析,使用最大拟然法估计自变量系数,运用过度分散拟然比检验方法以及 Vuong 检验方法测度模型适用性。

第二节　企业并购投资双方配选的影响因素分析

依据已有研究及本文理论分析框架,并购投资根本上是微观企业的逐利行为。而企业异质性、空间差异性以及外部宏观环境,尤其是企业自身能力、企业间关联与区域间联系等深刻影响着企业并购投资选择的"成本—收益"结构,在一定程度上决定了买方企业会偏好在哪些地方、选择何种类型的标的企业进行并购投资,更有可能促使某些具有特定属性的企业之间达成并购投资交易(Chapman,2003;吴加伟等,2017)。此外,不同于西方自由市场经济等企业发展环境,中国企业并购投资除了受到信息技术与产业科技革命、经济全球化等过程的影响,转型期中国的特殊市场经济环境、区域政策和制度背景等的作用也会尤为显著。为此,本节基于"多尺度、多维度临近性"的分析框架,结合中国转型期背景,重点从企业和区域两个层面进行关键影响因素的遴选与分析。一方面,企业自身属性,企业间地理、认知、组织与制度临近是特定企业间能否形成并购投资交易的关键(Boschma et al.,2016; Květoň et al.,2020);另一方面,企业所属区域在资源禀赋、创新环境、市场与制度条件等方面的优势,区域间经济社会联系基础也是企业跨区域寻找并购标的的重要考量因素(Zademach et al.,2009; Aquaro et al.,2020)。

一、企业层面的影响因素分析

本节重点从地理临近、产业与技术关联性、企业组织结构与文化制度等方面,遴选和分析企业层面可能影响其并购投资双方配选关键因素。

1. 企业间地理临近：地理距离与"行政区经济"

地理临近对企业并购投资双方配选的影响作用，主要体现在企业间距离远近、是否位于相同行政区这两个方面。①已有研究表明，近距离的企业间可以更为高效地进行交流与合作，尤其是面对面交流等，有利于减少并购双方在交易过程中的信息不对称，从而降低交易成本费用与风险，能够在一定程度上提高企业间并购投资交易的成功率（Chakrabarti et al., 2013; Di Guardo et al., 2016）；但是，信息技术进步大幅降低了企业信息获取与处理的难度及成本，不断使企业生产经营活动突破地理障碍；那么，地理临近对企业间并购的影响作用如何转变？是否有所弱化？这些问题需要进一步开展实证研究。②随着社会主义市场经济体制的发展完善，政府部门减少了对企业生产经营的直接干预，由行政界限导致的市场分割也逐渐被打破。但是，在财政分权、以经济发展为核心的政绩考核体系背景下，地方政府仍然鼓励优势企业在本地通过并购重组实现产品技术升级和市场扩张，以此来培育行业龙头企业、地方产业集群和生产网络（唐建新等，2010）。近年来，区域一体化发展使自由流动的要素、资本和商品市场加速形成，但省、市、县（区）等不同层级的行政区划分割仍然是阻碍资本城际流动、产业城际转移的重要因素（季菲菲，2014）。因而，位于同一行政区内部的企业，两两之间相互更为了解，在相关优惠政策的激励下发生并购投资交易的可能性相对较高。已有关于西方企业并购的研究也发现，相当一部分并购双方都分布在同一行政单元内部（Böckerman et al., 2006）。因此，有必要探讨在市场化、分权化等具有中国特色转型背景下，多尺度的行政区划或"行政区经济"、"地方保护主义"思维对中国企业本土并购投资双方配选的影响机制。

2. 企业间认知临近：产业和技术关联性

认知临近对企业间并购投资双方配选的影响作用，主要表现在产业和技术关联性等方面，即买方和标的企业属于相同或相关的行业门类（Rodríguez-Pose et al., 2006; Ellwanger et al., 2015; Boschma et al., 2016）。买方企业选择并购相同或相关行业的标的企业，有利于最大程度实现并购整合的协同效应（synergy effects），即由于并购双方所属行业门类相似或相关，买方企业获取潜在标的企业完整信息的难度和成本相对较小，而且并购双方对发展方向、经营策略与市场前景等具有相似认知或互补作用，买方企业在并购过程中能够减少由认知偏差带来的交易成本和障碍，快速有效地整合标的企业现有的产品、技术以及劳动力、固定资产等资源要素。并购投资是买方企业实现企业规模与经营范围扩张、进行产业链整合的重要方式，而在相同或相似行业内寻找优质并购标的，尤其是兼并或收购产业链上下游的标的企业，更有助于买方企业内部化市场交易成本，实现规模和范围经济。在产业科技革命、经济全球化等过程影响下，产业转型升级与融合发展趋势显著，使企业发展面临新机遇、新挑战；为了快速抢占全球价值链高端，应对市场不确定性风险等，越来越多的企业实施多样化战略，即跨行业并购优质标的及新兴战略资源（技术、人才等），这就要求实证研究进一步探讨产业和技术关联性在其中的影响作用。

3. 企业间组织临近：组织结构与规模相似性

已有研究认为企业间组织结构的相似性程度，也是影响企业间投资与交易联系的重要因素（Monge et al., 1985; Meister et al., 2004）。本章拟重点从以下两个方面探讨并购双方企业组织临近的影响作用。①在企业组织和空间扩张过程中，企业可以通过自身内部多部门区位调整、设立分支机构等方式实现，也可以通过外部并购、整合标的企业来实现。其中，选择多厂、多区位的并购标的有利于企业更快地进行组织结构优化及空间扩张；但是，多厂、多区位的标的企业组织结构、经营业务等更为复杂，并购后整合的难度也更大，买方企业考虑到节省交易费用、降低整合难度等，也可能选择单厂、单区位的标的企业。②企业规模差异也是影响并购双方交易成功与否的重要因素。一般来说，大中型企业可以利用、整合更多资本资源进行并购投资与扩张，其对标的企业规模的选择面相对宽泛，选择收购或兼并大中型标的企业可以实现"强强联合"，强化对相关资源要素和产品市场的控制力；同时，由于资本、技术与市场等方面的绝对优势，大型企业（如上市公司等）往往通过并购中小企业进行产业链整合、业务和市场拓展等，相关并购投资的交易成本、并购后整合难度也相对较小。相比之下，小微型、成长型买方企业选择大中型企业，尤其是具有一定规模的上市公司作为并购标的的难度较大，相关交易成功的几率相对较小，也就是"蛇吞象"的企业并购事件较为罕见；而中小微企业之间的并购投资活动可能更为频繁，尤其是同一行业、生产相似产品、技术水平相当的中小微企业通过并购能够实现产品分工与技术协作等，进而减少市场恶性竞争。可见，并购双方企业在组织结构及其空间特征、企业规模等方面的差异或相似性，均是影响买方企业并购选择的重要因素。

4. 企业间制度临近：所有制结构与上市状态相似性

企业间制度临近，即并购双方在财务和管理制度、公司内部文化等方面的相似性，也是影响企业并购投资双方配选的重要因素（Boschma, 2005; Di Guardo et al., 2016）。本书重点从所有制结构与上市状态两个方面讨论中国企业制度临近性对并购投资双方配选的影响作用。①伴随经济市场化改革和对外开放深化，中国形成了以国有、内资民营、中外合资以及外资等多种企业所有制结构，而不同所有制企业之间在企业发展方向、经营策略以及企业文化与管理制度等方面均存在较大差异，如国有企业内部各部门、各层级之间仍具有一定行政隶属的特征，而外资企业的管理结构与制度规章与之截然不同。不同所有制形式的企业可能表现出不同的并购投资偏好，如国有企业会受到政府行为干预、更多考虑社会福利因素，外资或中外合资企业决策受母公司等外部力量影响；买方企业选择相同/相似所有制结构的企业作为并购标的，能够有效降低交易成本和并购够整合风险，并购投资交易的成功概率也相对较高。②上市公司作为中国企业本土并购发起和参与的主体（黄玮强等，2015），其在公司文化、财务与管理制度等方面与非上市公司也存在显著差异，尤其是上市公司相关信息（如财务报表等）更为透明、获取成本相对较低，因而上市公司之间并购投资交易的发生和成功几率可能相对较高；但同时，上市公司之间的兼并和收购也会受到多种外部管理制度和相关政策的限制，存在一定的制度交易成本，并购后的整合也相对困难和复杂，基于上述因素的考量，也有大量上市公司选择非上市的中小企业作为并购标的；因而，并购双方的上市状态及其差异对企业并购投资的影响作用，也有待进一步实证讨论。

二、区域层面的影响因素分析

本节重点从区域间地理临近、交通信息联系以及区域资源禀赋、经济发展与产业层次、创新环境、市场化程度、政策与制度条件等方面，并侧重买方企业视角，遴选和分析区域层面可能影响企业并购投资双方配选过程关键因素。

1. 区域间地理临近及交通信息联系

除了地理空间距离、行政区经济等传统因素外，需要着重讨论信息网络联系、以高铁为主的通勤网络联系等对中国特定区域间企业并购投资联系的影响作用。地理临近的区域间经济贸易往来更加频繁，两地企业之间的相互投资、资源共享与技术合作等也更为便利（Davies et al., 1996; McCarthy et al., 2015）。与企业主体间地理临近性作用机制类似，区域之间的地理临近程度、相互可达性以及行政区归属等方面也会影响两地企业之间并购投资交易。伴随经济全球化进程，现代通讯与信息技术快速发展、区际综合交通运输网络不断完善，部分学者提出"地理消亡"（death of geography），认为空间距离对区域间经济社会联系的影响作用正不断弱化（Cairncross, 1997）。虽然，上述论断一定程度忽视了地理临近，尤其是"面对面"交流、隐性知识共享传递等要素在企业投资交易中的重要作用（Morgan, 2004）；但当前有关区域间经贸往来、企业投资等问题的实证研究，需要更加关注现代信息技术及设施、高铁等新兴交通运输方式等带来的影响。当前，长三角内一体化的信息网络和交通运输网络正在加速形成，但城市间在现代通信技术及设施、高速铁路设施建设与运输服务等方面仍存在差异（Wang et al., 2018），这也逐渐成为影响区域内部经济联系尤其是企业跨区域投资和产业区际转移的重要因素。

2. 区域间经济社会联系及一体化发展

区域一体化通过各种制度安排，促进了区域内部资源要素及地域功能的合理配置，重塑了地方特定与相对优势，也增强了区域内部的经济社会联系（陈雯等，2018），有利于减少区域内企业跨行政区并购的进入壁垒和交易成本。近年来，中国大力推动区域一体化发展和城市群建设等，尤其强调区域资源优势互补、产业合作和地区共同市场建设等，不断强化区域内部的经济联系和人文交流，在局部地区内开始形成了一体化、网络化的城市和经济空间（方创琳等，2018），这为资本等资源要素跨行政区自由流动创造了良好的软硬环境，促进了城市间的产业转移、技术创新合作等，也有利于企业并购等投资活动向一体化区域内集聚。尤其是长三角区域一体化发展正式上升为国家战略，城市间合作日益全面化、制度化，这将对区域内部企业并购投资及其区位选择产生深刻影响。

3. 区域要素与资源禀赋条件

区域的要素与资源禀赋条件，尤其是潜在标的企业所在区域在相关要素资源上的比较优势，是影响企业跨区域并购投资及其区位选择的重要因素。依据资源禀赋理论（H-O 理论模型），区域之间在资源要素上的相对禀赋差异，是国际或区域之间形成经贸往来和分工协作的重要基础（刘再兴，1996；李小建等，2006）。本书重点探讨劳动力与创新资源要素禀赋条件对企业并购投资选择的影响作用。一方面，区域的劳动力储备与用工成本是影响企业并购标的及其区位选择的重要因素，但上述因素对不同类型企业的影响作用可能存在差异；如长三角核心企业受要素成本上升、资源环境压力趋紧等影响，需要通过对外并购建立新的生产经营场所以控制成本费用，这类企业可能偏好劳动力成本相对较低的标的区域；而旨在通过并购投资建设专业化研发部门、进行产品与技术升级的买方企业，则倾向于在人力资源综合素质较高、拥有相关专业化人才的区域寻找并购标的。另一方面，企业跨区域并购的主要驱动力是获取知识产权、专利资质、品牌等创新要素和资源，因而买方企业可能更加偏好专利等创新资源更加丰富、创新创业环境优良的潜在标的区域。

4. 区域经济发展基础与产业层次

买方企业可能偏好在综合经济实力强、产业发展富有活力的地区进行潜在并购标的的选择和投资。经济发达地区的产业更迭速度相对较快，产业转型升级趋势更为明显，新产业、新业态和新技术层出不穷，能够为企业产品升级、技术研发和市场拓展提供新的方向，也拥有充足且优质的并购"标的供给"。与地方经济发展水平高度相关的本地集聚经济效应，是促进企业并购投资的重要条件（Rodríguez-Pose et al., 2003; Böckerman et al., 2006）。一般来说，经济发展水平较高的区域内产业门类齐全、产业配套完善，企业集聚可以带来本地化和城市化经济效应（贺灿飞等，2010; He et al., 2017）。本地化经济效应主要源自企业集聚带来的劳动力市场共享、非贸易相互依赖性以及知识溢出等方面，而城市化经济的形成主要是因为企业间能够共享基础和公共服务设施、优惠政策和友好的社会文化氛围等，本地化和城市化经济的存在有利于减少企业内部经营和外部投资的成本费用，同时集聚经济也能够让企业更为快速便捷地获得生产经营所需的中间产品和服务（Moomaw, 1988; Guo et al., 2016）。

5. 区域市场规模以及资本与证券市场发展

买方企业可能更加倾向于在市场规模相对较大、金融市场发育程度较高、拥有证券/股权交易平台的区域内选择标的的企业。市场规模与潜力、消费者偏好等区域市场条件也是企业投资区位选择的关键因素，已有研究指出拓展新兴市场、接近主要消费者以及获取更高市场占有率等是买方企业进行跨区域并购投资的主要动力（Zademach et al., 2009; McCarthy et al., 2015）。买方企业主要通过购买标的企业股权等实现对外并购，因而全国性、区域性的证券或股权交易市场是企业并购交易的重要平台，是买方企业获取潜在标的及相关企业信息的主要渠道。在具有股权交易市场的区域进行并购投资，可以减少买方企业在信息搜寻等过程中的成本费用支出。长三角地区是中国证券市场及区域性股权交易市场发展最早、且相关制度体系较为完善的区域之一，有必要着重讨论证券市场发育程度的地区差异对长三角企业并购投资网络的影响。买方企业在并购投资过程中也面临融资问题，健康的地方金融市场能够为企业提供更多安全的融资渠道，有利于买方企业提高融资效率、控制融资风险等。

6. 区域政策与制度环境

区域间在产业政策以及创新、投融资等体制机制改革进程上的差异，也可能影响买方企业跨区域并购投资行为以及标的和区位选择。总的来看，随着中国以行政放权、分税财政等为主的分权化改革不断深入，地方在经济发展及相关激励政策等方面拥有更多自主权，这一方面激发了地方经济发展的活力，另一方面也导致行政区经济、地方市场分割、产业政策同质化竞争等问题（Wei, 2001; He et al., 2016）。地方政府主要通过土地价格优惠、财税补贴等激励政策，以及完善本地产业服务配套与营商环境等措施来强化招商引资，地方政府的上述行为改变了企业投资的空间收益界限，很大程度上影响着企业并购投资标的的搜寻空间范围及具体区位选择（袁丰, 2011）。改革开放以来中国实施不平衡、差异化的区域发展战略，导致区域间在倾斜性政策、制度优势等方面存在显著差距，尤其在科技创新、金融与服务业发展等方面，企业通过区位迁移、并购投资等方式不断追求新的政策红利，这也成为中国区域间产业/企业迁移、企业跨区域并购投资的重要驱动因素。

第三节　特定企业间并购投资配选的驱动机理

在理论分析框架构建和关键影响因素识别的基础上，本节通过运用计量模型、一般统计分析等方法，重点探讨长三角内部特定企业间并购投资配选及动态关联的驱动机理。

一、变量选择与模型建构

1. 变量选择

本节将企业间是否发生并购投资交易作为被解释变量，即企业间发生并购交易（取值为1）与未发生并购交易（取值为0）。但是，在1996—2016年长三角范围内所有可能发生并购投资的企业联系对（M&A partnering）中，已知实际发生并购交易的企业联系对（partnering）仍是极少数，大量潜在或可能发生的企业联系对（non-partnering）数据库有待构建。首先，参照现有文献和技术方法（Ellwanger et al., 2015; Boschma et al., 2016），本文将买方企业明确为1996—2016年间在长三角内实际进行过并购投资的企业；其次，本节假定在买方企业并购投资事件公告前后一段时间内（采用前后各一年为阈值），其他并购交易中的标的企业均可视为这个买方企业的潜在标的；再次，通过买方企业与潜在标的企业的两两联系，构建本章分析所需的长三角企业并购联系对数据库。在本节使用的分析数据库中，1996—2016 年实际发生并购投资的企业联系对数量为 5 543[①]，而潜在的、未实际发生并购投资交易的企业联系对数量约 189 万（表 6–1）。由于两者样本数量上的巨大差异会给计量模型（如 Logistic 回归模型）估计结果带来较大偏差，本节参考现有文献和相关计量经济学方法，将样本数据进行内生分层（endogenous stratification），即形成 partnering 和 non-partnering 两组观测值；在此基础上，将全部 partnering 样本以及随机选择的 non-partnering 样本纳入模型作为被解释变量数据，参考现有研究本文将两者比例设为 1∶5 左右（Ellwanger et al., 2015），即在约 189 万的样本随机选取了 27 721 组 non-partnering，以供回归分析使用。

表 6–1　长三角企业并购投资联系对的数据描述

	实际发生并购交易	未发生并购交易
总量	5 543	1 890 104
同一省（直辖市）内	4 454	554 521
同一城市内	3 370	279 311
同一县市（城区）内	2 717	102 773
1996—2000 年	124	2 484
2001—2005 年	696	86 463
2006—2010 年	1 413	281 641
2011—2016 年	3 310	1 519 515

　　基于本书理论分析框架以及企业层面的影响因素分析，结合已有研究成果，本节重点从企业间地理临近性、产业和技术关联性、组织结构相似性、制度文化相似性等方面进行因素选取与指标量化（表 6–2）。首先，本节分别从并购双方地理空间距离、是否位于相同行政区（省、市、县三个空间尺度）来测度地理临近性（Böckerman et al., 2006）。其次，并购双方企业的产业和技术关联性主要体现在两者是否属于相同行业门类（Boschma et al., 2016）；本节重点从两个层面对该

---

　　① 本节有效企业并购投资事件数量与第五章中存在差异，主要原因是本节在分析过程中剔除了不能确定行业属性、经济类型等特征信息的样本企业。

影响因素进行量化，一是并购双方是否同属于制造业、生产性服务业、生活性服务业或其他行业门类，二是并购双方是否属于相同的行业门类，即国民经济行业分类与代码中的 20 个行业门类[①]。再次，本节主要从并购双方是否有对外投资（即多厂或多区位）、并购双方企业规模两个方面测度买方和标的企业之间的组织结构相似性；其中，本节根据并购双方企业注册资本等数据，将相关企业划分为大型、中

表 6–2　长三角企业并购投资选择驱动机制相关解释变量及其含义

类别	变量	定义	缩写
地理临近性	地理空间距离	并购双方企业之间的地理空间距离	Distance
	临近性 I	哑变量，若并购双方位于同一省（直辖市）内则取 1，否则取 0	Intra_P
	临近性 II	哑变量，若并购双方位于同一城市（上海和省辖市）内则取 1，否则取 0	Intra_C
	临近性 III	哑变量，若并购双方位于同一县市（城区）内则取 1，否则取 0	Intra_D
产业和技术关联性	产业属性	哑变量，若并购双方产业属性（即制造业、生产性和生活性服务业等）相同则取 1，否则取 0	Inra_I
	行业门类	哑变量，若并购双方属于同一行业门类则取 1，否则取 0	Intra_G
组织结构相似性	企业对外投资	哑变量，若并购双方均有对外投资（即多厂或多区位）则取 1，否则取 0	Multi_L
	企业规模	哑变量，若并购双方企业规模等级相同则取 1，否则取 0	Same_S
制度文化相似性	所有制结构	哑变量，若并购双方的所有制结构相同则取 1，否则取 0	Same_Ins
	上市状态	哑变量，若并购双方同为上市公司则取 1，否则取 0	List
		哑变量，若并购双方同为非上市公司则取 1，否则取 0	Nonlist

[①] 国民经济行业分类与代码（GB/T 4754—2017）中共有 20 个行业门类，即：A. 农、林、牧、渔业；　B. 采矿业；　C. 制造业；　D. 电力、热力、燃气及水生产和供应业；　E. 建筑业；　F. 批发和零售业；　G. 交通运输、仓储和邮政业；　H. 住宿和餐饮业；　I. 信息传输、软件和信息技术服务业；　J. 金融业；　K. 房地产业；　L. 租赁和商务服务业；　M. 科学研究和技术服务业；　N. 水利、环境和公共设施管理业；　O. 居民服务、修理和其他服务业；　P. 教育；　Q. 卫生和社会工作；　R. 文化、体育和娱乐业；　S. 公共管理、社会保障和社会组织；　T. 国际组织。

型和小微型企业①。此外，本节从并购双方企业所有制结构是否相同、并购双方是否同为（非）上市公司两个方面测度买方和标的企业的制度文化相似性；其中，本节将并购双方所有制分为国有、民营、中外合资、港澳台和外资企业等类型。

表 6–3 进一步描述了上述变量及相关指标在 partnering 和 non-partnering 两组之间的差异。描述性统计结果表明，实际发生交易的并购双方间地理距离相对较小，且分别有 80.34% 和 68.00% 的企业间并购投资发生在同一省市内部，并购投资交易更多地发生在具有相同产业属性、所有制类型与规模等级的企业之间；但是相比之下，上市公司之间较少发生并购投资交易。

表 6–3　长三角企业并购投资选择相关变量的描述性分析

类别	变量	实际发生并购交易	未发生并购交易
地理临近性	Distance 均值	69.83Km	187.43Km
	Intra_P	80.34%	29.34%
	Intra_C	68.00%	14.78%
	Intra_D	49.01%	5.44%
产业和技术关联性	Inra_I	48.88%	32.70%
	Intra_G	37.16%	17.85%
组织结构相似性	Multi_L	56.04%	57.28%
	Same_S	46.39%	41.79%
制度文化相似性	Same_Ins	70.26%	69.99%
	List	1.77%	3.78%
	Nonlist	38.08%	43.91%
观测样本总数		5 543	1 890 104

注：表格中百分数表示取 1 值观测样本占全部样本的比重。

2. 模型建构

由于企业间是否发生并购投资为二分类的被解释变量，本节利用 Logistic 模型对相关因素的作用机制进行回归分析，构建具体模型如下：

---

① 企业规模划分标准：注册资本≥1 亿元为大型企业，1 亿元＞注册资本≥1000 万元为中型企业，注册资本＜1000 万元为小微型企业。

$$\ln\left(\frac{P_{ma}}{1-P_{ma}}\right) = \beta_0 + \beta_1 LnDistance + \beta_2 Intra_P + \beta_3 Intra_C + \beta_4 Intra_D + \beta_5 Intra_I +$$

$$\beta_6 Intra\_G + \beta_7 Multi\_L + \beta_8 Same\_S + \beta_9 Same\_Ins + \beta_{10} List + \beta_{11} Nonlist$$

（6.10）

其中，$P_{ma} = P(ma=1|x)$，即表示特定两个企业间实际发生并购投资交易（partnering）的概率，$1-P_{ma} = P(ma=0|x)$，即表示特定两个企业间实际没有发生并购投资交易（non-partnering）的概率；β_0 为常数项，β_{1-11} 则表示解释变量的回归系数。此外，考虑数据平稳性与模型拟合整体优度，对企业间地理空间距离进行对数转换。本节使用 Stata12.0 对上述模型进行参数估计分析。

二、多维临近性与企业间并购投资联系

通过 Pearson 相关性检验分析，发现地理空间距离与其他临近性变量之间、Inra_I 与 Intra_G 之间相关系数较高，为了避免可能存在的多重共线性，将相关变量分别带入模型中进行回归分析。依据模型，分析了不同时期内多维临近性对长三角特定企业间并购投资联系的驱动机理，具体结果见表 6–4。

表6–4　不同阶段内长三角企业并购投资选择影响因素作用机制的回归结果

类别	变量	1996—2016	1996—2000	2001—2005	2006—2010	2011—2016
地理临近性	LnDistance	−0.855***	−0.559***	−0.812***	−0.903***	−0.886***
	Intra_P	(1.128***)	(1.492***)	(1.411***)	(1.440***)	(0.978***)
	Intra_C	(0.731***)	(1.648***)	(0.629***)	(0.750***)	(0.786***)
	Intra_D	(1.496***)	(0.631***)	(1.435***)	(1.441***)	(1.597***)
产业和技术关联性	Inra_I	0.601***	0.620***	0.594***	0.794***	0.518***
	Intra_G	(0.981***)	(0.694***)	(0.972***)	(1.126***)	(0.934***)
组织结构相似性	Multi_L	−0.077**	0.079	−0.194*	−0.128*	−0.101**
	Same_S	0.100***	0.001	0.139	0.144*	0.094**
制度文化相似性	Same_Ins	0.401***	0.579***	0.352***	0.382***	0.357***
	List	−1.515***	−1.124**	−1.247***	−1.564***	−1.400***
	Nonlist	−0.546***	−0.231	−0.306***	−0.471***	−0.626***
常数项		1.627***	−0.106	1.324	1.643***	1.945***
		(−3.131***)	(−3.043***)	(−3.399***)	(−3.504***)	(−2.963***)
partnering 数量		5 543	124	696	1 413	3 310
non–partnering 数量		27 715	620	3 480	7 065	16 550

续表

类别	变量	1996—2016	1996—2000	2001—2005	2006—2010	2011—2016
–Log likelihood		11 137.1	289.5	1 395.1	2 661.6	6 730.7
		(11 050.5)	(299.7)	(1 367.5)	(2 658.4)	(6 658.4)
LR chi2		7 700.7***	91.5***	978.3***	2 316.5***	4 434.8***
		(7 874.0***)	(71.0***)	(1 033.6***)	(2 322.9***)	(4 579.6***)
Pseudo R2		0.257	0.137	0.260	0.303	0.248
		(0.263)	(0.106)	(0.274)	(0.304)	(0.256)

注：带括号和不带括号的数值分别表示高相关性变量分别构入回归的结果。*表示在 5% 的水平上显著；**表示在 1% 的水平上显著；***表示在 0.1% 的水平上显著。

1. 地理临近性的影响作用

长三角企业并购投资标的及其区位选择仍具有明显的"本地偏好"特征，但随着企业并购经验与能力增长，企业能够在更大空间范围内进行并购投资，地理临近作用有所弱化。从回归结果来看，地理空间距离（LnDistance）回归系数显著为负，表明买方企业为了降低并购选择、并购后整合过程中的交易成本与费用，偏好并购地理临近的标的企业。同时，其他临近性相关变量的回归系数也显著为正，表明长三角企业并购投资高度集聚在省、市、县等行政区内部，说明行政区经济深刻影响着企业并购投资配选过程及其区位选择结果。例如，长三角一市三省以及部分城市均出台了相关政策文件，鼓励企业在本地通过兼并、重组等形式进行资源整合与转型升级（表 4–3）。但是，从不同阶段长三角企业并购投资联系对（partnering）相关特征的转变来看（表 6–5），买方和标的企业之间的平均地理空间距离从 1996—2000 年的 45.69 千米增加至 2011—2016 年的 79.99 千米，相同省区、城市、县市（城区）内部的企业并购投资交易占比也不断降低。这表明随着时间推移，买方企业并购投资经验日渐丰富、资本运营能力不断增强，能够在更大空间范围内，或更多地跨行政区进行并购投资，地理临近的影响作用有所弱化；这也解释了长三角并购双方及其投资网络由核心向外围扩展的演变趋势。

表 6–5 不同时间阶段内长三角企业并购投资联系对特征

	1996—2000	2001—2005	2006—2010	2011—2016
平均地理空间距离	45.69Km	53.37Km	56.30Km	79.99Km
位于相同省（直辖市）	86.29%	85.26%	85.22%	76.92%
位于上海或相同省辖市	83.06%	76.39%	74.47%	62.84%

续表

	1996—2000	2001—2005	2006—2010	2011—2016
位于相同县市（或中心城区）	44.35%	52.65%	52.48%	46.89%
属于相同行业部门（制造、服务等）	43.55%	45.06%	53.89%	47.70%
属于相同行业门类	30.65%	34.48%	42.50%	35.65%
买方服务业、标的制造业企业	25.00%	17.60%	13.65%	11.45%
买方制造业、标的生产性服务业企业	0.81%	4.43%	5.30%	14.83%
买方制造业、标的生活性服务业企业	8.06%	8.15%	5.59%	6.10%
同为多厂、多区位企业	6.45%	63.38%	56.58%	56.07%
具有相当的企业规模	36.29%	48.78%	51.49%	44.05%
买方大型、标的中型企业	37.90%	29.61%	30.13%	36.65%
买方大型、标的小微型企业	15.32%	9.01%	8.13%	10.15%
买方中小微、标的大型企业	0.00%	7.87%	6.08%	4.56%
具有相同的所有制结构	54.84%	64.23%	62.80%	75.26%
同为国有/国资企业	4.8%	1.6%	1.0%	0.5%
同为内资民营企业	42.7%	58.9%	58.6%	72.5%
同为上市公司	6.45%	2.58%	1.70%	1.45%
同为非上市公司	33.87%	43.06%	45.12%	34.17%
买方上市、标的非上市企业	50.81%	38.20%	44.48%	59.61%
买方非上市、标的上市企业	8.87%	15.88%	8.63%	4.77%

注：同表 6–3。

2. 产业和技术关联性的影响作用

并购双方属于相同行业门类，即并购双方产业和技术关联性较强是促进特定企业间进行并购投资配选和交易的关键因素，但近年来跨部门、产业间的并购投资活动逐渐增长。从回归结果来看，不同时期内 Inra_I、Intra_G 变量回归系数均显著为正，表明了产业与技术关联对企业间并购投资联系的促进作用。由表 6–3 可知，1996—2016 年间，为了获取认知临近带来的成本节约与经济效益等，长三角有超过 48% 和 37% 的买方企业会在自身所在产业部门或行业门类中选择并购标的。但从表 6–5 关于并购投资联系对的特征演变分析来看，2006—2010 年间长三角相同行业门类的企业并购投资活动呈增长态势，而在 2011—2016 年期间产业间、部门间的企业并购投资交易开始增长，也从侧面表明长三角企业转型发展、产业间融合发展的趋势愈加明显；同时，产业间并购投资交易增长主要表现在制造业企业对生产性、生活性服务业企业并购数量的增长上，尤其是制造业企业对金融服务、科技研发以及房地产领域的企业并购投资不断增长，这也说明长三角制造业企业服务化趋势较为明显。

3. 组织结构相似性的影响作用

并购双方在企业组织结构、企业规模等方面的相似性，在不同阶段对特定企业间并购投资配选和交易的影响作用存在显著差异。虽然除了 1996—2000 年间之外，不同时期内更多的并购投资活动发生在多厂、多区位的企业之间，但相应变量 Multi_L 的回归系数却显著为负，这可能是因为长三角多厂、多区位的买方企业为了降低交易成本与并购后整合难度，也偏好选择单厂、单区位的企业作为并购标的；2001—2005 年该阶段以来，partnering 观测组中，并购双方同为多厂、多区位企业的并购事件占总量的比重也呈现持续降低趋势。这也表明买方企业会结合投资目的、交易成本以及并购后整合难易程度等，选择不同组织结构类型的标的企业。2006—2010 年和 2011—2016 年两阶段内，Same_S 变量回归系数显著为正，表明这时期并购双方具有相当的企业规模是长三角企业间达成并购投资交易的重要驱动因素。但表 6–5 表明并购双方企业规模相近的并购投资事件占总量比重略有下降，大中小微等不同规模企业间的并购投资日渐活跃，但主要表现在大企业更多地对中、小微企业进行兼并、重组，这一结果也与长三角各省市政府鼓励和支持本地优势企业做大做强的政策导向高度相关；而从分析结果看，中小微企业对大型企业实施"蛇吞象"的并购投资难度则日益增大。

4. 制度文化相似性的影响作用

并购双方所有制结构相似是长三角企业间形成并购投资联系的重要驱动因素，尤其是对民营企业并购投资选择而言，但并购双方上市公司状态相似性的影响作用并不显著。变量 Same_Ins 回归系数均显著为正，表明长三角买方企业偏好选择与自身具有相似所有制结构的企业作为并购标的。从表 6–5 分析结果看，国有企业之间的并购投资活动相对较少，而并购双方均为内资民营企业的并购投资事件占总量比重持续上升，表明所有制结构相似性对民营企业并购投资选择的影响作用日渐强化。List 和 Nonlist 变量回归系数显著为负，表明并购双方是否同为（非）上市公司并不能有效促进企业间并购投资交易达成，这主要是因为长三角企业并购投资虽大部分由上市公司发起或直接参与，但由于证券市场监管限制、并购成本较大等一系列因素，上市公司主要选择并购非上市企业，如在 2011—2016 年接近 60%的上市公司选择收购或兼并非上市公司。

5. 多维临近性因素间的交互作用

本部分通过并购双方间的平均地理距离（表 6-6），进一步分析多维度临近性之间的交互作用机制。1996—2000 年、2001—2005 年两个阶段内，认知、组织与文化制度临近性因素的"组合"，对地理临近效应的影响作用更为显著，表明并购双方需要尽可能满足产业关联性强、组织规模与所有制结构相近等条件，才能够"克服"地理距离，并在跨区域、远距离信息获取、标的选择及并购整合中获取比较优势。在 2011—2016 年阶段内，具有较强产业关联性、组织与所有制结构相近的并购双方间距离明显提升，表明认知、组织与制度等单因素对地理临近效应的作用机制有所增强。可见，在长三角企业并购投资双方配选的过程中，多维度临近性之间存在一定交互作用，尤其是并购双方之间高度的认知、组织和制度临近可以"抵消"地理距离的负面效应。但从统计结果看，多维临近性间的交互作用机制存在明显的阶段差异性，总体上并不稳定和显著。

表 6-6　不同阶段长三角企业并购投资联系对平均地理距离（单位：Km）

并购双方之间产业、组织与制度临近性	1996—2000	2001—2005	2006—2010	2011—2016	1996—2016
所有 partnering 观测组	45.7	53.4	56.3	80.0	69.8
并购双方属同一行业门类	43.0	49.5	52.6	81.7	68.7
并购双方属同为多厂、多区位企业	36.4	51.1	51.8	80.7	68.9
并购双方企业规模相似	31.2	54.4	46.7	69.1	60.1
并购双方属同一经济类型	63.8	50.7	57.6	83.0	73.1
并购双方相同行业门类，均多厂、多区位	—	47.3	51.6	81.0	67.3
并购双方相同行业门类，规模相似	56.5	49.3	47.8	78.5	64.9
并购双方相同行业门类，经济类型相同	75.6	49.7	50	81.4	69.7
并购双方均多厂、多区位，规模相似	8.9	56.4	41.4	69.4	59.1
并购双方均多厂、多区位，经济类型相同	53.4	49.1	53.8	83.3	71.6
并购双方相同行业门类，均多厂、多区位，且规模相似	56.5	54.8	45.3	75.8	62.6
并购双方均多厂、多区位，规模相似，经济类型相同	10.1	54.7	44	68.7	60
并购双方相同行业门类，均多厂、多区位，规模相似，且经济类型相同	117.5	49.3	40.9	68.9	57.9

三、企业异质性与企业间并购投资联系

依据本书理论分析框架，企业异质性会影响多维临近性因素对企业间并购投资联系的作用机制，即不同行业、不同经济类型和不同规模的企业在并购投资双方配选偏好上存在显著。为此，本节结合企业异质性，进一步分析了长三角企业间并购投资交易联系驱动机制的差异性（表6–7）。

1. 不同行业企业并购投资选择的差异

在长三角内部，制造业企业并购投资双方配选的空间范围更大，并购双方地理分布相对分散，受地理距离的制约相对较小；而服务业企业并购投资配选的"本地偏好"特征更强，这与服务业并购投资高度集聚在大都市内部有关。如表 6–7 所示，制造业、生产性和生活性服务业并购双方地理距离均值分别为83.27 千米、61.08 千米和57.73 千米，且服务业并购事件中并购双方位于同一行政区内的事件占比相对更高。制造业和服务业企业均偏好选择并购同产业内的标的企业，产业和技术关联性作用显著；相比之下，制造业与生产性服务业的跨行业并购活动更为活跃，尤其是制造业企业更多地通过并购投资向科研、金融等生产性服务业领域拓展。生产性服务业企业并购投资配选更加注重标的企业的组织及空间结构，超过60%的生产性服务业企业通过并购多厂、多区位的标的企业进行业务市场等方面的拓展；而在制造业内部大型企业并购中小微企业的现象更为突出。制造业和服务业企业并购投资配选均较为注重所有制结构相似性；非上市公司间的并购投资交易相对更为活跃，尤其是超过 45%的服务业并购投资发生在非上市公司之间，而制造业内部则主要表现为上市公司对非上市公司的兼并和收购。

2. 不同经济类型（所有制结构）企业并购投资选择的差异

地理临近、行政区经济等对国有企业并购投资双方配选的影响更为明显，约95%的长三角国有企业并购投资发生在各省（直辖市）内部，这主要是因为地方国资企业的决策和投资选择更容易受到本地政府行为以及相关政策导向的影响；相比之下，民营、中外合资与外资企业并购投资双方配选的空间范围相对更大，跨行政区并购投资活动更为活跃。民营和外资相关企业更加关注并购标的与自身的产业和技术关联性；服务业国有企业向制造业进行跨行业并购投资更为活跃，而民营、外资相关制造业企业通过并购投资进行服务业转型的趋势更为明显。长三角国有买方企业更加偏好选择并购与自身具有相似组织结构、规模等级的标的企业；而相比之下，大型民营和外资相关企业会利用资本、技术与市场等方面的

表 6-7　基于不同企业类型的长三角企业并购投资联系对特征

买方企业的类型特征	制造业	生产性服务业	生活性服务业	国有国资企业	内资民营企业	中外合资/港澳台/外资	大型企业	中型企业	小微型企业
平均地理空间距离	83.27 Km	61.08 Km	57.73 Km	32.64 Km	69.26 Km	75.59 Km	72.61 Km	55.37 Km	57.87 Km
位于相同省（直辖市）	78.74%	80.52%	82.90%	94.69%	80.35%	77.22%	79.62%	83.96%	84.36%
位于上海或相同省辖市	62.86%	71.60%	71.62%	87.55%	66.78%	67.41%	66.79%	74.26%	73.74%
位于相同县市（或中心城区）	48.50%	49.61%	50.76%	61.22%	50.63%	43.34%	48.18%	53.64%	51.40%
属于相同行业部门（制造、服务等）	51.78%	47.11%	50.04%	40.41%	49.10%	54.44%	48.66%	50.67%	47.49%
属于相同行业门类	51.78%	23.24%	36.79%	25.51%	37.10%	46.26%	37.71%	35.98%	27.93%
买方服务业、标的制造业企业	—	25.89%	16.83%	22.86%	14.49%	8.06%	11.88%	19.14%	18.99%
买方制造业、标的生产性服务业企业	28.44%	—	—	3.27%	9.88%	11.80%	12.27%	2.96%	5.03%
买方制造业、标的生活性服务业企业	16.55%	—	—	3.27%	5.46%	9.23%	6.95%	3.10%	2.23%
同为多厂、多区位企业	51.78%	63.40%	50.94%	64.29%	55.29%	52.80%	56.82%	50.94%	57.54%
具有相当的企业规模	42.08%	49.81%	45.93%	66.73%	44.29%	45.91%	47.51%	45.28%	22.35%
买方大型、标的中型企业	41.80%	27.77%	32.59%	23.47%	30.41%	37.50%	40.96%	—	—
买方大型、标的小微型企业	11.27%	8.39%	8.50%	4.90%	8.84%	10.86%	11.53%	—	—
买方中小微、标的大型企业	2.47%	7.47%	7.07%	2.65%	8.76%	3.50%	—	32.61%	27.37%
具有相同的所有制结构	70.66%	67.89%	74.49%	9.80%	88.43%	18.22%	68.37%	79.38%	81.56%
同为上市公司	1.95%	1.45%	1.43%	0.41%	0.62%	3.04%	2.12%	0.00%	0.00%
同为非上市公司	21.49%	51.83%	45.57%	58.16%	52.75%	23.95%	27.52%	90.97%	91.62%
买方上市、标的非上市企业	74.18%	33.08%	47.72%	14.69%	38.29%	71.14%	63.22%	1.35%	0.00%
买方非上市、标的上市企业	2.38%	13.65%	5.28%	26.73%	8.34%	1.87%	7.14%	7.68%	8.38%

注：同表 6-3。

优势，更多开展对中小微企业的兼并、重组，从而实现在相关业务领域的整合提升。所有制结构相似是促成民营企业之间并购配选和达成交易的关键因素，而对国有、外资相关企业间并购投资联系的影响作用较弱；国有和外资相关企业并购事件中并购双方所有制结构相同事件比重仅分别为 9.8% 和 18.22%；近 60% 的国有、民营企业并购发生在非上市公司之间，非上市国有企业通过并购投资参股或控制上市公司的事件相对较多；相比之下，民营和外资相关企业并购投资主要与大型上市公司相关，尤其是超过 70% 的外资相关并购发生在上市（买方）和非上市（标的）公司之间。

3. 不同规模企业并购投资选择的差异

地理临近仍然是不同规模企业并购投资双方配选的重要影响因素，尤其是针对长三角中小微型的买方企业而言；而大型企业在交易信息搜寻处理、资本运营与资产整合等方面的经验较为丰富，更有能力在更大空间范围内或跨行政区实现并购投资配选和交易。并购双方产业部门与门类相同也是促成长三角不同规模（尤其是大中型）企业并购投资双方配选和达成交易的重要因素；同时，中小微型服务业企业对制造业企业的跨行业并购较为活跃，而大型制造业企业的服务化趋势更为明显。各规模等级的企业在并购投资中也相对偏好多厂、多区位的标的企业；长三角大中型企业偏好选择与自身规模相当的标的企业，即更加注重"强强联合"。由于中小微企业应对风险及并购整合能力相对较弱，其在并购投资过程中更偏好选择与自身制度文化（所有制结构）相似的标的企业；此外，超过 90% 的中小微企业并购投资发生在非上市公司之间，而大型上市公司则主要通过并购中小微型的非上市公司进行行业整合与市场拓展等。

四、不同投资目的下并购双方配选机制差异

本节进一步分析了财务投资、资产调整、垂直整合、横向整合与多元化战略等不同类型企业间并购投资双方配选的驱动机制及其差异，结果见表 6–8 和表 6–9。总体上来看，虽然地理临近、产业和技术关联、企业规模与所有制结构相似性等因素的促进作用较为明显，但由于并购投资目的存在差异，不同类型企业并购投资配选偏好及驱动机制也各不相同。

财务投资和资产调整类并购投资，买方企业主要目的是通过并购在短时期内实现资本溢价、优化企业（集团）资产配置等，希望较少涉及企业控制权变更或干预标的企业产业经营。为了确保资产增（保）值、降低资本运营风险等，买方企业更加偏好选择地理临近或同一行政区内的优质标的企业进行并购投资，在并购投资过程中也更加注重标的企业在组织结构、规模等级、所有制结构与上市状态等方面与自身的临近性；其中，Nonlist 变量呈现显著正作用，表明长三角财务投资、资产调整类企业并购投资事件更多地发生在非上市公司并购双方之间。同时，由于买方企业基于财务投资、资本溢价的并购投资较少关注产业链关联及其整合效应，因而财务投资类回归结果中的 Inra_I、Intra_G 变量系数并不显著。如表 6–8 所示，财务投资和资产调整类企业并购双方间的地理距离均值相对较小，发生在各尺度行政区内部的比重相对较高；在财务投资和资产调整类企业并购投

表 6–8　不同投资目的下长三角企业并购投资选择影响因素作用机制的回归结果

类别	变量	财务投资	资产调整	垂直整合	横向整合	多元化战略
地理临近性	LnDistance	−0.858***	−0.988***	−0.868***	−0.849***	-0.829***
	Intra_P	(1.571***)	(1.272***)	(1.060***)	(1.116***)	(1.114***)
	Intra_C	(0.278)	(1.099***)	(0.807***)	(0.716***)	(0.583***)
	Intra_D	(1.630***)	(1.464***)	(1.416***)	(1.399***)	(1.563***)
产业和技术关联性	Inra_I	0.085	0.402***	0.519***	0.864***	0.462***
	Intra_G	(0.092)	(0.619***)	(1.118***)	(1.359***)	(0.857***)
组织结构相似性	Multi_L	−0.036	−0.084	−0.390**	−0.158***	-0.025
	Same_S	0.402***	0.544***	−0.075	0.045	-0.094
制度文化相似性	Same_Ins	0.613***	0.513***	0.321*	0.342***	0.340***
	List	−0.494	−1.051***	−1.964**	−1.588***	-1.917***
	Nonlist	0.147	0.323***	−0.848***	−1.009***	-0.529***
常数项		1.109***	1.446***	2.205***	1.763***	1.681***
		(−3.122***)	(−3.369***)	(−3.117***)	(−3.215***）	(−3.028***)
partnering 数量		465	792	247	2 522	1 311
non-partnering 数量		2 325	3 960	1 235	12 610	6 555
-Log likelihood		952.4	1 458.4	502.3	4 959.4	2 686.6
		(945.9)	(1 469.2)	(492.6)	(4 970.1)	(2 678.5)
LR chi2		625.6***	1 367.2***	331.0***	3 716.9***	1 718.7***
		(638.6***)	(1 345.5***)	(350.2)	(3 695.6***)	(1 734.8***)
Pseudo R2		0.247	0.319	0.249	0.273	0.242
		(0.252)	(0.314)	(0.262)	(0.271)	(0.245)

注：同表 6–4。

资事件中，发生在多厂多区位企业之间、规模相近企业之间、（非）上市公司之间以及服务业与制造业企业之间的并购事件占比较高。此外，与民营、外资相关企业相比，国有企业并购投资更多地出于财务投资和资产调整等目的，这基本与各级政府促进国企改革、优化国有资产效益的政策导向一致。

在垂直整合、横向整合与多元化战略类并购投资，买方企业在追求利润最大化基础上，更加注重通过并购投资实现产业链纵向整合、生产经营领域横向拓展，以及获取新兴要素、开拓新兴市场等，进而提升企业综合能力、持续保持竞争优势。为此，买方企业会依据上述需求，在更大空间范围内或跨行政区搜寻、并购更加优质且合适的标的企业；买方企业也更加注重标的企业与自身在产业和技术上的关联性、互补性，垂直、横向整合类并购投资中发生在相同行业门类的事件占比就相对更高。但是，Same_S 在模型中回归系数不显著，这可能是由于上述类型企业并购投资大多直接涉及并购双方生产经营业务整合、企业间控制权变更等，买方企业选择并购大中型企业存在较高的整合难度及失败风险，相关并购投资事件更多地发生在大中型买方和小微型标的企业之间、上市买方和非上市标的企业之间。此外，如表6-9所示，长三角民营和外资相关买方企业更多地通过横向整合、多元化战略类并购投资进行生产经营业务的拓展，进而追求范围经济效应，这可能与广大民营企业、外向型产业当前面临更为激烈的市场竞争环境等相关。

表6-9 基于不同投资目的的长三角企业并购投资联系对特征

买方企业投资目的	财务投资	资产调整	垂直整合	横向整合	多元化战略
平均地理空间距离	57.00 Km	53.79 Km	77.58 Km	75.98 Km	70.90 Km
位于相同省（直辖市）	84.83%	85.86%	78.14%	78.91%	79.02%
位于上海或相同省辖市	72.01%	76.89%	66.80%	65.19%	66.90%
位于相同县市（或中心城区）	53.21%	55.05%	47.77%	46.15%	49.35%
属于相同行业部门（制造、服务等）	35.26%	44.95%	46.15%	56.11%	43.48%
属于相同行业门类	16.45%	27.53%	39.68%	47.11%	32.49%
买方服务业、标的制造业企业	16.88%	18.56%	9.72%	10.59%	11.21%
买方制造业、标的生产性服务业企业	10.47%	5.43%	17.00%	10.47%	13.81%
买方制造业、标的生活性服务业企业	4.06%	5.05%	7.29%	6.30%	7.93%
同为多厂、多区位企业	60.04%	57.45%	45.75%	55.04%	53.09%
具有相当的企业规模	52.78%	55.18%	38.46%	43.74%	43.55%

续表

买方企业投资目的	财务投资	资产调整	垂直整合	横向整合	多元化战略
买方大型、标的中型企业	20.94%	22.60%	43.32%	38.66%	36.23%
买方大型、标的小微型企业	6.41%	5.81%	10.93%	10.67%	11.98%
买方中小微、标的大型企业	12.39%	9.97%	2.43%	3.05%	4.58%
具有相同的所有制结构	71.37%	69.70%	71.66%	70.54%	68.95%
买方为国有/国资企业	10.20%	21.84%	3.06%	33.06%	25.10%
买方为内资民营企业	8.86%	14.20%	4.43%	45.94%	20.66%
买方为中外合资、港澳台和外资	5.37%	10.40%	5.37%	50.47%	23.13%
同为上市公司	2.56%	1.89%	0.81%	1.82%	1.07%
同为非上市公司	52.35%	56.06%	35.22%	29.46%	39.28%
买方上市、标的非上市企业	31.62%	24.75%	61.54%	65.03%	53.93%
买方非上市、标的上市企业	13.46%	17.30%	2.43%	3.69%	5.72%

注：同表 6–3。

第四节　特定区域间并购投资联系的驱动机理

基于企业微观层面影响因素及作用机制分析结果，有必要进一步回答企业并购投资为何会发生在特定的区域之间？即从区域宏观层面，探讨企业并购投资双方配选及其时空动态演化的驱动机理。本节基于理论分析框架及相关影响因素分析，运用计量模型等方法，重点分析区域间联系以及资源禀赋、市场与制度等地方特性对长三角特定区域间企业并购投资联系的影响作用。

一、变量选择与模型建构

本节将特定县市（区）之间企业并购投资事件数量为被解释变量，并重点在并购双方所在区域之间地理临近、经济联系、交通信息联系以及标的所在区域特性等方面选取相关解释变量。本节主要从以下几个方面选取解释变量表征区域间联系：①使用长三角特定县市行政中心位置之间的直线地理距离表征并购双方所在区域的地理临近性；②通过基于地区生产总值、邮电业务总量等指标构建引力模型，进而测度长三角各县市（中心城区）之间的经济联系强度与信息交流强度等（王成等，2017；孙伟等，2018）；③依据现有文献，"长江三角洲城市经济协调会"会员城市在长三角区域一体化发展进程中，逐步形成了区域间协商合作机制，在区域交通、产业与创新等领域开展了大量的城市政府间及民间自主合作，地方间经济社会联系更为紧密（陈雯等，2018），因而本节将并购双方所在县市是否同属于"长江三角洲城市经济协调会"会员城市作为解释变量（Wu et al., 2018）；④当前高铁已经成为发达地区交通运输的重要方式，使沿线城市之间的人员往来、信息流通等更加便利，正在深刻地重塑中国区域经济地理格局，因而本节采用并购双方所在县市（中心城市）之间是否有高铁联系，来衡量区域间联系程度强弱（王姣娥等，2014; Wang et al., 2018）。

另一方面，本节重点在要素与资源禀赋、市场条件、经济发展水平与产业层次、政策与制度环境等方面选取表征区域特性的解释变量。在地方要素与资源禀赋方面，主要选取在岗职工平均工资表征地方劳动市场尤其是劳动力储备和用工成本（贺灿飞等，2010），选取专利授权数量表征地方创新资源、创新投入与科技成果产出等条件（叶琴等，2016; He et al., 2017）。在地方市场条件方面，主要选取社会消费品零售总额表征地方市场规模和消费潜力（李在军等，2014），选取金融业增加值表征地方金融服务与融资市场条件（季菲菲等，2014），并以地方是否有区域性的股权交易市场来衡量地方证券市场及相关投资交易发展水平。在经济发展水平和产业层次方面，由于长三角县市（中心城区）尺度上有关新兴产业发展规模和质量效益的数据较难获取和整理，故本节主要参考现有文献选取人均地区生产总值来衡量地方经济发展水平、产业转型及更迭程度等情况。在政策和制度环境方面，本节主要以国家经济技术开发区、高新技术产业开发区以及服务业集聚区的数量来衡量地方产业发展政策环境（刘可文等，2012）。上述与区域特性、区域间联系相关的自变量含义与计算方式具体见表6–10。

表6–10 长三角并购双方所在区域特性、区域间联系相关的自变量及其含义

类别	变量	定义/量化方法	缩写
并购双方所在区域间经济、交通信息联系	地理临近	长三角各县市（城区）行政中心所在地之间的直线地理距离	$DIST_{ij}$
	经济联系强度	基于引力模型的区域间经济联系强度值[①]	$FECO_{ij}$

[①] 县市（中心城区）之间经济联系强度值的计算方法：$FECO_{ij} = \left(GDP_i * GDP_j\right) / DIST_{ij}^2$；其中，$i$ 和 j 分别代表买方和标的企业所在的长三角县市（城区），GDP 为地区生产总值，DIST 则表示地理距离。

续表

类别		变量	定义/量化方法	缩写
并购双方所在区域间经济、交通信息联系		信息交流强度	基于引力模型的区域间信息交流程度值[①]	$FINF_{ij}$
		高铁联系	哑变量，县市（城区）间可以通过高铁联通则取值 1，否则取值 0	CRH_{ij}
		区域合作	哑变量，并购双方所在地区均属长三角城市经济协调会会员城市则取值 1，否则取值 0	A_YRD_{ij}
并购双方所在区域特性	资源要素禀赋	劳动力成本	地方在岗职工年平均工资/长三角平均水平	$WAGE_{i,j}$
		科创成果	地方专利授权量占长三角比重	$PATE_{i,j}$
	市场条件	市场规模	地方社会消费品零售总额占长三角比重	$SALE_{i,j}$
		金融市场	金融机构存款余额占长三角比重	$FINA_{i,j}$
		证券市场	哑变量，拥有区域性股权交易市场的县市（城区）取 1，否则取值 0	$OTC_{i,j}$
	经济发展水平与产业层次		地方人均 GDP/长三角区域人均 GDP	$PGDP_{i,j}$
	政策与制度环境	产业政策	地方拥有国家级经济技术开发区、高新技术产业园区以及省级以上服务业集聚区的数量	$POL_{i,j}$
		区域一体化	哑变量，双方县市（城区）均属长三角城市经济协调会会员城市则取值 1，否则取值 0	$YRD_{i,j}$

注：相关变量的统计值取某一时间阶段内的累计值或均值，本文研究时间阶段含 1996—2000 年、2001—2005 年、2006—2010 年、2011—2016 年。

　　由于被解释变量，即长三角特定县市（中心城区）之间的并购投资交易数量为非负整数，且数据集存在大量零值，故本节通过构建零膨胀负二项回归模型进行相关计量分析，具体模型表达式参照公式 6–9。此外，考虑数据平稳性与模型拟合整体优度，对区域间地理距离、相关百分比数据（$R\&D_j$、$PATE_j$ 等）等进行对数转换。本节使用 Stata 12.0 实现上述模型进行参数估计分析。

二、地方特性、区域间联系与企业并购投资配选

　　依据自变量之间的 Pearson 相关性分析结果，以引力模型计算的区域间经济联系强度和信息交流强度高度相关（相关系数大于 0.8），考虑到在长三角内部经

---

　　① 县市（中心城区）之间信息交流强度值的计算方法：$FINF_{ij} = \left(INF_i * INF_j\right) / DIST_{ij}^2$；其中，$i$ 和 j 分别代表买方和标的企业所在的长三角县市（城区），INF 为邮电业务总值，DIST 则表示地理距离。

济发达的城市（如上海、南京、杭州等）信息联系强度、便利程度等均相对较高，故本节主要将 FECO$_{ij}$ 带入回归模型。此外，变量 PATE、SALE、FINA 之间相关系数也相对较高，但由于上述三个变量表征区域特性的不同方面，本节参考现有研究中的处理方式，将三个变量分别构入不同回归模型。本节分析和比较了 2001—2005 年与 2011—2016 年两个阶段内长三角县市（区）之间并购投资联系的影响因素及其作用机制，具体回归结果见表 6–11。

表 6–11　不同阶段内长三角跨县市（区）并购投资联系影响因素的回归结果

类别	变量	2001—2005			2011—2016		
		模型 I	模型 II	模型 III	模型 I	模型 II	模型 III
区域间联系	LnDIST	0.041	−0.010	−0.020	−0.097	−0.138	−0.121
	FECO	0.001***	0.001***	0.001***	0.0001***	0.0001***	0.0001***
	CRH	—	—	—	0.602***	0.670***	0.691***
	A_YRD	0.683**	0.762**	0.725**	0.686***	0.724***	0.694***
标的所在区域特性	PGDP	−0.428	−0.304	−0.305	−0.173	0.198	0.134
	WAGE	0.308	0.200	0.050	−0.228	−0.938***	−0.265
	PATE	0.148***			0.248***		
	SALE		0.255***			0.293***	
	FINA			0.255***			0.222***
	OTC	—	—	—	0.719***	0.568***	0.626***
	POL	0.028	−0.261	−0.208	0.323**	0.201	0.145
常数项		−2.061**	−1.933**	−1.696*	−2.118	−1.606***	−2.249***
Number of obs		43 890	43 890	43 890	43 890	43 890	43 890
Nonzero obs		186	186	186	850	850	850
-Log likelihood		954.7	953.4	954.0	3697.5	3675.5	3686.9
LR chi2		169.6***	166.9***	166.3***	556.0***	578.8***	568.1***
alpha		1.403	1.363	1.381	2.044	1.788	1.871
chibar2		26.3***	24.4***	25.0***	554.8***	497.5***	520.8***
Vuong test		5.70***	5.73***	5.57***	11.19***	10.69***	10.76***

注：本表主要展示了因变量为非零整数观测组的回归分析结果，省去了零值观测组的回归分析结果（即 inflation model=Logit）。* 表示在 5%的水平上显著；** 表示在 1%的水平上显著；*** 表示在 0.1%的水平上显著。

1. 并购双方所在区域间联系的影响作用

区域间交通信息、经济等一体化联系加强，是长三角特定县市（区）之间企业并购投资联系形成演化的重要驱动因素。与企业微观层面不同的是，并购双方所在区域之间的地理临近对企业跨县市（区）并购投资选择的影响作用并不显著。不同时期内 LnDIST 变量的回归系数并不显著，这是因为相较于临近地区，长三角企业本土并购投资相当一部分发生在同一行政区内部，同时跨县市（区）并购投资事件主要发生在少数大都市之间，如上海、南京、杭州等距离较远的城市市区之间；同时，这也从侧面说明随着信息通讯与交通运输等技术进步，地理距离对区域间企业并购投资的影响可能弱化。区域间经济联系强度作用显著为正，表明长三角企业跨区域并购投资仍主要发生在经济相对发达的县市（区）之间，尤其是以上海、杭州、南京、宁波等为核心的"Z"字型核心区域内。高铁联通作用显著为正，表明当前长三角内部高速铁路网络不断建设完善，极大地加强了沿线县市（区）经济社会联系，改善了相关地区间的通勤条件，有利于降低沿线地区间的交易成本，从而促进企业跨区域并购投资。长三角区域一体化发展相关变量的回归系数也显著为正，表明"长江三角洲城市经济协调会"等区域一体化合作平台和体制机制，尤其是关于产业分工、科技创新协作、一体化区域要素市场等方面的政策创新降低了区域内交易成本与风险，有利于加强区域内，尤其是大都市与其他城市间的企业并购投资联系。此外，由于"长江三角洲城市经济协调会"早期以长三角核心区，尤其是苏南、浙东北的城市为主，上述模型回归结果也从侧面佐证了时空动态性实证分析结论，即长三角核心区或经济发达城市的企业并购投资市场更为活跃。

2. 标的企业所在区域特性的影响作用

获取标的企业所在区域的创新资源要素、市场份额以及政策优惠等，是长三角企业跨县市（区）并购投资的主要驱动因素；同时，发育完善的地方金融与证券市场，也能够为企业异地并购投资提供良好的融资支撑和交易平台。

PGDP 回归系数并不显著，这可能是因为随着时间推移，长三角大都市与中小城市、核心区与外围区之间的企业并购投资联系不断增强，从而导致标的企业所在区域的经济发展水平与产业层次的影响作用并不显著。从劳动力等要素成本作用机制的变化上看（WAGE 系数在 2011—2016 年阶段内呈现显著负相关），企业并购投资活动在向要素成本相对较高的大都市进一步集聚的同时，买方企业会更加偏好在要素成本相对较低的区域进行并购标的择选，以平衡企业（集团）投资过程中的成本与收益。创新资源要素、市场条件等相关变量回归系数显著为正，表明标的所在区域人才、知识产权等创新资源要素集聚程度，市场规模与消费潜力、金融服务与股权交易服务能力等是企业跨区域选择并购标的的重要考量因素，这也说明了为何长三角大都市之间、核心区内部各县市（区）之间的企业并购投资活动更为活跃。上述实证分析结论也与现有关于西方发达国家/区域间企业并购投资联系驱动机制的研究发现相一致，即获取消费者市场、新兴知识和技术等优质地方资产是企业跨区域远距离并购投资的主要驱动因素（Zademach et al., 2009）。标的所在区域的政策和制度环境，尤其是在龙头企业培育、产业转型升级、鼓励企业兼并重组等方面的政策创新也深刻影响着买方企业跨区域并购标的及其空间区位；从模型回归结果（2011—2016 年阶段内 POL 系数显著为正）来看，区域政策和制度环境对长三角城市间企业并购投资联系的正向影响有所增强。

三、企业异质性与区域间并购投资联系机制

由于企业存在异质性，企业间生产经营能力、并购经验与投资目的等存在差异，会影响、改变区域宏观因素对并购投资联系形成演化的作用机制。为此，本节重点分析不同产业、不同经济类型的企业跨县市（区）并购投资配选及联系的驱动机制，具体结果如表 6–12。

表 6–12　不同行业、经济类型下长三角跨县市（区）并购投资联系机理的回归结果

类别	变量	不同行业部门			不同经济类型		
		制造业	生产性服务业	生活性服务业	国有企业	民营企业	合资/外资企业
区域间联系	LnDIST	0.119*	0.047	0.301*	−1.374***	−0.061	0.386***
	FECO	0.3e−4***	0.8e−4***	0.4e−4***	0.6e−4*	0.0001***	0.4 e−4***
	CRH	0.418***	0.453**	0.671***	0.846**	0.676***	0.269
	A_YRD	1.007*	0.947*	3.175*	−0.652	0.644**	0.783
标的所在区域特性	PGDP	0.011	−0.503	−0.379	−1.233***	−0.110	−0.371
	WAGE	−0.844**	0.847*	1.468**	0.450	−0.395	−1.250**
	PATE	0.204***	0.170***	0.041	0.369***	0.272***	0.042
	SALE	[0.110**]	[0.312***]	[0.187**]	[0.631***]	[0.275***]	[0.480***]
	FINA	[0.103***]	[0.216***]	[0.072]	[0.506***]	[0.196***]	[0.027***]
	OTC	0.153	1.772***	1.337***	3.137***	0.583***	0.995**
	POL	0.149	−0.343	−0.303	2.406***	0.229	0.017

续表

类别	变量	不同行业部门			不同经济类型		
		制造业	生产性服务业	生活性服务业	国有企业	民营企业	合资/外资企业
常数项		−2.013***	−4.343***	−8.838***	−2.457*	−2.236***	−4.924***
Number of obs		43 890	43 890	43 890	43 890	43 890	43 890
Nonzero obs		497	327	189	—	750	167
-Log likelihood		2 403.8	1 496.8	865.7	274.6	3279.4	901.4
LR chi2		206.3***	240.9***	129.5***	265.6***	439.2***	207.7***
alpha		—	2.252	0.702	11.67	2.067	—
chibar2			247.6***	11.1***	35.47***	399.2***	—
Vuong test		8.39***	7.40***	6.05***	—	10.58***	5.79***

注：如表 6–12，分析过程中分别将 PATE、SALE、FINA 三个变量构入模型 I、模型 II 和模型 III，本表中主要展示模型 I 的回归结果，分析时间阶段为 2011—2016 年，[ ]中的数据为 SALE、FINA 两个变量在其他模型中的回归结果。依据不同行业部门、经济类型下被解释变量观测值组的数据结构差异以及相关检验结果，回归分析过程中将零膨胀泊松回归模型（ZIPRM）、负二项回归模型（NBRM）作为补充方法，#、##分别代表 ZIPRM 和 NBRM 的回归分析结果。*表示在 5%的水平上显著；** 表示在 1%的水平上显著；*** 表示在 0.1%的水平上显著。

1. 不同产业企业跨区域并购投资联系机制的差异

对不同产业部门的企业跨区域并购投资双方配选及区域间联系网络演化而言，相关因素的作用机制存在一定差异。**在区域间联系的影响作用方面**，并购双方所在区域间密切的经济联系、便捷的交通信息联系等，都是增强区域间不同产业部门的企业跨区域并购投资联系的关键因素；但区域间地理距离影响作用存在差异，制造业、生活性服务业相关模型中 LnDIST 系数显著为正，表明长三角制造业、生活性服务业企业跨区域并购配选的区域范围更大，而生产性服务业企业更加偏好在大都市及其周边地区选择并购标的。这主要是因为近年来，长三角制造业企业考虑到成本、空间、环保等因素，由上海、苏南等核心区城市向苏北、皖北等地转移制造功能或主要产能的情况日益增多（Wu et al., 2018），批发零售、房地产等生活性服务业企业也多以欠发达的边缘地区和城市的新兴市场为开发对象；而相比之下，生产性服务业及其优质标的企业仍高度集聚在沪宁杭等少数大都市。**在标的企业所在区域特性的影响作用方面**，劳动力等要素成本对制造业企业跨区域并购投资选择的影响较为显著，制造业买方企业更偏好在要素成本较低的区域选择并购标的（WAGE 回归系数显著为负值）；而标的企业所在区域的要素成本对县市（区）之间的生产性、生活性服务业企业并购投资具有促进作用（WAGE 回归系数显著为正值），这也说明服务业企业并购事件在大都市内（要素成本相对较高）的集聚程度更高。此外，长三角制造业、生产性服务业企业在跨区域选择并购标的过程中，更加关注标的企业所在区域的创新资源和能力水平；同时，服务业企业跨区域并购投资标的及其区位选择会更加关注目标区域股权交易市场及相关服务的发展水平。

2. 不同经济类型企业跨区域并购投资联系机制的差异

不同经济类型企业跨区域并购投资双方配选及区域间并购联系演化的驱动机制也存在较大差异。**对于国有企业来说**，并购双方所在区域间经济、交通信息联系强度，以及标的所在区域创新资源、市场规模、金融与证券交易服务等因素的影响作用均显著为正，表明具备上述条件的区域之间国有企业并购投资联系较为密切。但是，地理距离的作用显著为负，表明国有企业在并购标的区位选择的过程中也具有明显的本地或邻近偏好，这与省、市两级政府政府鼓励行政区内部国有企业通过兼并重组深化改革、提质增效等政策导向有关。同时，与其他经济类型相比，国有买方企业跨区域并购投资过程中看似较少考虑标的所在区域的经济发展水平与产业层次，而标的所在区域产业政策的作用则显著为正，这主要是因为观测样本以省市县等地方国资企业为主，相关企业地理分布格局、投资区位选择等均受到行政区经济、地方产业政策保护等因素的深刻影响；同时，这一实证结果也因为早期长三角经济欠发达地区，如淮南、淮北等资源型城市拥有较多以煤炭行业等为主的国有企业并购活动。**对于民营企业而言**，其主要是在与自身所在区域经济联系密切、通勤便捷以及创新资源与科技产出富集、市场环境较好的区域进行远距离并购投资标的的选择。而区域间地理距离、标的所在区域经济发展水平和产业层次的作用并不显著，表明由于民营企业规模、投资能力等存在较大差异，本地临近与远距离并购投资均较为普遍，投资网络结构也更为复杂，这也与长三角企业并购投资时空动态性相关实证分析结果相一致。**对于中外合资、港澳台和外资企业而言**，其跨县市（区）并购投资过程中也较为关注标的所在区域的创新资源、市场规模、金融与证券服务条件等。此外，地理距离的影响作用显著为正，劳动力等要素成本的影响作用显著为负，这表明外资相关企业具有一定"松脚型"（footloose）特征，为了节约要素及生产成本、寻找"污染天堂"等，能够在更远的区域空间内进行标的的选择，这也与长三角制造业外资逐渐由核心区向外围区转移产能、制造功能的现象相符合。

四、企业投资目的与区域间并购投资联系机制

依据理论分析与假设，由于投资战略与目的不同，买方企业通过并购投资想要获取的生产要素与地方资产、旨在整合的企业类型等均会有所差异，这与买方企业并购投资标的及其区位选择过程息息相关，尤其是会影响买方企业对区域宏观因素的考量，进而改变区域层面因素对企业并购联系形成演化的作用机制。为此，本节在区分买方企业不同投资目的的基础上，分析了区域层面因素对长三角跨县市（区）并购投资联系的影响作用，结果见表 6-13。

对不同投资目的下的跨县市（区）企业并购联系，部分影响因素的作用机制存在一定差异。区域间地理距离（LnDIST）对横向整合类跨县市（区）并购投资联系的作用并不显著，这主要是因为在横向整合过程中，买方企业往往会在更大区域市场内兼并竞争对手，或整合相关产品和业务领域。区域间经济联系强度（FECO）、标的所在区域发展水平（PGDP）对财务投资类、垂直整合类跨县市（区）并购投资联系的作用不显著，表明相关企业的并购投资更加关注标的企业资产增值潜力，或标的企业在产业链、价值链中的环节地位，而并不十分注重标的企业所在区域整体经济发展水平和产业层次等因素。此外，高铁联系、区域合作、地方创新及市场条件等其他区域层面因素对不同投资目的下跨县市（区）并购投资联系的作用机制，均表现为显著正相关，这进一步表明了获取市场份额、知识与技术资源等优质地方资产仍然是大多数企业跨区域、远距离并购投资过程中较为关注的因素，同时多数企业并购投资也会尽可能避免区域间各种差异带来的交易成本和市场风险等，因而长三角交通信息沟通便捷、经济社会关联密切、文化和制度环境相似的城市或地区间企业并购投资市场更为活跃。

此外，对比表 6-12 和表 6-13 的回归分析结果，可以发现企业异质性，尤其是买方企业在行业属性、所有制结构等方面的差异性，对区域层面相关因素对企业并购投资联系形成演化机制的"扰动"和影响更为明显。也就是说，对于长三角企业并购投资及其区位选择的驱动机理，企业微观与区域宏观层面之间存在一定交互作用，而这种交互作用可能集中体现在企业异质性对区域间并购投资联系机制的影响。

本章首先基于"多尺度、多维度临近性"的分析框架，重点从企业和区域层面定性识别了可能影响企业并购投资双方配选及其地理区位呈现的关键因素。在此基础上，运用 Logistic、ZINBRM 等计量回归模型和一般统计分析方法，剖析

了长三角特定企业间并购投资配选、区域间并购投资联系形成演变的驱动机理，同时简要探讨了多维临近性因素之间、企业层面与区域层面影响因素之间的交互作用机制，研究发现：

表6–13　不同投资目的下长三角跨县市（区）并购投资联系机理的回归结果

类别	变量	财务投资	资产调整	垂直整合	横向整合	多元化战略
区域间联系	LnDIST	−1.081***	−1.267***	−1.019***	−0.091	−1.042***
	FECO	0.3e–4	0.4e–4*	0.3e–4	0.6e–4***	0.0001*
	CRH	1.703***	1.104***	1.141***	0.495***	1.426***
	A_YRD	1.685***	1.447***	1.305**	0.825*	1.395***
标的所在区域特性	PGDP	0.328	0.571***	0.458	0.152	0.405**
	WAGE	−1.303*	−1.159**	−1.453*	−0.380	−1.221***
	PATE	[0.388***]	[0.371***]	[0.370***]	[0.141***]	[0.354***]
	SALE	0.469***	0.451***	0.400***	0.213***	0.413***
	FINA	[0.382***]	[0.375***]	[0.248***]	[0.180***]	[0.294***]
	OTC	0.820**	1.145***	0.710*	0.643***	0.823***
	POL	0.634*	0.290	0.878**	0.302	0.575**
常数项		−1.591	−1.464*	−3.251***	−2.736***	−1.576**
Number of obs		43 890	43 890	43 890	43 890	43 890
Nonzero obs		—	—	—	533	—
−Log likelihood		493.1	834.8	396.3	2 416.9	1 333.29
LR chi2		345.3***	807.5***	256.2***	329.0***	913.7***
alpha		7.738	4.071	6.272	1.444	6.319
chibar2		48.59***	75.24***	20.69***	120.67***	262.4***
Vuong test		—	—	—	8.57***	—

注：本表中主要展示模型 II 的回归结果，[ ] 中的数据为 PATE、FINA 两个变量在其他模型中的回归结果；其他注释同表 6–12。

①长三角企业并购投资双方配选仍具有明显的"本地偏好"特征，但随着时间的推移，地理临近作用有所弱化；尤其是区域间密切的经济、交通信息联系，买方企业对新兴市场与创新等优质地方资产的追求，以及地方金融与证券市场体系的完善等均在一定程度上有助于企业突破地理空间障碍，从而进行远距离、跨区域并购投资，尤其是对制造业、民营企业以及大型上市公司而言。相比之下，地理临近对生产性服务业、国有以及小微企业的并购投资标的及其区位选择地域

范围的"限制"影响作用更为显著。

②并购双方属于相同行业门类，即并购双方产业和技术关联性较强是促进特定企业间进行并购投资交易的关键因素，但近年来跨部门、产业间的并购投资活动逐渐增长，尤其是越来越多的民营、外资制造业企业利用并购投资向科研、金融商务等生产服务业领域拓展。

③大型多厂、多区位的企业集团之间通过并购"强强联合"是长三角企业进行组织和空间扩张的重要途径，但考虑到并购实施和整合过程中的高难度与高成本风险，长三角大型民营、外资制造业企业还是更多地选择中小微企业（单厂、单区位为主）作为并购标的；另一方面，"蛇吞象"类并购，即小微企业并购大中型企业在长三角范围内仍较为少见。

④并购双方所有制结构相似是长三角多数企业间达成并购投资交易的重要驱动因素，尤其是针对中小微型的民营企业而言；但相比之下，长三角国有企业更多地进行跨所有制类型的并购投资，这也与中国现行国有企业混合所有制的改革和政策导向息息相关。

⑤为了确保资产增值、降低投资风险等，在财务投资、资产调整类并购中，买方企业选择标的具有更加明显的"本地偏好"，在并购投资过程中也更加注重标的企业在组织结构、规模等级、所有制结构与上市状态等方面与自身的临近性；而在垂直整合、横向整合与多元化战略类并购中，买方企业会依据产业链整合与业务拓展等需求，在更大空间范围内或跨行政区选择合适的标的企业，并更加注重标的企业与自身在产业和技术上的关联性、互补性等。

⑥在长三角企业并购投资标的的选择过程中，多维度临近性之间存在一定交互作用，产业关联度高，组织规模与所有制结构相似的企业间产生远距离并购投资联系的可能性更高，表明并购双方高度的认知、组织和制度临近一定程度有助于"弥补"地理距离所产生的交易成本与费用，并降低由此产生的市场风险，但这种作用机制存在明显的阶段性差异，总体上并不稳定和显著。而企业与区域层面因素之间的交互作用机制，主要体现在企业异质性，尤其是买方企业行业属性、所有制结构等差异对区域间并购投资联系机制的影响。

第七章 长三角企业并购的空间效应

企业并购投资促进了多种资源要素在不同企业间、产业部门间以及区域间的流动和重新配置,同时也伴随着相关企业控制权的变更及其在空间上的转移转换,对并购双方企业、地方经济发展等均有着重要影响。为此,本章重点从企业控制权空间转移与区域经济空间结构、城市等级体系互动关联的角度,分析长三角企业并购投资活动的空间效应。在此基础上,从微观企业视角,选取典型企业案例,进一步分析企业并购投资在企业组织结构类型及其空间特征演变方面的影响效应,以期探讨并购投资在企业增长与扩张过程中的具体作用。

第一节 研究数据与方法

企业间并购投资改变了并购双方之间的产权与股权结构,甚至伴随着企业间控制权、决策权归属的变更,同时并购双方也会面临管理层、组织架构、人事关系、产品业务、市场区域与固定资产等多方面的整合与重组(Chatterjee, 1986; 杨洁, 2005; Caiazza et al., 2017)。这都会直接影响并购双方企业的组织结构类型及其空间特征,尤其是买方企业可以通过对外并购投资实现由"单工厂、单一产品、单一市场区域"向"多工厂、集团化、多元化产品业务、拥有跨区域/国家市场"的结构演进,因而本章结合典型案例企业,重点分析并购投资活动对不同类型企业组织结构及其空间特征演变的影响效应。此外,随着并购投资成为企业对外投资及其开展资源整合、进行市场拓展的主要方式,越来越多的微观企业主动发起或被动参与并购投资活动,进一步转变了企业间的控制和权力关系、区域内外的生产网络和供应链关系等。当城市和区域内有一定数量的企业或企业/产业集群间进行并购投资交易，这会使企业控制权、地方经济决策权在空间上发生转移或形成新的集散态势，对地方经济发展活力、区域经济空间结构、城镇等级体系等产生深远影响。为此，本节也结合具体城市和区域，定量分析并购投资对企业控制权、经济决策权空间转移的影响，探讨企业并购活动与长三角区域经济空间结构、城市等级体系演变之间的关联（图 7-1）。

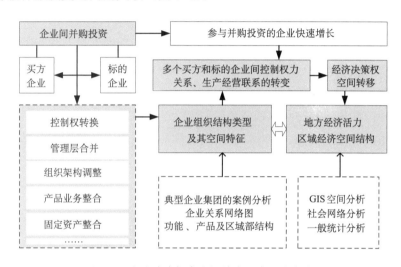

图 7-1　企业并购投资空间效应研究思路与方法

一、数据来源与处理

在数据获取和处理方面，基于长三角企业并购投资空间数据库，本章结合空间效应研究内容，重点补充了并购投资事件及并购双方的属性数据。一方面，利用 WIND 检索补充企业并购投资事件中买方企业购买标的企业的股权比例，以及特定并购投资事件中企业控制权是否发生变更等信息。另一方面，利用 WIND 企业库、企查查等工商信息检索系统以及企业官网及年报等，补充买方和标的企业的组织结构、主营业务与产品、发展战略与历程等信息，建立典型案例企业组织结构类型及其空间特征的数据库。此外，本章将长三角区域置于全国尺度内，并利用全国企业并购投资空间数据库[①]等资料，考察并购投资及相关企业控制权、经济决策权空间转移转换对长三角基于"指令—控制"职能的城市体系演

---

① 与本书第四章第二节使用的数据相比，本章基于 WIND 资讯数据库补充了 2017 年、2018 年全国范围内（除香港、澳门、台湾之外）的企业并购投资公告及相关信息。

变的影响效应。

二、研究方法

在研究方法方面，本章主要通过选取典型企业的并购投资事件，采用企业关系与对外投资网络图等质性分析方法，描述和刻画并购投资对不同类型企业组织结构及空间特征演变的影响效应；其中，以买方企业为研究对象，根据企业在 1996—2016 年期间相关的并购投资事件数量进行排序，并在前 1% 样本买方企业中选取典型案例企业。另一方面，针对区域企业、经济决策权空间转换研究，本章主要采用一般统计分析、社会网络与 GIS 空间分析方法等，定量刻画长三角不同城市和区域之间企业控制权的集中集聚或转移扩散情况，在此基础上进一步分析企业并购投资对地方经济发展活力、区域经济空间结构的影响效应（图 7–1）；其中，本章运用 MApC（gdp）–I 指数（Rodríguez-Pose et al., 2003）测度企业并购活动作用下的地方经济活力相对强度，计算公式如下：

$$MApC_{(GDP)} - I = \frac{\sum_{t_0}^{t_1} MA_i \, / \, \sum_{t_0}^{t_1} GDP_i}{\sum_{t_0}^{t_1} MA_{YRD} \, / \, \sum_{t_0}^{t_1} GDP_{YRD}} \tag{7.1}$$

其中，MA 为研究单元内买方和标的企业总量，GDP 为研究单元经济规模，t_0 和 t_1 代表时间阶段，i 代表研究单元，GDP_{YRD} 代表观测期内长三角经济规模总量[1]。

此外，本章参考城市网络相关研究文献，基于社会网络分析中的点入中心度（in-degree centrality）和点出中心度（out-degree centrality）构建定量测度指标，用于衡量并购投资网络及企业控制权转移视角下长三角城市体系的重构态势。首先，利用 P_SUM_i 和 P_NET_i 指数测度城市在全国企业并购投资网络中企业控制权流入流出情况，两者计算方法如下：

$$P\_SUM_i = \frac{C_i^{in} + C_i^{out}}{max\left(C_i^{in} + C_i^{out}\right)} \tag{7.2}$$

$$P\_NET_i = \frac{C_i^{in} - C_i^{out}}{max\left(C_i^{in} - C_i^{out}\right)} \tag{7.3}$$

---

[1] 本章分别选取 1996—2000 年、2001—2005 年、2006—2010 年和 2011—2016 年内的 GDP 均值数据表征研究单元及长三角在不同时期内的经济的相对规模。

$$C_i^{in} = \sum_{j=1}^{g} MA_{ij}, \quad C_i^{out} = \sum_{j=1}^{g} MA_{ji} \qquad (7.4)$$

其中，C_i^{in} 和 C_i^{out} 分别代表城市 i 在网络中的点入中心度和点出中心度，MA_{ij} 和 MA_{ji} 分别代表城市 i 因并购投资活动获取及流失的企业控制权，g 代表网络中与城市 i 联系的城市总数。其次，遵循 Derudder 等（2010）提出的测度方法，构建由 2002—2012 阶段内 $P\_SUM_i(P\_NET_i)$ 指数与 2012—2018 年阶段内的 $SC\_P\_SUM_i$ $(SC\_P\_NET_i)$ 指数分别作为自变量和因变量的线性回归方程，其中 $SC\_P\_SUM_i$ $(SC\_P\_NET_i)$ 指数的计算方法如下：

$$SC\_P\_SUM_i = Z\left[Z\left(P\_SUM_{i(2002-2018)} \right) - Z\left(P\_SUM_{i(2002-2012)} \right) \right] \qquad (7.5)$$

$$SC\_P\_NET_i = Z\left[Z\left(P\_NET_{i(2002-2018)} \right) - Z\left(P\_NET_{i(2002-2012)} \right) \right] \qquad (7.6)$$

其中，$Z(X)$ 表示变量 X 的 Z-score 标准化值。最后，在双变量回归拟合结果的基础上，计算变量 P_SUM_i 和 P_NET_i 的标准残差，即 $SR\_P\_SUM_i$ 和 $SR\_P\_SUM_i$，并用于测度并购投资及企业控制权转移视角下城市等级体系的演变态势。全国尺度上，双变量回归模型拟合结果显示，P_SUM_i 和 $SC\_P\_SUM_i$ 之间呈现显著正相关（R=0.13），而 P_NET_i 和 $SC\_P\_NET_i$ 之间呈现显著负相关（R=0.14），各城市对应的 $SR\_P\_SUM_i$ 和 $SR\_P\_NET_i$ 值符合正态分布。

第二节　企业并购投资与区域发展

　　企业频繁地参与并购投资活动是地方企业资本市场、经济发展活力增强的重要体现；同时，并购投资交易及并购后整合等还涉及并购双方企业控制权变更、经济决策权空间集散等，是影响区域经济空间结构以及城市等级体系的重要因素（Zademach et al., 2009; Boschma et al., 2014; Colombo et al., 2014）。因此，本节重点测度在并购投资活动作用下，长三角各地的经济发展活力，并刻画区域间企业控制权及经济决策权的转移情况，进而探讨企业并购投资对长三角区域经济空间结构和城市等级体系演变的影响效应。

一、企业并购与地方经济发展活力

　　依据公式 7.1，分别计算不同时期内长三角各县市（区）的 MApC（gdp）–I

指数，结果如图 7–2。总体上，在考虑地方经济规模（GDP）的基础上，长三角各地企业并购投资相对强度，及其体现的地方经济发展活力存在显著差异。首先，由于主导并购投资的买方企业（如大型上市公司等）、优质的并购标的均高度集中在大都市，因而在上海以及南京、杭州、宁波、苏州、合肥、绍兴、常州、嘉兴等城市市区，活跃的企业并购投资市场使地方生产要素充分流动、优化配置，地方经济发展也富有活力。其次，江阴、诸暨等中小城市工业化基础较好，民营、外资经济较为发达，一批当地企业逐渐成长为上市公司，或转变为优质并购标的，

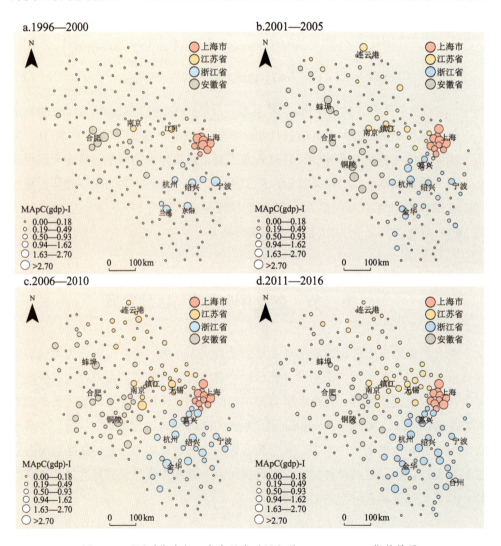

图 7–2　不同时期内长三角各县市（区）的 MApC(gdp)–I 指数结果

这些企业融入长三角并购投资网络的同时，也提升了本地企业资本市场及经济发展活力。再次，苏北、皖北、皖南等地企业参与并购投资的相对强度总体偏低，一定程度制约了外围区企业资本要素的合理流动；但是，长三角外围区部分县市（区）企业参与并购投资的相对强度较高，这表明这些地区可能拥有一批活跃在证券和资本市场的上市公司，这些企业能够通过并购投资活动融入发达地区或行业龙头企业的生产和创新网络，为地方经济发展注入新活力，一定程度上也可以为欠发达地区实现"突破式"发展提供重要驱动力。

在并购投资活动中，买方企业通过有效整合往往能够获取预期收益，而标的企业则更多面临"消亡"或资产流失等风险。为此，进一步分析长三角各县市（区）买方和标的企业数量的差值（买方企业–标的企业），以期从侧面反映企业并购投资对地方经济发展活力带来的影响，结果如图 7–3 所示。一方面，长三角主要城市市区尤其是大都市，以及江阴等发达县市买方企业数量相对更多，在并购投资活动中可能获取更多的优质要素、新兴产品业务或市场份额，在长三角内部资源要素配置、产业转型转移等过程中也占有主导地位，有较强的经济发展活力以及对外辐射带动能力。另一方面，大部分长三角外围区的县市（区），大都市市区周边地区的标的企业数量相对更多，这表明上述地区企业控制权、经济决策权以及优质人才、技术资产流失的风险较高，这也会对地方经济持续发展的活力产生负面影响。此外，由于本地企业在并购投资活动中的角色转换，原本面临优质资产流失风险的地方，可能获取区域资源要素集聚和配置的相对优势，进而提升地方经济发展活力，如 2011 年前后，临沪城市市区以及部分县市买方企业数量快速增长，这一定程度上反映了上述地区在长三角企业并购投资网络以及区域经济发展中的角色地位。

二、企业并购与区域经济空间结构演变

企业并购投资能够促进企业控制权及相关经济决策权在空间上的转移，从而对区域经济空间结构产生影响。为此，本节以企业控制权发生实际变更的并购事件[①]为研究对象，从不同空间尺度，定量刻画长三角区域间企业控制权的转移转换过程，以此为基础探讨企业并购投资对区域经济空间结构的影响效应。

---

① 指买方企业在并购投资交易后获取标的企业大多数股权/资产，并以此获得标的企业实际控制权。

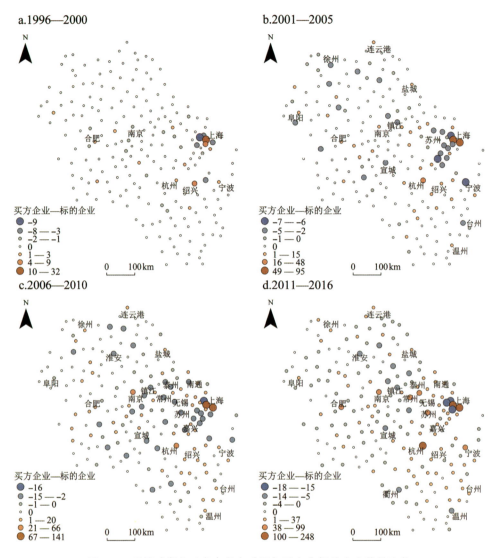

图 7-3 不同时期长三角各县市（区）买方和标的企业数量比较

　　根据图 7-4 分析结果，1996—2016 年，长三角企业控制权发生变更的并购事件数量快速增长，相关事件占各阶段全部事件的比重都在 55%—60% 以上；大量并购双方企业控制权的变更，加快了区域间相关经济决策权转移。图 7-5 展示了长三角各省市企业控制权变更情况，可以发现相关并购投资活动主要集聚在沪苏浙三地，且企业控制权变更主要发生在省（直辖市）行政区内部；从省市间关系来看，上海、浙江为企业控制权"净流入"地区，而江苏、安徽则为"净流出"地区。表 7-1 进一步展示了长三角各城市企业控制权变更情况，可以发现企业控制权发生变更的并购投资事件主要涉及上海、杭州、南京、宁波、绍兴、苏州、无锡、合肥等城市，其中上海以及南京、杭州、绍兴等为企业控制权及相关经济决策权的"净流入"地区，而苏州、无锡、合肥等城市为"净流出"地区；另一方面，长三角外围区城市相关并购投资事件较少，且多数城市为企业控制权及经济决策权的"净流出"地区。以下内容结合具体案例区域，分析长三角内部企业控制权、经济决策权的空间转移过程，探讨并购投资对区域经济空间结构的影响效应。

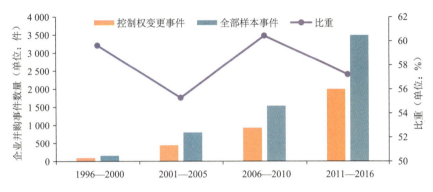

图 7–4　长三角企业并购投资与企业控制权变更情况

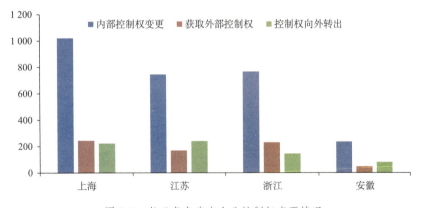

图 7–5　长三角各省市企业控制权变更情况

1. 省（直辖市）尺度

图 7–6 展示了企业并购投资活动影响下，沪苏浙三地企业控制权的空间集散情况。总体上，长三角企业控制权及相关经济决策权主要向上海、苏南、浙东北等地区集聚，经济发达地区、大都市的"极化"效应较为明显，但也有少数外围区城市成为企业控制权的"净流入"地区。上海获取的外部企业控制权主要来自苏南（7.74%）、浙东北（6.40%）地区，尤其是苏州、杭州、南京、无锡、宁波

表 7-1　1996—2016 年长三角各城市导致企业控制权流失的相关并购事件数量（单位：件）

城市	获取控制权	失去控制权	城市	获取控制权	失去控制权
上海	1 266	1 249	连云港	20	19
杭州	404	354	盐城	17	37
南京	257	236	蚌埠	14	15
苏州	215	218	宣城	13	22
宁波	188	178	六安	12	13
无锡	157	172	泰州	11	23
绍兴	136	105	宿迁	11	19
合肥	100	105	黄山	9	14
常州	81	85	衢州	9	18
金华	65	53	淮北	8	5
南通	60	57	滁州	8	11
嘉兴	58	81	阜阳	7	10
台州	51	33	安庆	7	8
温州	42	32	丽水	6	7
芜湖	38	27	亳州	5	6
铜陵	36	32	淮南	5	9
镇江	36	45	舟山	4	9
湖州	35	46	淮安	3	17
扬州	24	31	宿州	1	13
徐州	24	28	池州	0	8
马鞍山	21	20			

等；同时，上海企业控制权也主要流向了苏州、杭州等城市；这表明上海与苏州、杭州、南京等大都市之间企业控制权转换较多，经济联系和产业协作更为紧密。相比之下，上海与苏北、皖北、皖南等外围区城市之间的企业控制权转换较少，这也从侧面说明上海对外围区经济发展的辐射带动相对较弱。但值得注意的是，上海 2.09% 的企业控制权流向了浙西南，尤其是温州、台州等地的企业可能通过并购投资获取上海地方和企业的优质资产，从而实现技术创新与功能升级等。江苏获取的企业控制权主要来自上海（11.1%），也有一部分来自浙东北（3.65%）

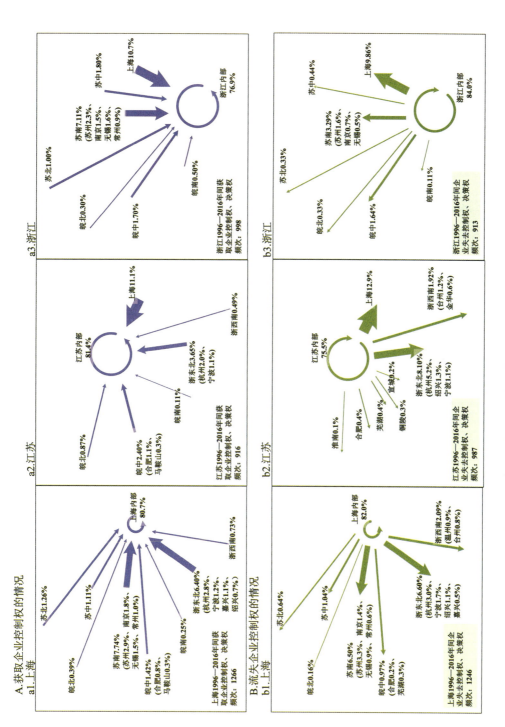

A.获取企业控制权的情况

a1.上海

a2.江苏

a3.浙江

B.流失企业控制权的情况

b1.上海

b2.江苏

b3.浙江

图 7-6　1996—2016 年长三角内部省市尺度上的企业控制权空间转移

和皖中（2.40%）地区，尤其是杭州、合肥等城市；同时，江苏作为"净流出"地区，企业控制权主要流向上海（12.9%）以及杭州、绍兴等浙东北城市，其次浙东南地区。作为"净流入"地区，浙江获取的企业控制权则主要来自上海（10.7%）和苏南地区（7.11%），其次是苏北和皖中等长三角外围区；浙江流失的企业控制权多数被上海所掌控（9.86%），其次是苏南（3.29%）和皖中（1.64%）。

2. 省区内部尺度：以江苏和浙江为例

由上述分析可知，并购投资活动中的企业控制权空间转移主要发生在省（直辖市）行政区内部。为此，以下内容重点分析江苏、浙江内部省会与其他城市之间的企业控制权转移情况（图7–7）。总体上，与并购投资活动相关的企业控制权

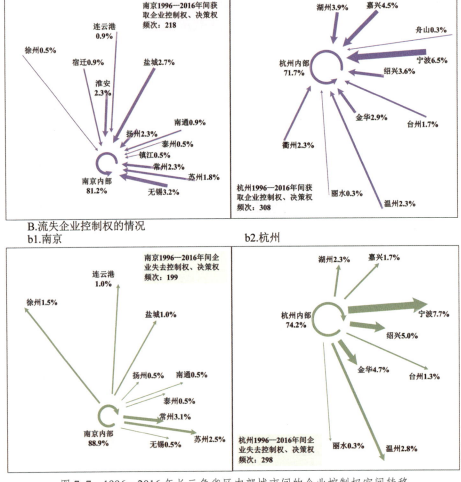

图7–7　1996—2016年长三角省区内部城市间的企业控制权空间转移

转移转换仍集中在城市行政区内部，尤其是南京、杭州等省会城市，成为各省区内部相关企业控制权和经济决策权的集散中心；同时，这类城市具有一定的对外辐射能力，即通过优质标的企业"供给"或企业控制权以及知识技术、市场与供应链体系等"输出"，为其他城市企业通过并购投资进入发达地区市场与产业链，进而实现功能升级、转型发展等提供了机会。南京获取的外部企业控制权来自无锡、常州、盐城、淮安、苏州等城市，而南京自身企业控制权则主要流向了苏南城市，苏北和苏中城市表现为优质地方和企业资产的"净流出"地区。可见，企业并购投资活动一定程度上强化了江苏区域经济发展的"极化"效应，可能会加剧苏南与苏中、苏北之间的经济社会发展，尤其是企业资本运作及相关产业技术创新等方面的南北差异。杭州获取的外部企业控制权主要来自宁波（6.5%）以及嘉兴（4.5%）、湖州（3.9%）、绍兴（3.6%）等邻近城市；而杭州流失的企业控制权则集中被宁波（7.7%）、绍兴（5.0%）、金华（4.7%）等城市获取，这也一定程度上体现了区域经济发展的"极化"效应，嘉兴、湖州以及浙西南（除温州外）表现为优质地方资产的"净流出"地区。

3. 城市内部尺度：以上海为例

在上述分析的基础上，以下内容进一步以上海为例，探讨城市内部企业控制权转移转换与区域经济空间结构演变（图7–8）。总体上，城市市辖区之间的企业控制权空间转移更为频繁，但企业控制权仍主要向中心城区（上海中心城区和浦东新区）集聚，而其他市辖区优质企业资本及相关资源要素流失的风险更大。①上海中心城区通过并购投资能够获取所有其他城区的企业控制权及相关经济决策权，尤其是浦东新区（24.8%），而来自其他城区的企业控制权所占份额则均低于6%；同时，上海中心城区由于并购投资流失的企业控制权也主要流向了浦东新区（27.5%），而其他城区通过企业对外并购投资获取中心城区经济决策权的能力较弱（份额均低于5%）。②针对浦东新区而言，其企业控制权及相关经济决策权的异地转移转换主要发生在与上海中心城区（获取及流失份额均在30%以上）之间，而与其他城区之间的联系相对较弱。

由于地理区位、产业基础与政策红利等历史条件或"路径依赖"，长三角区域经济结构呈现"核心—边缘"特征，尤其是核心区与外围区，上海、南京、杭州等大都市与中小城市间经济发展水平差异明显。由上述分析可知，并购投资改变了企业间控制权归属，推动了经济决策权在区域间的转移，可以视为标的企业及其所在地方发展的"外部冲击"（exogenous shock），其对区域经济空间结构的演

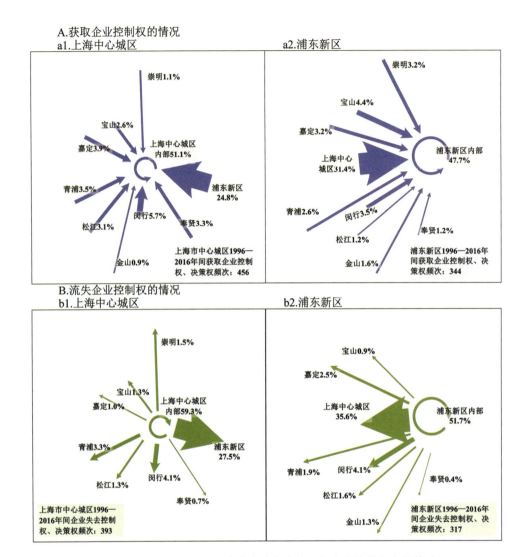

图 7-8　1996—2016 长三角城市内部各城区间企业控制权空间转移

化路径与过程将产生一定影响。针对长三角区域经济空间结构演变，企业并购的
影响主要体现在：①上海、南京、杭州等大都市集聚了长三角大部分上市公司或
行业龙头企业，通过这些企业对外并购投资与整合，周边及外围区的企业控制权
以及相关优质资源要素不断向大都市集聚，这就强化了长三角"核心—边缘"的
结构特征；而在大都市内部则表现为向"中心城区"极化的演化趋势，如上海内
部企业控制权不断通过并购活动向中心城区、浦东新区集聚；②经济欠发达的外
围区，尤其是苏中、苏北、皖北、皖南等地区的中小城市，由于缺乏能够主导并

购市场的买方企业，成为了企业控制权"净流出"地区，面临着优质资源要素持续流失的风险；③少数外围区城市，如浙西南的温州、台州等地涌现出一批利用并购投资寻求转型升级的买方企业，相关企业的对外并购投资获取上海、杭州或苏南等地标的企业控制权及优质要素，这有利于浙西南地区突破"路径依赖"、实现跨越式发展，从而影响长三角原有"核心—外围"结构；④"极化"过程中，上海、南京、杭州等大都市内大量标的企业被外部资本并购，体现了大都市知识技术、管理模式和经验的"溢出"，有利于增强区域经济辐射能力。

三、企业并购与城市等级体系演变

企业内部组织联系以及企业间投资、合作网络等是测度全球、国家、区域等多尺度城市网络和城镇等级体系的重要视角。正如前述章节分析结果所示，作为企业内部、企业之间重要的控制关系，并购投资伴随企业控制权、经济决策权的空间转移，深刻影响买方和标的企业所在地方的"指令—控制"功能，而这一功能是界定全球城市、区域中心城市以及体现城市综合影响力的重要指标。为此，本节基于企业并购投资网络，探讨长三角主要城市在中国城市网络及等级结构体系中地位角色的演变过程。

1. 中国城市等级体系中的长三角

依据公式 7.2—7.4，本节分别测度了 2002—2012 年、2002—2018 年两个阶段内全国地级以上行政单元的 P_SUM_i 和 P_NET_i 指数值，表 7–2 为前 30 位城市及其具体排名，相关分析结果可以一定程度上反映长三角各地在中国企业本土并购网络及相关城市等级体系中的地位和角色。一方面，从 P_SUM_i 指数测度结果来看：除上海稳居全国第二位以外，南京、杭州、合肥、苏州、宁波、无锡等长三角区域中心城市以及绍兴、常州等长三角核心区城市均位列全国前 30 位，长三角70%的城市处于全国前 100 位，可见长三角整体在中国企业本土并购市场、相关城市网络及等级体系中处于较为重要的地位；苏州、宁波、无锡、合肥与常州等城市由于近年来实体经济尤其是新兴产业及民营经济的健康持续发展，相关企业在中国并购市场日渐活跃，上述城市自身 P_SUM_i 指数值明显增长，在据此衡量的城市等级体系中地位有所提升；长三角处于全国 100 位之外的城市主要分布在苏北、皖北、皖南等地区，这也体现了长三角核心区与外围区、大都市与欠发达中小城市之间在企业并购能力、产业发展活力等方面仍存在较大差异。

表 7-2 不同时期全国 *P_SUMi* 和 *P_NETi* 指数值前 30 位城市

	P_SUMi 指数值（单位：%）						*P_NETi* 指数值（单位：%）					
	2002—2012			2002—2018			2002—2012			2002—2018		
1	北京	100	1	北京	100	1	北京	100	1	北京	100
2	**上海**	**60.5**	2	**上海**	**65.4**	2	深圳	31.2	2	深圳	58.7
3	深圳	46.8	3	深圳	55.9	3	**上海**	**17.9**	3	福州	17.3
4	**杭州**	**23.9**	4	**杭州**	**27.8**	4	**杭州**	**11.7**	4	**杭州**	**13.6**
5	成都	20.4	5	广州	23.2	5	济南	7.7	5	汕头	12.5
6	广州	17.5	6	**苏州**	**18.5**	6	海口	5.9	6	**绍兴**	**11.1**
7	长沙	15.5	7	成都	18.3	7	**绍兴**	**5.8**	7	长沙	10.9
8	天津	15.3	8	天津	15.0	8	福州	5.0	8	**宁波**	**10.0**
9	武汉	14.2	9	武汉	14.6	9	南昌	4.3	9	广州	9.4
10	**南京**	**13.7**	10	**南京**	**13.7**	10	武汉	4.2	10	昆明	9.2
11	重庆	12.8	11	长沙	12.3	11	长沙	3.9	10	**台州**	**9.2**
12	海口	10.6	**12**	**宁波**	**11.2**	12	太原	3.6	12	拉萨	9.1
13	**苏州**	**10.5**	13	重庆	11.0	**13**	**南京**	**3.5**	13	海口	8.9
14	济南	10.4	**14**	**无锡**	**10.2**	14	金华	3.2	14	济南	8.8
15	西安	9.6	15	福州	8.8	15	汕头	3.1	**15**	**金华**	**7.3**
16	沈阳	9.5	16	西安	8.6	16	昆明	3.0	16	长春	7.3
17	乌鲁木齐	9.3	17	厦门	7.8	17	乌鲁木齐	2.6	17	大连	5.5
18	**宁波**	**9.1**	18	济南	7.5	18	大连	2.6	17	珠海	5.5
19	福州	8.0	**19**	**合肥**	**7.2**	19	长春	2.4	19	厦门	5.4
20	大连	7.5	20	海口	7.2	20	广州	2.2	20	南昌	5.1
21	**绍兴**	**7.3**	21	青岛	6.9	**20**	**温州**	**2.2**	**21**	**温州**	**4.7**
22	南昌	7.2	22	大连	6.7	**22**	**台州**	**2.0**	22	揭阳	4.3
23	**无锡**	**6.9**	23	珠海	6.50	23	滨州	1.9	23	乌鲁木齐	4.1
24	青岛	6.83	24	昆明	6.48	**24**	**宁波**	**1.7**	23	哈尔滨	4.1
25	**合肥**	**6.77**	25	绍兴	6.4	24	厦门	1.7	25	太原	3.99
26	昆明	6.3	26	乌鲁木齐	6.3	24	佛山	1.7	26	新余	3.89
27	珠海	6.0	27	沈阳	5.9	27	揭阳	1.6	27	绵阳	3.7
27	郑州	6.0	**27**	**常州**	**5.9**	28	绵阳	1.5	28	淄博	3.4
29	哈尔滨	5.8	29	郑州	5.86	29	珠海	1.2	29	三明	2.9
30	长春	5.4	30	东莞	5.6	30	商丘	1.1	**30**	**南京**	**2.8**
30	兰州	5.4									

另一方面，从 P_NET_i 指数测度结果来看：除上海、南京外，位列全国前 30 位的城市主要分布在浙江，尤其是杭州、绍兴、宁波等浙东北城市以及温州、台州、金华等，这主要是上述城市大多拥有对外投资活跃的行业龙头企业或民营经济集群，相关企业更多以买方角色发起并购投资以期实现空间组织扩张、优质地方资产内部化等；上海 P_NET_i 指数值由 2002—2012 年的 17.9 降至 2002—2018 年的–7.8，表明其在中国企业本土并购投资市场中的企业控制权、经济决策权"净收益"优势逐渐削弱，这与上海强大的优质标的"供给"能力相关，越来越多长三角内外部企业通过并购上海本地优质企业以期进入发达地区乃至国际市场和产业链供应链体系，这也从侧面体现出上海在长三角乃至更大区域范围内的经济发展"龙头"作用；此外，仅有约 30% 的长三角城市 P_NET_i 指数值为正，而约 70% 的长三角城市，尤其是大多数外围区城市缺乏"主动作为"的大型买方企业，在长三角及全国企业本土并购投资网络中均面临企业控制权及相关优质资产流失的风险，并在据此测度的城市等级体系中处于相对"劣势"地位。

2. 长三角城市等级体系演变态势

利用德鲁德尔等（Derudder et al., 2010）基于标准化残差提出的城市等级体系演化测度方法以及公式 7.5 和 7.6，计算得出长三角各城市的 $SR\_P\_SUM_i$ 和 $SR\_P\_NET_i$ 指数值，并结合两阶段内 P_SUM_i 和 P_NET_i 指数值的变化情况，分析企业并购投资网络视角下长三角城市等级体系的演变态势。图7–9 展示了长三角各城市 P_SUM_i 和 P_NET_i 值的变化情况，一定程度上体现了长三角各地在中国企业本土并购投资网络及相关城市体系中功能角色的演变态势。从 P_SUM_i 指数变化情况来看，上海、江苏和浙江大部分城市以及合肥等部分皖中城市的地位得到相对提升，尤其是杭州、苏州、无锡、宁波等区域中心城市表现突出，而南京由于参与并购投资的企业数量增长相对缓慢，其在基于企业并购网络的全国城市等级体系中重要性略微下降。从 P_NET_i 指数变化情况来看：由于企业并购投资日渐活跃，浙江城市（除湖州、衢州、舟山外）在中国企业本土并购投资网络节点及相应城市等级体系中的重要性均得到明显提升，与之相似的还有安徽合肥和芜湖、江苏无锡和南通等城市；与前述分析结果一致，苏中、苏北、皖北、皖南等外围区城市在企业并购投资网络中仍面临企业控制权流失风险，城市等级体系中的重要性也呈现下降趋势；上海以及苏州、南京等苏南城市由于具有相对较多的优质标的企业和地方资产，吸引大量周边乃至全国范围内的企业来此并购投资，企业控制权向外转移相对较多，相关的城市等级优势并不显著。

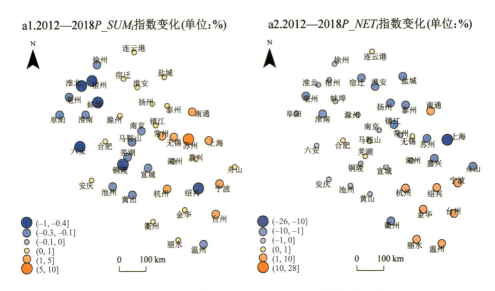

图 7-9　长三角各城市 P_SUM_i 和 P_NET_i 指数值变化情况

图 7-10 进一步展示了长三角各城市 $SR\_P\_SUM_i$ 和 $SR\_P\_NET_i$ 指数测度结果，综合来看：①杭州、宁波、台州等多数浙江城市以及合肥、无锡、南通等城市的 $SR\_P\_SUM_i$ 和 $SR\_P\_NET_i$ 指数均为正值，表明其对外并购联系和企业控制权获取能力均高于增长预期，在全国企业并购城市体系中的影响力可能得到一定程度提升；②南京以及部分安徽城市的 $SR\_P\_SUM_i$ 和 $SR\_P\_NET_i$ 指数均为负值，表明其内部企业参与并购投资的活跃程度低于增长预期，一定程度上限制了这些城市在

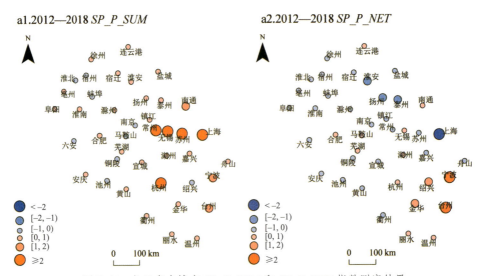

图 7-10　长三角各城市 $SR\_P\_SUM_i$ 和 $SR\_P\_NET_i$ 指数测度结果

中国企业本土并购投资市场及相关城市网络中的功能地位；③长三角大部分城市的 $SR\_P\_SUM_i$ 和 $SR\_P\_NET_i$ 指数分别为正负值，尤其是在长三角外围区，这表明虽然这些城市通过并购获取外部企业控制权的能力低于增长预期，但其企业并购投资市场活跃程度、对外并购投资联系强度的增长态势却明显高于预期。

第三节　并购投资与企业组织空间重构

上述区域经济空间结构与城市等级体系演变，是企业控制权在城市/区域间转移的地理体现，这也与并购投资过程中企业组织结构及其空间特征演变高度相关。本节通过典型案例企业发展历程及并购投资活动的质性分析，以功能部、产品（业务）部和区域部三种企业组织结构类型为重点，探讨并购投资在企业组织结构及其空间特征演变过程中的影响效应，即验证并购投资能否推动企业实现由"单厂、单区位、单一产品和业务"向"多厂、多区位、多元化产品与业务"的组织结构演变。

一、并购投资与功能部企业结构转变

本节选取上海医药集团股份有限公司（以下简称上海医药）为典型案例企业，重点分析并购投资在功能部企业组织结构转变过程中的空间效应。

1. 案例企业组织结构概况

上海医药前身为上海医药（集团）有限公司于 1994 年设立的全资子公司，即上海市医药有限公司。1998 年，上海市医药有限公司通过与上海医药工业销售有限公司、上海天平制药厂以及上海四药股份有限公司间的优质资产置换和重组，组建上海市医药股份有限公司从而实现整体上市。2010 年，上海市医药股份有限公司更名为"上海医药集团股份有限公司"。目前，上海医药主营业务涵盖医药研发与制造、分销与零售等，属国内医药行业的领先企业。同时，结合企业自身发展战略和主营业务拓展需求等，上海医药在资本和证券市场上较为活跃，并购投资更是其进行企业功能优化、产品业务和市场拓展的重要方式。上海医药企业组织结构类型及其空间特征也在并购投资活动下产生了较大转变。

上海医药在成立及上市之初，就建立了以功能部为主的企业组织结构。1998年，上海医药（原上海市医药股份有限公司）在公司主要决策机构（股东大会、董事会、监事会等）下设：财务会计、市场营销、科技开发、生产制造、质量保障和工程装备等功能部门。随后，上海医药通过新建分支机构、子公司以及对外并购投资等方式，进一步突出企业自身在医药研发、制造和营销等方面的主营业务，基本形成了以营销中心、研发管理中心和制造管理中心等为主体，以人力资源、财务与投资发展等为支撑的功能部企业组织结构，而在研发、生产、营销等功能部门下又拥有相应的全资子公司或参控股公司开展具体的业务（图7–11）。在各功能部门的空间分布特征上，总部、支撑部门以及研发、制造、营销中心的管理机构（或直属部门）主要布局在上海，新设的全资子公司主要分布在上海及周边地区，而相关并购投资标的企业的空间分布范围相对更大。

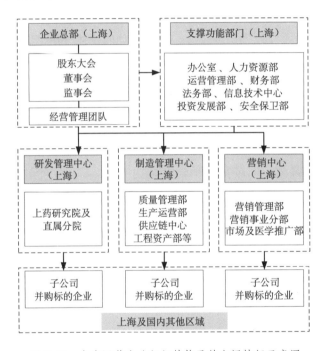

图 7–11　上海医药企业组织结构及其空间特征示意图

2. 并购投资与企业组织结构类型及空间特征演化

图 7–12、表 7–3 展示了上海医药主要的并购投资事件及相关标的企业概况。总的来说，对外并购投资是上海医药完善其研发、制造和营销功能的重要方式，尤其是在各功能部门内部针对具体产品业务、市场分销与零售市场区域的拓展。

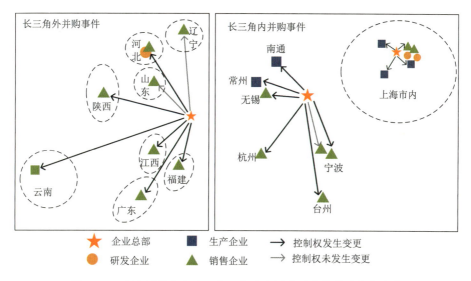

图 7-12　上海医药在上海、长三角及全国范围内的并购投资分布

　　从医药研发功能上看，2003 年上海医药在原有研发管理部、业务发展部、注册临床部等研发相关部门基础上，成立直属的新药研发中心（即上药研究院），布局于上海"张江药谷"；尔后，上海医药分别在 2011 年、2013 年、2014 年先后收购上海复旦张江生物医药股份有限公司、上海交联药物研发有限公司和北京信海丰园生物医药科技发展有限公司等医药研发类标的企业部分股权，推动上海医药研发体系向"上药研究院/总院—企业/分院"的体系和结构演化，同时也通过并购投资在北京等医药产品和技术创新策源地布局研发机构。

　　从医药生产制造功能上看，上海医药除了针对中药、化学制药、生物制药等业务板块新建生产制造基地或子公司外，也通过对外并购投资进行业务领域拓展和产品线完善。2004—2015 年，上海医药收购或兼并了上海马陆制药有限公司、上海新亚药业有限公司、常州康丽制药有限公司、东英（江苏）药业有限公司等多家医药制造业类企业，在拓展业务、增加产品系列的同时也开始将企业生产制造基地向上海以外区域进行布局，尤其是长三角临沪城市（常州、南通等）。

　　从市场营销功能上看，针对企业自身主要产品分销与零售需求，上海医药在营销中心下设营销事业一、二、三、四、五部，负责具体业务、产品和服务的市场推广与营销。同时，上海医药自 2000 年以来也陆续并购了上海以及浙江、江苏、北京、广东、辽宁、山东等多个地区的医药批发零售或仓储类企业，并进一步通过整合标的企业的市场分销、零售网络在全国范围进行市场区域的拓展，当前上海医药分销业务通过参控股公司已覆盖 24 个省市地区，并在 16 个省市地区拥有品牌药房或零售网点。

此外，上药医药并购投资的标的大多为多厂、多区位、多产品业务的企业，且多数并购投资事件中标的企业控制权发生变更，即上海医药实际控制（控股）标的企业，通过并购后的管理层、产品业务等各方面整合，上海医药研发、制造与营销功能部门内部组织结构日趋复杂，即在企业功能部组织结构下不断出现产品（业务）部或区域部等组织结构类型。

表 7-3　上海医药部分并购投资时间及标的企业概况

公告时间	标的企业概况				是否变更控制权
	标的企业	所属行业	主营业务	城市	
2004	杭州医药物资公司	批发和零售业	药品批发零售等	杭州	是
2004	宁波四明大药房有限公司	批发和零售业	药品批发零售等	宁波	是
2005	上海马陆制药有限公司	制造业	药品、试剂生产等	上海	是
2010	上海新亚药业有限公司	制造业	药品生产等	上海	是
2011	福建省医药有限公司	批发和零售业	药品批发等	福州	是
2011	上海复旦张江生物医药股份有限公司	科学研究和技术服务业	研究、开发生物与医药技术等	上海	否
2011	上海余天成医药有限公司	制造业	药品生产与销售等	上海	是
2012	常州康丽制药有限公司	制造业	原料药制造等	常州	是
2013	上海交联药物研发有限公司	科学研究和技术服务业	药物研发及相关技术服务	上海	是
2013	东英（江苏）药业有限公司	制造业	药品、原料药生产等	南通	是
2014	北京信海丰园生物医药科技发展有限公司	科学研究和技术服务业	生物医药技术开发与服务等	北京	是
2014	山东商联生化药业有限公司	批发和零售业	生化药品批发与销售	济南	否
2015	大理中谷红豆杉生物有限公司	农林牧渔业	红豆杉种植、加工等	大理	是

二、并购投资与产品（业务）部企业结构转变

本节选取长江精工钢结构（集团）股份有限公司（以下简称长江精工）为典型案例，分析并购投资在产品（业务）部企业组织结构转变过程中的空间效应。

1. 案例企业组织结构概况

长江精工是中国钢结构行业的龙头企业，前身是成立于 1999 年的中德合资企业，浙江精工钢结构有限公司。2003 年浙江精工钢结构有限公司与上市公司安徽长江农业装备股份有限公司完善并购重组，实现集团整体借壳上市，同时变更名称为长江精工钢结构（集团）股份有限公司。在成功上市后，长江精工开展战略重组，按照产品（业务）体系成立轻钢结构、重钢结构、空间钢结构三个事业部，确定了以产品（业务）部为主的企业组织结构类型。此外，长江精工上市后，围绕主营业务领域，结合自身行业发展态势以及市场需求变化等，不断利用资本和证券市场对外进行并购投资，业务领域、市场区域等不断拓展，同时也对企业原有的以产品（业务）部门进行细分和重组。2010 年以来，通过整合原有轻钢结构、重钢结构与空间钢结构等部门，逐渐形成了以公共建筑板块、工业建筑板块、国际业务板块、集成建筑板块、PPP 业务等产品（业务）领域为主体的公司组织架构（图 7–13）。

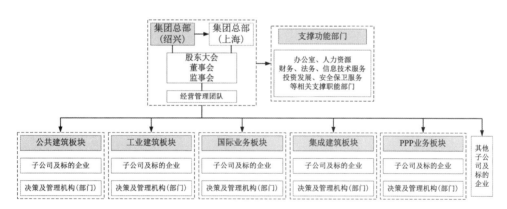

图 7–13　长江精工企业组织结构特征示意图

2. 并购投资与企业组织结构类型及空间特征演化

1999 年成立之初，长江精工以企业组织结构及其空间特征主要呈现为"单厂、单区位、单产品（业务）"的特征，围绕高层钢结构、空间钢结构这一业务领域，逐渐发展并设置了研发设计、生产制造、销售及施工服务等功能部门[①]。2003 年上市后，长江精工一方面围绕主营业务，通过新建子公司等方式进行企业组织架

---

① 2001年前后，长江精工先后与同济大学合作成立钢结构研发中心，获取国家相关部门颁发钢结构设计及施工的资质。

构的完善以及市场区域的拓展①。另一方面，长江精工充分利用对外并购投资等方式，推动企业产品和业务向研发设计、资本运营与投资等方面拓展，并不断向浙江及长三角以外的市场区域进行业务扩张（图7-14、表7-4）。2004年长江精工通过收购上海拜特钢结构设计有限公司（属科学研究和技术服务业），拓展了企业在工程方案设计与咨询等方面的业务和服务。先后完成了收购湖北楚天钢结构有限公司、投资新建安徽长江精工钢结构有限公司，并北京城建集团合资成立北京城建精工钢结构工程有限公司等，长江精工实现了企业生产基地、产品销售与服务市场领域由浙江向北京以及安徽、湖北等中西部地区的扩张。完成了对浙江墙煌建材有限公司、浙江绿筑住宅科技开发有限公司等企业的兼并和收购，长江精工加速了产业链横向整合与多元业务发展，一定程度上突破了原有围绕钢结构产品和业务的企业架构。

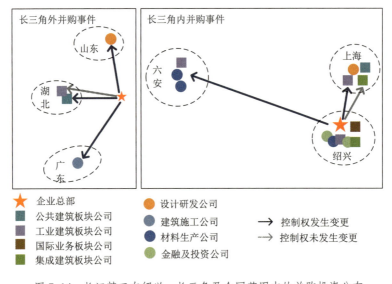

图 7-14　长江精工在绍兴、长三角及全国范围内的并购投资分布

由于企业横向整合与多元化发展较快，长江精工于2010年前后通过企业集团内部产品和业务重组、新建子公司与工厂、对外并购投资等多种方式，开始调整产业（业务）分类及其组成结构（图7-14）。长江精工在整合原有子公司的基础上，投资新建广东精工钢结构有限公司，并于2011年收购上海精锐金属建筑系统有限

① 2004年前后，长江精工通过新建全资或参控股子公司浙江精工轻钢建筑工程有限公司、浙江精工空间特钢结构有限公司等，来开展相关事业部的生产经营活动。

公司部分股权，基本完成了企业在公共建筑板块的产业和业务布局。2011 年长江精工将轻钢事业部整合为精工工业建筑系统有限公司，并在此基础上并购了安徽美建钢结构有限公司和美建建筑系统（中国）有限公司，拓展了企业在工业建筑领域的产品和业务。长江精工于 2010 年成立国际业务总部，并通过精工国际钢结构有限公司的新建、浙江精工重钢结构有限公司等整合，开始向中东、东南亚和非洲等地拓展业务和市场。2011 年长江精工通过收购亚洲建筑系统有限公司（Asia Buildings Company Limited）100%股权，实际控制了浙江绿筑集成科技有限公司[①]以及诺派建筑材料（上海）有限公司，并在上述两家公司基础上整合发展了集成建筑产品和业务。长江精工先后投资新建精工（上海）投资管理有限公司、收购青岛城乡建筑设计院有限公司等，进一步拓展 PPP 业务、建筑领域研发设计服务业务等。总体上，对外并购投资是长江精工向价值链高端攀升，拓展新兴产品和业务领域、实现多元化发展的主要方式；同时，并购投资也推动了长江精工产品市场由浙江向全国范围尤其是中西部地区的扩张。

表 7–4 长江精工部分并购投资时间及标的企业概况

公告时间	标的企业概况				是否变更控制权
	标的企业	所属行业	主营业务	城市	
2004	上海拜特钢结构设计有限公司	科学研究和技术服务业	钢结构设计等	上海	是
2005	绍兴县长江精工投资有限公司	商务服务业	投资管理与服务等	绍兴	是
2007	湖北楚天钢结构有限公司	制造业	建筑钢结构产品生产	武汉	是
2007	浙江墙煌建材有限公司	制造业	建筑材料生产等	绍兴	是
2007	浙江绿筑住宅科技开发有限公司	房地产业	房地产开发、经营等	绍兴	是
2008	安徽长江彩铝科技有限公司	制造业	建筑材料生产等	六安	是
2010	浙江精工重钢结构有限公司	制造业	建筑钢结构产品生产	绍兴	是
2011	青岛城乡建筑设计院有限公司	科学研究和技术服务业	建筑工程设计、规划咨询等	青岛	是
2011	上海精锐金属建筑系统有限公司	制造业	建筑材料生产等	上海	是
2012	广东金刚幕墙工程有限公司	建筑业	房屋建筑工程施工等	广州	是
2015	美建建筑系统（中国）有限公司	科学研究和技术服务业	钢结构建筑产品设计、工程管理等	上海	否

---

① 前身为浙江精锐金属建筑系统有限公司。

此外，在与标的企业整合过程中，长江精工逐渐形成了产品（业务）部和功能部、区域部相互交叉的组织结构类型。一方面，通过并购及整合上海拜特等钢结构设计、建筑设计类标的企业，以及广东金刚幕墙等建筑业、工程服务类标的企业等，长江精工不断整合着产业链上下游环节，即研发设计、建筑施工服务等功能，使企业组织结构出现"功能部—产品（业务）部"交叉的演进趋势。另一方面，随着企业在部分地区相关业务和产品市场的快速发展，长江精工开始探索设立企业地区性总部（如上海①），同时长江精工也开始通过新建工厂等方式，加强华南、华中等地的生产基地建设，这都使企业组织结构也出现了"产品（业务）部—区域部"交叉的演进趋势。此外，长江精工对"多厂、多区位、多元产品和业务"标的企业的并购投资与整合，会进一步影响企业原有的决策与管理层、组织结构等，并使企业自身供应链、营销网络等在更大空间范围内拓展（图7–15）。

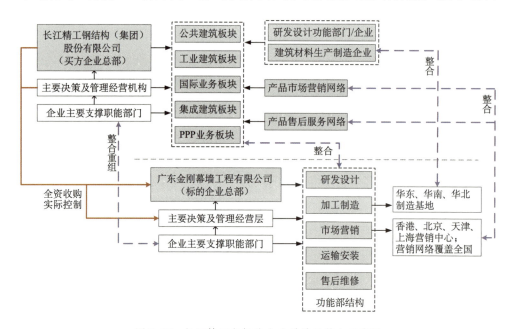

图7–15 长江精工与标的企业并购后整合示意图

三、并购投资与区域部企业结构转变

本节选取嘉凯城集团股份有限公司（以下简称嘉凯城）为典型案例企业，重

---

① 长江精工于2007年就开始筹建上海总部，并在2016年实现位于上海的集团公司的集中办公和管理。

点分析并购投资在区域部企业组织结构转变过程中的空间效应。

1. 案例企业组织结构概况

2008 年，浙商集团为推动旗下房地产业务整合上市，参与了湖南亚华控股集团股份有限公司的重大资产重组，并成为亚华控股的实际控制人，将亚华控股更名为嘉凯城，并将企业的主营业务由农产品生产与销售变更为房地产投资与开发。2009 年，嘉凯城在深交所正式上市，企业总部位于浙江杭州。上市之初，嘉凯城不断通过新建全资或控股子公司，拓展物流服务、贸易与商业资产经营等业务领域。随着公司业务，尤其是房地产投资与开发逐渐由江浙沪地区向全国扩张，嘉凯城对内部功能部门与下属公司进行大规模整合，公司组织结构类型向区域部结构演变，在企业总部及相关支撑部门基础上形成了上海、浙江、江苏三大区域公司，上述三大区域相关业务分别归属嘉凯城集团（上海）有限公司、嘉凯城集团（浙江）有限公司、嘉凯城集团嘉业有限公司（图 7–16）。

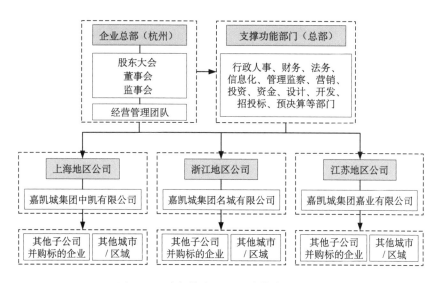

图 7–16　嘉凯城企业组织结构特征示意图

2. 并购投资与企业组织结构类型及空间特征演化

并购投资是嘉凯城在江浙沪及其他区域获取地块与开发权，推动企业房地产投资与开发业务由局部区域向全国范围拓展的重要手段（图 7–17、表 7–5），同时也深刻影响着企业内部的组织架构。嘉凯城集团（上海）有限公司管理和经营上海地区的业务，该区域性公司总部位于上海，除了下属职能部门与子公司，企业也通过并购上海中凯置业有限公司、上海凯祥房地产有限公司等房产公司，在上

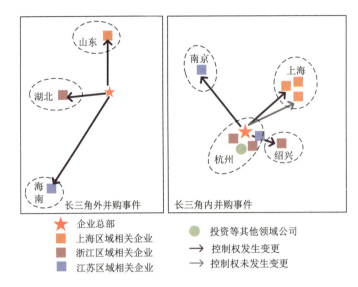

图 7–17 嘉凯城在杭州、长三角及全国范围内的并购投资分布

表 7–5 嘉凯城部分并购投资时间及标的企业概况

公告时间	标的企业概况				是否变更控制权
	标的企业	所属行业	主营业务	城市	
2008	上海中凯置业有限公司	房地产业	房地产开发经营等	上海	否
2008	上海名城房地产发展有限公司	房地产业	房地产开发经营等	上海	否
2009	南京恒祥置业有限公司	房地产业	房地产开发经营等	南京	是
2010	武汉巴登城投资有限公司	租赁和商务服务业	房地产投资、开发经营以及设备租赁、施工等	武汉	是
2010	海南华航房地产有限公司	房地产业	房地产开发经营等	海口	是
2011 2016	青岛嘉凯城房地产开发有限公司（2011 年、2016 年两次并购投资）	房地产业	房地产开发经营等	青岛	是
2014	上海凯祥房地产有限公司	房地产业	房地产开发经营等	上海	是

海获取可供开发的土地以及在建、待建的优质地产项目。嘉凯城集团（浙江）有限公司主要管理和经营集团在浙江地区的项目和业务，该区域性公司总部位于杭州，内部设了多个子公司负责房地产开发、城镇化建设等本区域内业务，同时也通过对外并购浙江名城实业集团有限公司等企业获取土地、房地产项目以及向贸

易、物业与企业管理等领域进行业务拓展。嘉凯城集团嘉业有限公司总部位于杭州，其主要通过在苏州、常州等地成立子公司来进行江苏相关地区的房地产项目投资与开发，同时也通过并购南京恒祥置业有限公司等房地产企业在江苏内部进行项目和业务市场的空间扩张。对外并购投资也使嘉凯城房地产投资与开发业务进入了青岛、潍坊、武汉、海口等其他区域市场（相关标的企业有武汉巴登城投资有限公司、海南华航房地产有限公司等），但嘉凯城并未设立新的区域性总部或分支机构，而是将上述地区的项目和业务划归江浙沪三个区域公司进行统一管理和经营。

综上所述，并购投资对功能部、产品（业务）部、区域部等不同企业组织结构类型及其空间特征演变的影响主要体现在以下几个方面：①与新建投资相比，并购投资为企业新设生产经营功能部门、发展新兴产品与业务、开拓异地市场等提供了一种相对低成本、低风险的手段，从而加速推动了企业组织空间形态由"单工厂、单一产品、单一市场区域"向"多工厂、集团化、多元化产品业务、拥有跨区域市场"转变；②与新建工厂、新设分支结构等不同，并购投资需要整合买方和标的企业的管理层、职能部门、产品业务、固定资产、供应链与营销网络等，从而会重构企业组织结构及其空间特征，使企业原有较为单一的组织结构类型向"功能部—产品（业务）部—区域部"相互交叉、互为补充的矩阵结构演进；③并购投资能够促使企业优化内部价值链各环节组织形式和空间布局，从而更加充分利用地方优质资产、满足公司不同组分的区位需求。如上海医药一方面通过对外并购投资将部分生产制造环节由上海中心城区向浦东新区以及周边的南通、常州等城市进行转移或扩展；另一方面，上海医药也通过对外并购投资，在上海张江、北京等科技创新策源地、专业化人才集聚地布局研发机构。

本章综合企业和区域双重尺度，运用质性个案分析、GIS 空间分析等方法，重点分析了企业并购投资在企业组织结构类型及其空间特征演变、企业控制权空间转移与区域经济空间结构等方面的影响效应，研究发现：并购投资促进了长三角内部企业控制权及相关决策权的空间转移，但"权力"的集散主要发生在经济发达地区，尤其是上海、杭州、苏州、宁波等大都市，这也从侧面说明长三角区域经济发展的"极化"作用仍然显著，超大城市、特大城市基于"指令—控制"功能的首位度依然较高，同时大都市对外的经济辐射和带动作用主要体现在临近地区，而广大外围区尤其是中小城市则面临着优质地方和企业资产流失的风险、挑战；值得注意的是，也有少数外围区的城市企业并购投资活动相对强度较高，并能够以此获取外部企业控制权，或发达地区的优质资源要素等，这一定程度上说明并购投资能够为欠发达地区突破"历史锁定"、实现跨越式发展提供必要机遇。与新建投资相比，并购投资为企业对外扩张、转型升级等提供了一种相对低成本、低风险的手段，能够转变企业组织结构类型，重构企业内部价值链各环节的空间布局，加速推动了企业组织空间形态由"单工厂、单一产品、单一市场区域"向"多工厂、集团化、多元化产品业务、拥有跨区域市场"转变。总的来说，企业并购的地理行为能够为解释企业转型升级、区域经济发展、城镇等级体系与城市网络演进等提供新的视角和路径。

第八章 结论与展望

本书采用"理论假设—实证论证—修正假设—规律总结"的研究思路，综合运用定量与定性研究方法，重点探讨长三角企业本土并购投资的时空动态、配选机制与空间效应，以期基于经济地理学为中国企业并购研究提供理论分析框架与方法体系，为国际企业并购与区域发展研究提供中国案例，也旨在为解释转型期中国企业、产业与区域发展提供新的研究视角和方法。论文首先依托产业经济学、经济地理学经典理论成果，结合企业并购投资实例，从"成本—收益"角度出发，综合企业异质性、空间差异性以及宏观环境的影响作用，构建了中国企业本土并购投资双方配选及其时空动态演变与潜在影响效应的理论分析框架。在此基础上，从企业并购时空动态性，特定企业间、区域间并购投资配选与联系驱动机理，以及企业并购投资空间效应等三个方面，通过数据库建构与研究方法集成应用，对长三角企业本土并购投资活动进行实证分析，并依据实证结果对理论假设进行实证验证和修正完善。

第一节 主要结论

通过以上研究，本书主要得出了以下几个方面的结论：

（1）伴随产业科技革命与经济全球化，并购逐渐成为企业开辟新市场、降低生产成本、获取竞争新优势的重要手段。特别是在全球经贸格局重组、产业组织形式日趋多样等背景下，企业并购投资时空动态体现了生产要素空间集散过程，也反映了产业转型转移及其空间重构态势，深刻影响着企业、产业以及城市和区域发展。但与新建投资不同，并购本质上是买方企业通过股权交易获取标的企业控制权，进而实现组织与空间扩张、价值链攀升与利润最大化的投资行为，投资双方企业配选驱动机制不仅涉及企业异质性、空间差异性，更与企业间关联、区域间联系密不可分。为此，解释企业并购投资，特别是与企业并购投资有关的地理问题，既要依托企业管理学、产业经济学经典理论，从"成本—收益"视角剖析企业参与并购投资的根本动因及权衡机制，也要借鉴经济地理学相关理论成果，充分考量企业自身特性、企业间关系、企业所在地方特性及其相互联系等因素的影响作用，从而建构起企业并购投资及其区位选择机制的一般分析框架。而对于特定国家或区域内企业并购投资的研究，还应该充分考虑企业发展外部宏观环境的影响作用，以转型期中国及其内部区域为例，有必要在充分认识社会主义市场经济体制改革进程、产业转型发展趋向、经济地理格局重塑特征与政府作用的背景下，开展企业并购投资时空动态、配选机制与空间效应的实证研究。

（2）中国经济主体（工商资本、手工作坊等）之间兼并和收购的历史可以追溯至民国时期、明清资本主义萌芽时期甚至更早，但以现代企业为主要组织形式的真正意义上的本土并购投资及其交易市场，最早出现在改革开放后的 20 世纪 80 年代，先后经历了初步形成阶段（20 世纪 80 年代）、规范发展阶段（20 世纪 90 年代至 2005 年）以及快速和深化发展阶段（2005 年以来）。进入 21 世纪以来，伴随改革开放深化，中国社会主义市场经济体系与现代企业制度逐渐完善，尤其是证券市场规范发展以及多层级资本市场的建立，推动中国企业本土并购投资市场快速发展。但是，中国企业本土并购双方及其投资交易事件高度集聚在东部沿海地区及大都市，尤其是北京、长三角与珠三角等地。其中，长三角是中国企业本土并购市场形成和发育最早的区域之一，近年来随着区域一体化发展与地方经济转型升级等，企业间、城市间并购投资联系强度的大幅提升。总体而言，以长三角为例研究中国企业本土并购投资具有较强的代表性和现实意义，通过研究对象与尺度细化，可以帮助我们深入剖析区域内部企业并购投资的时空动态、配选机制与空间效应等关键科学问题。

（3）长三角企业本土并购时空动态性，即企业并购双方地理分布格局与联系网络结构不断演进，不同行业、不同类型、不同城市和区域企业并购投资空间格局的差异较为显著。从时空动态演化过程来看，20 世纪 90 年代中期以来长三角企业并购市场日渐活跃，企业并购双方在空间上呈现共同集聚特征，主要分布在上海以及沪宁、沪杭甬沿线的中心城市市区和发达县市，而长三角外围区企业并购投资活动相对较少；随着时间的推移，长三角企业并购双方及其投资联系网络的核心区域范围不断扩展，主要表现为由上海向长三角核心区中心城市、由大都市向周边县市、由长三角核心区向外围区等拓展态势。总体上，长三角企业并购投资时空动态演变先后经历了三个阶段，即 1996—2000 年的单核心、弱网络联系阶段；2001—2010 年的单核心、多次重要节点，并购投资网络联系加强阶段；2011年以来的多核心、多层级的复杂网络结构基本形成阶段。

从企业本土并购投资时空动态性的内在差异性来看，并购双方地理分布格局特征出现分化，制造业并购双方集聚空间及联系网络由大都市向中小城市、由核心区向外围区的拓展更为明显，而服务业企业并购投资活动仍高度集聚在大都市；不同类型企业并购投资网络结构差异较大，垂直整合、财务投资与资产调整类企业并购投资网络主要发生在大都市内部及其临近县市之间；横向整合、多元化战略类企业并购投资会在更大空间范围内选择标的，并购网络的多层级结构演变，以及由核心向外围空间拓展的趋势也更加明显；长三角内部企业并购投资网络存在"空间不对称性"，长三角核心区以及大都市在企业并购投资网络中占据明显优势，同时长三角核心区、大都市企业更多地选择并购外部的制造业企业，而外围区企业则更偏好并购大都市的服务业企业，尤其是科研、商务等生产性服务业企业。

（4）"多尺度、多维度临近性"是长三角特定企业间并购投资配选、特定区域间并购投资联系形成演变的关键驱动因素，考虑到企业与区域层面因素间的交互作用，研究发现企业并购投资双方配选仍具有明显的"本地偏好"特征，但地理临近作用有所弱化，尤其是区域间密切的经济、交通信息联系，以及企业对优质地方资产的追求在一定程度上会使企业突破地理空间障碍，进行远距离、跨区域并购投资，尤其是对制造业、民营企业以及大型上市公司而言。并购双方产业和技术关联性较强是促进特定企业间进行并购投资交易的关键因素，但近年来产业间并购投资活动逐渐增长，尤其是越来越多的民营、外资制造业企业利用并购手段向生产服务业领域拓展。考虑到并购实施和整合过程中的难度与风险，并购双方在组织结构、企业规模等方面的差异或相似性，也是影响买方企业并购选择的重要因素。并购双方所有制结构相似是多数企业间形成并购投资联系的重要驱动因素，但长三角国有企业更偏好跨所有制并购投资，这与中国现行国有企业混合所有制的改革（重组）导向有关。由于并购投资目的存在差异，不同类型企业并购投资选择偏好及驱动机制也各不相同，垂直整合、横向整合、多元化战略类企业并购投资更加注重标的企业与自身在产业和技术上的关联性、互补性。并购双方高度的认知、组织和制度临近一定程度有助于"克服"地理距离的负面效应，而企业与区域层面因素的交互作用机制则主要体现为企业异质性对区域间并购投资联系机制的"扰动"和影响。

（5）企业并购投资存在显著的空间效应。一方面，并购投资促进了长三角内部企业控制权及相关经济决策权向经济发达地区、大都市集聚，强化了长三角区域经济发展的"极化"作用以及超大城市、特大城市"指令—控制"功能的集聚效应；但同时，企业并购投资也为欠发达地区突破"历史锁定"、实现跨越式发展提供必要机遇。另一方面，并购投资为企业对外扩张、转型升级等提供了一种相对低成本、低风险的手段，能够转变企业组织结构类型，重构企业内部价值链各环节的空间布局，加速推动了企业组织空间形态由"单工厂、单一产品、单一市场区域"向"多工厂、集团化、多元化产品业务、拥有跨区域市场"转变。可见，企业并购的地理行为能够为解释企业转型升级、城市和区域发展等提供新的视角和路径。

第二节 政 策 建 议

并购投资已经成为企业整合资源、快速发展与重塑竞争优势的有力措施，也是地方培育全球领先企业、化解产能严重过剩矛盾、调整优化产业结构，进而实现经济可持续与高质量发展的重要途径。《国务院关于促进企业兼并重组的意见》（国发〔2010〕27 号）已明确了企业兼并重组对中国国民经济和社会发展中的重要意义，《国务院关于进一步优化企业兼并重组市场环境的意见》进一步提出虽然中国企业兼并重组步伐加快，但仍面临审批多、融资难、负担重、服务体系不健全、体制机制不完善、跨地区跨所有制兼并重组困难等诸多问题，营造良好市场环境是推动中国企业兼并重组取得新成效的重要战略举措。国家"十四五"规划和 2035 年远景目标纲要培育更是将"鼓励技术创新和企业兼并重组，防止低水平重复建设"作为构筑产业体系新支柱的重要举措，把"健全市场化法治化化解过剩产能长效机制，完善企业兼并重组法律法规和配套政策"作为提升国内供给体系适配性的重要方面。本书关于长三角企业本土并购投资活动的实证分析发现，良好的政策和制度环境是企业本土并购市场日益活跃的重要驱动因素，国家和地方针对国有企业混合所有制改革、一体化要素市场建设等的政策导向也是跨区域、跨所有制企业并购活动快速增长的重要原因，但长三角各省市重点面向本地企业的并购扶持政策也一定程度阻碍了企业跨区域兼并重组，关于长三角区域企业并购投资整体市场环境优化的政策措施仍较为缺乏。为此，基于理论和实证研究，本书对长三角企业本土并购投资市场高质量发展提出以下政策建议：

（1）**立足"规则统一的制度体系"和"一体化要素市场"，强化政策协同互动，进一步消除跨地区、跨行业、跨所有制并购投资制度障碍。**长三角是中国区域一体化发展先行区，城市间多层次多领域合作密切，一体化要素市场建设以及政策制度衔接成效日益显著，但受长期计划经济思维以及区际同质化竞争等因素影响，在引导市场主体投资及相关政策制定过程中难免存在"行政区经济"思维。例如，长三角各地关于企业并购投资的财税支持政策大多面向本地企业之间的交易，相关政策障碍仍需破除。一是，需要全面梳理并有序清理限制企业跨地区、跨行业、跨所有制并购投资的规定，进一步破除并购资本市场的"地方保护主义"分割，废止妨碍关于并购投资市场公平竞争的行政规定等，有序放宽相关行业、地区企业并购中的民营资本和外资准入门槛；二是，加强城市间关于企业并购重大政策制定的协同和衔接，探索在同类型城市间统一企业并购投资事件及其类型认定标准、财税等政策支持力度；三是，建立健全城市间关于企业并购投资的利益分配机制，鼓励和支持有条件的城市和区域基于并购双方企业资产规模和盈利（利税）能力，探索并购整合后企业财税利益分成以及经济社会指标核算；四是，结合长三角城市群一体化发展投资基金以及长三角区域产业投资、创业投资、股权投资等基金设立，围绕集成电路、生物医药、人工智能等重点行业，探索由政银企等多方合作设立区域性的企业并购投资基金。

（2）**围绕"协同创新产业体系建设"，充分发挥企业主体和产业政策引导作用，进一步强化并购投资对跨界产业链群及"链主"企业培育的支撑。**长三角产业体系完备、配套能力强、集群优势明显，民营、外资等多种所有制经济均较为发达，也孕育出了阿里巴巴、吉利汽车、恒力集团等国际知名的行业龙头企业，但与粤港澳大湾区相比，长三角扎根本土的全球领先企业、独角兽及高成长性科创企业仍然较少。此外，长三角优势产业链、产品链核心环节的外部配套仍相对较高，产业链供应链自主可控、安全稳定的压力较大，整体在全球价值链中的位势不高。同样地，虽然长三角企业并购市场整体较为活跃，但缺乏具有较强"掌控力"的主导买方企业，并购投资活动对产业交叉融合、全球领先企业与本土跨国公司培育的支撑作用尚未充分显现。一方面，要充分尊重企业在并购投资过程中的主体地位，避免不必要的行政干预和违背企业意愿的"拉郎配"，在推动企业在资本和并购市场公平有效竞争的同时，也要支持和鼓励企业加快自主创新和技术进步步伐；另一方面，要加快完善区域性的产业发展引导政策体系，既要推动企业通过并购压缩过剩产能、淘汰落后产能、实现转型转产，也要促进企业通过并购加强资源整合、发展新技术新业态新模式、深化原始和集成创新等，重点支持优势企业强强联合或实施战略性重组，带动形成科创、"专精特新"企业群体，鼓励有实力、有需求的企业开展跨国并购，引导企业更加注重并购后整合及协同效益。此外，要充分认识企业并购投资在产业跨界融合及区际配套中的意义，鼓励行业龙头企业围绕终端消费品或关键中间品，通过并购等多种形式主导构建区域性配套体系，提升长三角产业链供应链自主安全可控水平。

（3）把握"推动形成区域协调发展新格局"，引导地方差异化施策，发挥企业并购投资活动优化区域经济空间结构、促进区域一体化发展的积极作用。本书及国内外相关研究表明，并购及其所产生的企业控制权转移转换具有显著的空间效应。尤其是，企业并购投资活动与区域一体化及不均衡发展密切关联。一方面，发达地区企业控制权加速集聚的同时也伴随着欠发达地区优质企业资产及经济决策权的不断流失；另一方面，大量的跨区域企业并购投资加强了城市/区域间的经济社会联系，提高了区际产业分工和创新协作的可能性，更为部分欠发达地区提供了突破"锁定"、实现跨越式发展的机遇。长三角强化区域联动发展、构建协调发展新格局，也需要更为注重并购等市场主体决策及投资行为的影响，引导发达、欠发达等不同类型城市制定差异化的并购引导或支持政策，发挥企业并购投资在强化城市间经济合作、促进区域一体化发展与福利均衡中的积极作用。对发达地区而言，引导行业龙头及骨干企业通过并购投资做大做强、引领区域产业链供应链建设的同时，也要注重科创企业的梯度培育，面向欠发达地区提升优质标的企业的"供给能力"，通过优质标的企业市场、技术与人才等资源输出，放大自身在区域内部的辐射带动作用。对欠发达地区而言，需要加大本土行业龙头企业的培育力度，鼓励和支持相关企业有效开展跨区域并购投资，以期融入发达地区市场、产业链和供应链体系；同时，也要注重区位条件改善、产业生态营造、营商环境优化等，在吸引外部战略资本进入的基础上，进一步增强相关企业的本地根植性，最大限度避免因外部并购导致本地优质资产持续流失。

（4）持续优化企业并购市场环境，建立健全灵活精准、合理高效的政策支持体系。针对中国企业并购投资过程中审批多、融资难、负担重等共性问题，长三角各地需要深化"放管服"改革，重点从深化审批制度改革、优化融资服务、落实和完善财税政策等方面，建立健全企业并购投资的支持体系。一是，联合向国家及相关部委争取与企业并购相关审批事权的下放，联合在国有企业改革、上市企业重组等政策上开展先行先试，简化企业跨区域、跨行业、跨所有制并购涉及的生产许可、工商登记、资产权属证明等变更手续，提高办结效率。二是，完善企业并购相关信贷融资服务，引导商业银行在风险可控的前提下积极稳妥开展并购贷款业务，创新相关信贷服务产品，有序开展综合授信和异地授信相关业务；同时，充分发挥多层次资本市场的作用，鼓励引导相关主体设立股权投资基金、创业投资基金、产业投资基金、并购基金等。三是，全面落实并购相关的国家税收政策，健全地方财政投入保障与约束机制，维持相关财税支持政策的稳定性，探索"一企一策""一事一议"等新方式。

（5）坚守经济金融等领域安全"底线"，完善区域性企业并购投资管理和服务体系。 由于伴随企业控制权、经济决策权等空间转移，并购投资可能会带来标的企业"消亡"及其相关的就业减少、区域经济发展"衰退"等现象，也存在买方企业因不当、无序的并购扩张而陷入生产经营危机的情况。为此，推进境内外并购管理和服务体系建设，防范化解因企业并购投资产生的重大风险等对长三角经济可持续发展也十分重要。一是，规范企业并购投资行为，严格保护职工、债权人和投资者等相关主体的合法权益，加强上市公司和非上市公众公司信息披露，防止国有企业重组过程中的资产流失问题，探索建立境外投资者安全审查的协作机制。二是，妥善处理并购投资相关的劳动关系和就业安置问题，买方和标的所在地政府应探索共同解决职工社会保险关系转移接续、关闭企业职工再就业以及职工工资拖欠等问题。三是，优化企业并购投资服务体系，探索建立区域性的企业本土和跨境并购投资公共服务平台，促进相关中介服务机构专业化、规范化发展，为有需要的企业提供决策咨询和投资辅导服务；加强信息统计分析工作，构建区域统一的企业并购统计指标体系，建立和完善一体化的统计调查、监测分析和发布制度，促进买方企业和标的企业双方"信息对称"。

第三节　可能的创新点

通过理论与实证分析，本书试图在以下方面能有所创新：

（1）经济地理学视角下中国企业本土并购投资的研究及理论分析框架建构。

本书依托产业经济学、企业管理学、经济地理学已有理论成果，充分发挥地理学综合分析、空间分析的优势，从"成本—收益"角度出发，探讨了企业并购投资的根本动因；进而结合国内外知名企业并购投资的实践案例，引入企业异质性、空间差异性导致的并购投资"成本—收益"结构变化，并充分考察信息技术革命、经济全球化、区域一体化、政府与市场作用等宏观环境的影响作用，构建了基于"多尺度、多维度临近性"的企业并购投资双方配选机制分析框架，强调了企业—地方根植性、企业间关系、区域间联系等关联性因素在企业并购投资战略决策及其配选过程中的重要性。在此基础上，结合中国转型期特殊的经济社会与制度环境，总结了区域尺度企业并购投资时空动态性演变过程与模式特征，深入探讨了企业并购投资在企业组织形态、区域经济空间结构、城市等级体系演变等方面的影响效应。本书有关理论探讨与实证分析可以弥补国内外经济地理学界关于中国企业并购投资研究的不足，有助于丰富现有经济地理学关于企业投资及其区位选择的经典理论体系，也能够为审视中国企业空间组织演进、产业转型转移、城市和区域发展等提供新的研究视角和路径。

（2）企业并购投资空间数据库构建及研究方法综合集成。在数据库建构上，基于国家、区域、市县等多个空间尺度，通过运用 Python 网络抓取、地址解析、大数据匹配等工具，综合微观企业属性数据与宏观区域经济社会发展数据，整合企业个体特征数据与企业投资关系数据，将企业微观数据、区域（产业）宏观数据、GIS 空间数据等属性数据和关系数据、一手资料和二手素材全面融合，构建了能够支撑实证分析的企业本土并购投资空间数据库。在研究方法上，理论假设与实证论证相结合、质性辨析与定量估计相结合、统计分析与空间分析相结合，综合运用了一般统计分析、GIS 空间分析、社会网络分析、拓扑可视化分析、计量回归模型、企业投资事件状态图等方法，集成构建了企业并购投资时空动态、配选机制与空间效应的测度技术方法体系，力求实证研究结论更加可靠、更具说服力。

第四节　研究不足与展望

当前，新一轮科技革命和产业变革使企业空间组织多样性、动态性等特征更加凸显，并购已经成为企业降成本控风险、获取战略资产及重塑竞争优势的主要手段；世界正经历百年未有之大变局，中国迈入高质量发展阶段，正在构建以国内大循环为主体、国内国际双循环相互促进的新发展格局，原有产业链、供应链面临重构，并购作为重要的市场化资源配置手段，将为自主可控、安全可靠产业链供应链构建提供重要支撑。可见，中国企业本土和跨境并购投资面临的宏观环境日趋复杂，并购在企业组织结构演变、产业演替与区域发展中扮演的"角色"也或将发生转变，也会对相关研究工作带来新的要求和挑战。但是，受作者学识水平和篇幅限制，以及中国经济地理学界关于企业并购投资的研究尚未全面展开等原因，本研究只是对中国企业并购投资相关议题的初步探讨，还有很多不足之处，许多重要问题需要后续进一步研究和探讨：

（1）典型区域和行业的研究有待深入。本书主要以长三角为研究案例区，得出的结论在全国范围内可能缺乏普适性，相关理论规律和假设需要在更大空间尺度上、更多不同类型区域内进行验证。在行业比较研究时，对行业的划分较粗，尤其是缺乏对制造业行业的细分研究，可能会掩盖企业并购投资时空动态性的内在差异性，难以揭示基于制造业产业链分工和整合的企业并购投资机制，未来可以通过数据库完善和方法创新等开展相关实证研究。

（2）量化研究需要完善、实地调研有待补充。由于数据获取等原因，本书在时空动态刻画描述时回避了企业并购投资涉及的金额规模，可能会在一定程度上弱化了长三角跨县市（区）企业并购投资强度的实证分析，未来需要补充研究。在驱动因素回归分析中，由于数据可获取性等，本文关于企业间多维临近性、区域间经济社会联系的指标选取有待进一步斟酌，相关量化指标和技术方法有待完善。同时，有关多维度、多尺度临近性因素之间的交互作用研究需要进一步加强。此外，在影响因素定量分析的基础上，需要在不同城市和区域，依据企业异质性选取典型企业集团，适当补充实地调研、结构性访谈等，增加实证结果与现实情况比较研究，强化关于企业并购投资及其配选机理的实证分析。

（3）企业并购投资的空间效应与调控政策研究需要完善。未来可以补充企业并购投资在企业发展绩效、产业区空间组织结构、地方经济增长与社会就业、区域产业链分工协作、区域一体化等方面的效应研究，并进一步有针对性地探讨科学合理引导企业并购投资的政策措施及优化调控路径。此外，企业不同增长和扩张方式的比较研究有待展开。未来可以基于中国转型期背景，加强并购投资与新建投资、企业衍生、战略联盟等其他企业增长扩张方式的比较研究，加深对企业并购投资选择的理论认识，也可以为考察中国企业空间组织形式演变规律等提供综合性视角和路径。

参考文献

1. 安铁雷：“企业扩张方式分类及比较研究”，《经济师》，2010 (4): 53—54。

2. 毕硕本：《空间数据分析》，北京大学出版社，2015。

3. 曹洪军，安玉莲：“跨国并购理论研究综述”，《东方论坛》，2003 (6): 44—49。

4. 陈朝阳：“企业并购理论与我国企业并购的特点”，《学术论坛》，1996 (3): 14—17。

5. 陈雯，宋伟轩，杨桂山：“长江三角洲城镇密集区的城市化发展态势、动力与趋势”，《中国科学院院刊》，2013 (1): 28—38。

6. 陈雯，孙伟，袁丰：《长江三角洲区域一体化空间：合作、分工与差异》，商务印书馆，2018。

7. 陈雯，王珏，孙伟：“基于成本-收益的长三角地方政府的区域合作行为机制案例分析”，《地理学报》，2019 (2): 312—322。

8. 陈雯，闫东升，孙伟：“长江三角洲新型城镇化发展问题与态势的判断”，《地理研究》，2015 (3): 397—406。

9. 程小伟：“上市公司并购行为及其效应研究”（博士论文），同济大学，2007。

10. 杜恂诚：“官僚资本与旧中国社会性质”，《社会科学》，1982 (11): 65—67。

11. 方创琳，王振波，马海涛：“中国城市群形成发育规律的理论认知与地理学贡献”，《地理学报》，2018 (4): 651—665。

12. 方军雄：“政府干预、所有权性质与企业并购”，《管理世界》，2008 (9): 118—123.

13. 费洪平：“企业地理研究综述”，《地理研究》，1993 (1): 111—119。

14. 费洪平：《中国企业组织战略行为》，经济管理出版社，1998。

15. 符文颖，吴艳芳：“德国在华知识密集制造业投资进入方式的时空特征及区位影响因素”，《地理学报》，2017 (8): 1361—1372。

16. 高波阳，尉翔宇，黄志基，等：“企业异质性与中国对外直接投资——基于中国微观企业数据的研究”，《经济地理》，2019 (10): 130—138。

17. 高明华：“中国企业市场化进程研究”，《管理世界》，2003 (8): 81—91。

18. 贺灿飞，郭琪，邹沛思：“基于关系视角的中国对外直接投资区位”，《世界地理研究》，2013 (4): 1—12。

19. 贺灿飞，李振发，陈航航：“区域一体化与制度距离作用下的中国企业跨境并购”，《地理科学进展》2019(10): 1501—1513.

20. 贺灿飞，朱彦刚，朱晟君：“产业特性、区域特征与中国制造业省区集聚”，《地理学报》，

2010 (10): 1218—1228。

21. 洪联英，陈思，韩峰："海外并购、组织控制与投资方式选择——基于中国的经验证据"，《管理世界》，2015 (10): 40—53。

22. 后锐，杨建梅，姚灿中："全球产业重组与转移:基于跨国并购复杂网络的分析方法"，《系统管理学报》，2010 (2): 129—135。

23. 胡浩，葛岳静，王姣娥："后金融危机时代中国民航企业跨国并购的探索分析——以海航为例"，《经济地理》，2013. (4): 88—93。

24. 胡杨，李郇："多维邻近性对产学研合作创新的影响——广州市高新技术企业的案例分析"，《地理研究》，2017 (4): 695—706。

25. 黄玮强，高振明，庄新田："我国上市公司跨区域并购复杂网络研究"，《工业技术经济》，2015 (6): 128—136。

26. 黄晓东，杜德斌，刘承良："全球跨境并购网络的空间格局演化及形成机制"，《地理学报》，2021(10): 2536—2550。

27. 计启迪，陈伟，刘卫东："全球跨境并购网络结构及其演变特征"，《地理研究》，2020(3): 527—538。

28. 季菲菲，陈雯，魏也华，等："长三角一体化下的金融流动格局变动及驱动机理——基于上市企业金融交易数据的分析"，《地理学报》，2014 (6): 823—837。

29. 季菲菲："长三角一体化背景下金融网络的形成、格局与机理研究"（博士论文）， 中国科学院大学，2014。

30. 李硕："企业组织结构变迁理论及其动力机制研究"（硕士论文），河南大学， 2013。

31. 李小建，李国平，曾刚等：《经济地理学（第二版）》，高等教育出版社，2006。

32. 李小建，王惠："大公司投资区位的扩张演变规律"，《地域研究与开发》，2000 (1): 1—4。

33. 李小建："关于公司地理研究的几个问题"，《经济地理》，1991 (3): 48—52。

34. 李小建："外商直接投资区域变化与中西部地区引资困境"，《经济地理》，2004 (3): 304—308。

35. 李小建："新产业区与经济活动全球化的地理研究"，《地理科学进展》，1997 (3): 16—23。

36. 李小建：《公司地理论》，科学出版社，1999。

37. 李晓华："'新经济'与产业的颠覆性变革"，《财经问题研究》，2018 (3): 3—13。

38. 李晓西，林永生："改革开放 40 年的中国市场经济发展"，《全球化》，2017 (7): 55—66。

39. 李颖："企业网络对企业多元化扩张方式的影响"（硕士论文），电子科技大学，2015。

40. 李在军， 管卫华，柯文前："中国区域消费与经济、人口重心演变的时间多尺度研究"，《经济地理》，2014 (1): 7—14。

41. 梁育填，周政可，刘逸："东南亚华人华侨网络与中国企业海外投资的区位选择关系研究"，《地理学报》，2018 (8): 1449—1461。

42. 林聚任：《社会网络分析: 理论、方法与应用》，北京师范大学出版社，2009。

43. 刘慧："区域差异测度方法与评价"，《地理研究》，2006 (4): 710—718。

44. 刘军：《整体网分析：Ucinet 软件实用指南（第二版）》，格致出版社，2014。

45. 刘可文，曹有挥，王聪，等："区域政策、产业特性与中央企业空间布局演变"，《地理科学进展》，2012 (12): 1645—1655。

46. 刘卫东，甄峰："信息化对社会经济空间组织的影响研究"，《地理学报》，2004 (S1): 67—76。

47. 刘再兴：《区域经济理论与方法》，中国物价出版社，1996。

48. 宁佰超："对我国资本市场发展历程的简要梳理与评价"，《产权导刊》，2012 (10): 36—38。

49. 潘峰华，夏亚博，刘作丽："区域视角下中国上市企业总部的迁址研究"，《地理学报》，2013 (4): 19—33。

50. 企业兼并与破产问题研究课题组："对我国企业并购产生与发展的考察"，《中国工业经济》，1997 (9): 5—11。

51. 乔治·J·施蒂格勒：《产业组织和政府管制》，潘振民译，上海三联书店，1996。

52. 邵光学，栾淳钰："新常态背景下产业转型升级研究"，《技术经济与管理研究》，2016 (5): 94—97。

53. 史进，贺灿飞："中国新企业成立空间差异的影响因素——以金属制品业为例"，《地理研究》，2018 (7): 1282—1296。

54. 宋周莺，车姝韵，杨宇："'一带一路'贸易网络与全球贸易网络的拓扑关系"，《地理科学进展》，2017 (11): 1340—1348。

55. 宋周莺，刘卫东："信息时代的企业区位研究"，《地理学报》，2012 (4): 479—489。

56. 孙姗姗，朱传耿："我国公司地理学研究进展与展望"，《世界地理研究》，2007 (1): 104—111。

57. 孙伟，闫东升，吴加伟："城市群范围界定方法研究：以长江三角洲城市群为例"，《地理研究》，2018 (10): 1957—1970。

58. 汤文仙，朱才斌："国内外企业并购理论比较研究"，《经济经纬》，2004 (5): 63—67。

59. 唐建新，陈冬："地区投资者保护、企业性质与异地并购的协同效应"，《管理世界》，2010 (8): 102—116。

60. 王成，王茂军："山东省城市关联网络演化特征——基于'中心地'和'流空间'理论的对比"，《地理研究》，2017 (11): 2197—2212。

61. 王缉慈，王可："区域创新环境和企业根植性--兼论我国高新技术企业开发区的发展"，《地理研究》，1999 (4): 357—362。

62. 王姣娥，焦敬娟，金凤君："高速铁路对中国城市空间相互作用强度的影响"，《地理学报》，2014 (12): 1833—1846。

63. 王秋玉，尚勇敏，刘刚，等："跨国并购对全球—地方创新网络演化的作用研究——以中国工程机械产业为例"，《经济地理》，2018(2): 1—9+17。

64. 王巍，张金杰："持续升温——全球并购格局变动中的外资在华并购"，《国际贸易》，2003 (2): 44—47。

65. 王文博：《计量经济学：模型、方法及应用》，西安交通大学出版社，2011。

66. 王向楠："财产保险公司的地理扩张与利润"，《地理学报》，2017 (8): 1347—1360。

67. 魏乐，张秋生，赵立彬："我国产业重组与转移：基于跨区域并购复杂网络的分析"，《经济地理》，2012 (2): 89—93。

68. 邬伦，刘瑜，张晶，等：《地理信息系统:原理、方法和应用》，科学出版社，2001。

69. 吴加伟，陈雯，袁丰，等："中国企业本土并购双方的地理格局及其空间关联研究"，《地理科学》，2019(9): 1434—1445。

70. 吴加伟，陈雯，袁丰："新时期产业区理论视角重构及相关实证研究进展"，《地理研究》，2015 (3): 487—503。

71. 吴加伟，陈雯，张鹏："企业并购投资区位选择机理与效应的研究进展"，《地理科学进展》，2017 (11): 1423—1434。

72. 谢洪明，王悦悦，张光曦，等："基于全球价值链再造的民营企业跨国并购整合研究——以卧龙和均胜为例"，《软科学》，2015 (3): 47—51。

73. 徐兆铭："企业并购：理论研究与实证分析"（博士论文），东北财经大学，2003。

74. 薛汉喜："区位进入理论与企业集团的国际化扩张——以海尔集团为例"，《地理研究》，2002 (4): 519—527。

75. 阎小培："信息网络对企业空间组织的影响"，《经济地理》，1996 (3): 1—5。

76. 杨积勇："企业并购与建立现代企业制度"，《经济问题探索》，1999 (6): 18—20。

77. 杨洁：《企业并购整合研究》，经济管理出版社，2005。

78. 叶琴，曾刚，王丰龙，等："上海浦东新区、北京海淀区、深圳市创新创业环境比较研究"，《上海经济研究》，2016 (4): 117—124。

79. 叶玉瑶，吴康敏，张虹鸥，等："珠三角新晋跨境制造业企业地理集聚与区位选择"，《地理科学进展》，2019 (10): 1583—1595。

80. 袁丰，魏也华，陈雯，等："苏州市区信息通讯企业空间集聚与新企业选址"，《地理学报》，2010 (2): 153—163。

81. 袁丰："大都市制造业集聚格局、机理与城市化效应研究——以苏州和无锡为例"（博士论文），中国科学院研究生院，2011。

82. 张京祥，罗震东，何建颐：《体制转型与中国城市空间重构》，东南大学出版社，2007。

83. 张维，齐安甜："企业并购理论研究评述"，《南开管理评论》，2002 (2): 21—26。

84. 张维迎："从现代企业理论看国有企业改革"，《价格与市场》，1995 (2): 30—33。

85. 张卓元："中国经济四十年市场化改革的回顾"，《经济与管理研究》，2018 (3): 3—15。

86. 赵景华，申桂萍："后金融危机时期跨国公司在华并购的现状、特征及应对策略"，《现代管理科学》，2017 (2): 15—17。

87. 郑鸣，李思哲，肖健："公司并购理论：回顾与评述"，《湘潭大学学报（哲学社会科学版）》，2010 (1): 45—49。

88. 周敏慧，陶然："中国国有企业改革:经验、困境与出路"，《经济理论与经济管理》，2018 (1): 87—97。

89. 朱戈："发展产权交易市场与我国多层次资本市场的构建"（硕士论文），对外经济贸易大学，2003。

90. 朱国祥：《中国企业并购的经济学分析》，西北工业大学，2003。

91. 朱盼，孙斌栋："中国城市的企业家精神——时空分布与影响因素"，《人文地理》，2017 (5): 105—112。

92. 朱启才："西方企业扩张理论及其发展"，《云南财经大学学报》，2002 (2): 4—8。

93. Agmon, T. and D. R. Lessard 1977. Investor recognition of corporate international diversification. *The Journal of Finance*, Vol. 32, No. 4, pp. 1049-1055.

94. Alcácer, J., J. Cantwell and L. Piscitello 2016. Internationalization in the information age: A new era for places, firms, and international business networks? *Journal of International Business Studies*, Vol. 47, No. 5, pp. 499-512.

95. Alderson, A. S. and J. Beckfield 2004. Power and position in the world city system. *American Journal of Sociology*, Vol. 109, No. 4, pp.811-851.

96. Aliberti, V. and M. Green 1999. A spatio-temporal examination of Canada's domestic merger

activity, 1971-1991. *Cahiers De Géographie De Québec*, Vol. 43, No. 119, pp. 239-250.

97. Aquaro, M., G. Damioli and B. Lengyel 2021. Innovative mergers and acquisitions and the broker regions of European integration. *Regional Studies*, DOI: 10.1080/00343404.2021. 1998418

98. Bathelt, H. and S. Henn 2021. Knowledge exchanges, trust, and secretive geographies in merger and acquisition processes. *Environment and Planning A: Economy and Space*, Vol. 53, No. 6, pp. 1435-1453.

99. Ben Daniel, D. J. and A. H. Rosenbloom 1990. *The handbook of international mergers and acquisitions*. Prentice-Hall, Englewood Cliffs, NJ.

100. Berkovitch, E. and M. P. Narayanan 1993. Motives for takeovers: An empirical investigation. *Journal of Financial & Quantitative Analysis*, Vol. 28, No. 3, pp. 347-362.

101. Birkinshaw, J., H. Bresman and L. Håkanson 2000. Managing the post-acquisition integration process: How the human integration and task integration processes interact to foster value creation. *Journal of Management Studies*, Vol. 37, No. 3, pp. 395-425.

102. Böckerman, P. and E. Lehto 2006. Geography of domestic mergers and acquisitions (M&As): Evidence from matched firm-level data. *Regional Studies*, Vol. 40, No. 8, pp. 847-860.

103. Boschma, R. 2005. Proximity and innovation: A critical assessment. *Regional Studies*, Vol. 39, No. 1, pp. 61-74.

104. Boschma, R. and M. Hartog 2014. Merger and acquisition activity as driver of spatial clustering: The spatial evolution of the Dutch banking industry, 1850–1993. *Economic Geography*, Vol. 90, No. 3, pp. 247-266.

105. Boschma, R., E. Marrocu and R. Paci 2016. Symmetric and asymmetric effects of proximities. The case of M&A deals in Italy. *Journal of Economic Geography*, Vol. 16, No. 2, pp. 505-535.

106. Brouthers, K. D. and J. F. Hennart 2007. Boundaries of the firm: Insights from international entry mode research. *Journal of Management*, Vol. 33, No. 3, pp. 395-425.

107. Brouthers, K. D., P. V. Hastenburg and J. V. D. Ven 1998. If most mergers fail why are they so popular? *Long Range Planning*, Vol.31, No.3, pp. 347-353.

108. Buckley, P. J., P. Yu, Q. Liu, et al. 2016. The institutional influence on the location strategies of multinational enterprises from emerging economies: Evidence from China's cross-border mergers and acquisitions. *Management and Organization Review*, Vol. 12, No. 3, pp. 425-448.

109. Cai, Y., X. Tian and H. Xia 2016. Location, proximity, and M&A transactions. *Journal of Economics & Management Strategy*, Vol. 25, No. 3, pp. 688-719.

110. Caiazza, R. and T. Volpe 2015. M&A process: A literature review and research agenda. *Business Process Management Journal*, Vol. 21, No. 1, pp. 205-220.

111. Caiazza, R., P. Very and G. Ferrara 2017. New geography of M&As: A framing device of firms' strategies. *Thunderbird International Business Review*, Vol. 59, No. 2, pp. 243-250.

112. Caiazza, R., W. Hsieh, M. Tiwari, et al. 2013. M&A between giants: The fastest way to dominate the world economy. *Foresight*, Vol. 15, No. 3, pp. 228-239.

113. Cairncross, F. 1997. The death of distance. Cambridge: Harvard Business School Press.

114. Cantwell, J. and G. D. Santangelo 2002. M&As and the global strategies of TNCS. *The*

Developing Economies, Vol. 40, No. 4, pp. 400-434.

115. Cantwell, J. and G. D. Santangelo 2006. The boundaries of firms in the new economy: M&As as a strategic tool toward corporate technological diversification. *Structural Change & Economic Dynamics*, Vol. 17, No. 2, pp. 174-199.

116. Capaldo, A. and A. M. Petruzzelli 2014. Partner geographic and organizational proximity and the innovative performance of knowledge-creating alliances. *European Management Review*, Vol. 11, No. 1, pp. 63-84.

117. Capasso, M., E. Stam and E. Cefis 2015. Industrial dynamics and economic geography. *Regional Studies*, Vol. 49, No. 1, pp. 5-9.

118. Caviggioli, F., A. De Marco and G. Scellato, et al. 2017. Corporate strategies for technology acquisition: Evidence from patent transactions. *Management Decision*, Vol. 55, No. 6, pp. 1163-1181.

119. Chakrabarti, A., and W. Mitchell 2013. The persistent effect of geographic distance in acquisition target selection. *Organization Science*, Vol. 24, No. 6, pp. 1805-1826.

120. Chapman, K. 1999. Merger/acquisition activity and regional cohesion in the EU. //N. A. Phelps and J. Alden. *Foreign direct investment and the global economy*, The Stationery Office, London, pp. 121-138.

121. Chapman, K. 2003. Cross-border mergers/acquisitions: A review and research agenda. *Journal of Economic Geography*, Vol. 3, No. 3, pp. 309-334.

122. Chapman, K. and H. Edmond 2000. Mergers/acquisitions and restructuring in the EU chemical industry: Patterns and implications. *Regional Studies*, Vol. 34, No. 8, pp. 753-767.

123. Chatterjee, S. 1986. Types of synergy and economic value: The impact of acquisitions on merging and rival firms. *Strategic Management Journal*, Vol. 7, No. 2, pp. 119-139.

124. Coase, R. H. 1937. The nature of the firm. *Economica*, Vol. 4, No. 16, pp. 386-405.

125. Coe, N. M. and H. W. C. Yeung 2015. *Global production networks: Theorizing economic development in an interconnected world*. Oxford University Press, Cambridge.

126. Coeurdacier, N., R. A. De Santis and A. Aviat 2009. Cross-border mergers and acquisitions and European integration. *Economic Policy*, Vol. 24, No. 57, pp. 56-106.

127. Coeurdacier, N., R. A. De Santis and A. Aviat 2009. Cross-border mergers and acquisitions and European integration. *Economic Policy*, Vol. 24, No. 57, pp. 56-106.

128. Colombo, L.V. and G. Turati 2014. Why do acquiring banks in mergers concentrate in well-developed areas? Regional development and mergers and acquisitions (M&As) in banking. *Regional Studies*, Vol. 48, No. 2, pp. 363-381.

129. Davies, S. and B. Lyons 1996. *Industrial organization in the European Union: Structure, strategy, and the competitive mechanism*. Oxford University Press, Cambridge.

130. Dermine, J. 2000. The economics of bank mergers in the European Union. *Journal of Common Market Studies*, Vol. 38, No. 3, pp. 409-426.

131. Derudder, B., P. J. Taylor, P. Ni, et al. 2010. Pathways of change: Shifting connectivities in the world city network, 2000-08. *Urban Studies*, Vol. 47, No. 9, pp. 1861-1877.

132. Di Guardo, M. C., E. Marrocu and R. Paci 2016. The concurrent impact of cultural, political, and

spatial distances on international mergers and acquisitions. *The World Economy*, Vol. 39, No. 6, pp. 824-858.

133. Dicken, P. and N. Thrift 1992. The organization of production and the production of organization: Why business enterprises matter in the study of geographical industrialization. *Transactions of the Institute of British geographers*, No. 17, pp. 279-291.

134. Dueñas, M., R. Mastrandrea, M. Barigozzi, et al. 2017. Spatio-temporal patterns of the international merger and acquisition network. *Scientific Reports*, No. 7, pp. 10789.

135. Dunning, J. H. 1979. Explaining changing patterns of international production: In defence of the eclectic theory. *Oxford Bulletin of Economics and Statistics*, Vol. 41, No. 4, pp. 269-295.

136. Duysters, G., M. Cloodt, W. Schoenmakers, et al. 2015. Internationalisation efforts of Chinese and Indian companies: An empirical perspective. *Tijdschrift Voor Economische En Sociale Geografie*, Vol. 106, No. 2, pp. 169-186.

137. Ellwanger, N. and R. Boschma 2015. Who acquires whom? The role of geographical proximity and industrial relatedness in Dutch domestic M&As between 2002 and 2008. *Tijdschrift Voor Economische En Sociale Geografie*, Vol. 106, No. 5, pp. 608-624.

138. Gabor, D. and S. Brooks 2017. The digital revolution in financial inclusion: International development in the fintech era. *New Political Economy*, No. 22, pp. 1-14.

139. Gilroy, B. M. and E. Lukas 2005. The choice between greenfield investment and cross-border acquisition: A real option approach. *Quarterly Review of Economics & Finance*, Vol. 46, No. 3, pp. 447-465.

140. Goddard, J. B. and I. J. Smith 1978. Changes in corporate control in the British urban system, 1972-1977. *Environment and Planning A*, Vol. 10, No. 9, pp. 1073-1084.

141. Görg, H. 2000. Analysing foreign market entry – the choice between greenfield investment and acquisitions. *Economics Technical Papers*, Vol. 27, No. 3, pp. 165-181.

142. Granovetter, M. 1985. Economic action and social structure: The problem of embeddedness. *American Journal of Sociology*, Vol. 91, No. 3, pp. 481-510.

143. Green, M. B. 1990. *Mergers and acquisitions: Geographical and spatial perspectives.* Routledge, London.

144. Green, M. B. 2018. Mergers and acquisitions. //D. Richardson, N. Castree, M. F. Goodchild, et al. *The international encyclopedia of geography*. New York: John Wiley & Sons.

145. Green, M. B. and R. B. Mcnaughton 1989. Canadian interurban merger activity, 1962–1984. *Canadian Geographer*, Vol. 33, No. 3, pp. 253-264.

146. Green, M. B. and R. G. Cromley 1982. The horizontal merger: Its motives and spatial employment impacts. *Economic Geography*, Vol. 58, No. 4, pp. 358-370.

147. Green, M. B. and R. G. Cromley 1984. Merger and acquisition fields for large United States cities 1955-1970. *Regional Studies*, Vol. 18, No. 4, pp. 291-301.

148. Green, M.B. and S.P. Meyer 1997. International acquisitions: Host and home country explanatory characteristics. *Geografiska Annaler: Series B, Human Geography*, Vol. 79, No. 2, pp. 97-111.

149. Grote, M. H. and M. P. Umber 2006. Home biased? A spatial analysis of the domestic merging

behavior of US firms. *Working paper series: Finance & Accounting*, No. 161. Goethe University, Frankfurt, Germany.

150. Guo, Q., C. He and D. Li 2016. Entrepreneurship in China: The role of localisation and urbanisation economies. *Urban Studies*, Vol. 53, No. 12, pp. 2584-2606.

151. Harvey, D. 2010. Reshaping economic geography: The world development report 2009. *Development & Change*, Vol. 40, No. 6, pp. 1269-1277.

152. He, C., F. Pan and T. Chen 2016. Research progress of industrial geography in China. *Journal of Geographical Sciences*, Vol. 26, No. 8, pp. 1057-1066.

153. He, C., Q. Guo and D. Rigby 2017. What sustains larger firms? Evidence from Chinese manufacturing industries. *The Annals of Regional Science*, Vol. 58, No. 2, pp. 275-300.

154. Healy, P. M., K. G. Palepu and R. S. Ruback 1992. Does corporate performance improve after mergers? *Journal of Financial Economics*, Vol. 31, No.2, pp. 135-175.

155. Helpman, E. 1984. A simple theory of international trade with multinational corporations. *Journal of Political Economy*, Vol. 92, No. 3, pp. 451-471.

156. Hess, M. 2004. 'Spatial' relationships? Towards a reconceptualization of embeddedness. *Progress in Human Geography*, Vol. 28, No. 2, pp. 165-186.

157. Holloway, S. R. and J. O.Wheeler 1991. Corporate headquarters relocation and changes in metropolitan corporate dominance, 1980–1987. *Economic Geography*, Vol. 67, No. 1, pp. 54-74.

158. Hopkins, H. D. 1999. Cross-border mergers and acquisitions: Global and regional perspectives. *International mergers and acquisitions: A reader*, No. 5, pp. 86-115.

159. Horner, R. 2014. Strategic decoupling, recoupling and global production networks: India's pharmaceutical industry. *Journal of Economic Geography*, Vol. 14, No. 6, pp. 1117-1140.

160. Huber, F. 2012. On the role and interrelationship of spatial, social and cognitive proximity: Personal knowledge relationships of R&D workers in the Cambridge information technology cluster. *Regional Studies*, Vol. 46, No. 9, pp. 1169-1182.

161. Hur, J., R. A. Parinduri and Y. E. Riyanto 2011. Cross-border M&A inflows and quality of country governance: Developing versus developed countries. *Pacific Economic Review*, Vol. 16, No. 5, pp. 638-655.

162. Hymer, S. H. 1976. *The international operations of national firms: A study of foreign direct investment*. MIT Press, Cambridge, Massachusetts.

163. Jensen, M. C. and R S. Ruback 1983. The market for corporate control: The scientific evidence. *Journal of Financial Economics*, Vol. 11, No. 1-4, pp. 5-50.

164. Jonas, A. E. G. 1992. Corporate takeover and the politics of community: The case of Norton company in Worcester. *Economic Geography*, Vol. 68, No. 4, pp. 348-372.

165. Kangueehi, N.C. 2015. Mergers and acquisitions as a strategy for business growth: A comparative overview. University of the Western Cape, Cape Town, South Africa.

166. Kim, Y. H. 2009. Cross-border M&A vs. Greenfield FDI: Economic integration and its welfare impact. *Journal of Policy Modeling*, Vol. 31, No. 1, pp. 87-101.

167. Kling, G., A. Ghobadian, M. A. Hitt, et al. 2014. The effects of cross-border and cross-industry mergers and acquisitions on home-region and global multinational enterprises. *British Journal of*

Management, Vol. 25, pp. S116-S132.

168. Knoben, J. and L. A. G. Oerlemans 2010. Proximity and inter-organizational collaboration: A literature review. *International Journal of Management Reviews*, Vol. 8, No. 2, pp. 71-89.

169. Krugman, P. 1980. Scale economies, product differentiation, and the pattern of trade. *The American Economic Review*, Vol. 70, No. 5, pp. 950-959.

170. Květoň, V., A. Bělohradský and J. Blažek 2020. The variegated role of proximities in acquisitions by domestic and international companies in different phases of economic cycles. *Papers in Regional Science*, Vol. 99, No. 3, pp. 583-602.

171. Lagendijk, A. 1995. The foreign takeover of the Spanish automobile industry: A growth analysis of internationalization. *Regional Studies*, Vol. 29, No. 4, pp. 381-393.

172. Lambrecht, B. M. and S. C. Myers 2007. A theory of takeovers and disinvestment. *The Journal of Finance*, Vol. 62, No. 2, pp. 809-845.

173. Laulajainen, R. 1988. The spatial dimension of an acquisition. *Economic Geography*, Vol. 64, No. 2, pp. 171-187.

174. Lebedev, S., M. Peng, E. Xie, et al. 2015. Mergers and acquisitions in and out of emerging economies. *Journal of World Business*, Vol. 50, No. 4, pp. 651-662.

175. Lehto, E. 2006. Motives to restructure industries: Finnish evidence of cross-border and domestic mergers and acquisitions. *Papers in Regional Science*, Vol. 85, No. 1, pp. 1-22.

176. Leigh, R. and D. J. North 1978. Regional aspects of acquisition activity in British manufacturing industry. *Regional Studies*, Vol. 12, No. 2, pp. 227-245.

177. Liu, X. and H. Zou 2008. The impact of greenfield FDI and mergers and acquisitions on innovation in Chinese high-tech industries. *Journal of World Business*, Vol. 43, No. 3, pp. 352-364.

178. Love, J. H. 1989. External takeover and regional economic development: A survey and critique. *Regional Studies*, Vol. 23, No. 5, pp. 417-429.

179. Ma, L. J. C. and Y. D. Wei 1995. Determinants of state investment in China, 1953–1990. *Tijdschrift Voor Economische En Sociale Geografie*, Vol. 88, No. 3, pp. 211-225.

180. MacDougall, G. D. A. 1960. The benefits and costs of private investment from abroad: A theoretical approach. *Bulletin of the Oxford University Institute of Economics & Statistics*, Vol. 22, No. 3, pp. 189-211.

181. MacKinnon, D. 2012. Beyond strategic coupling: Reassessing the firm-region nexus in global production networks. *Journal of Economic Geography*, Vol. 12, No 1, pp. 227-245.

182. Martynova, M. and L. Renneboog 2008. A century of corporate takeovers: What have we learned and where do we stand? *Journal of Banking & Finance*, Vol. 32, No. 10, pp. 2148-2177.

183. Maskell, P. 2001. The firm in economic geography. *Economic Geography*, Vol. 77, No. 4, pp. 329-344.

184. Mason, C. M. and R. T. Harrison 2006. After the exit: Acquisitions, entrepreneurial recycling and regional economic development. *Regional Studies*, Vol. 40, No. 1, pp. 55-73.

185. McCann, P. 2008. Globalization and economic geography: The world is curved, not flat. *Cambridge Journal of Regions, Economy and Society*, Vol. 1, No. 3, pp. 351-370.

186. McCarthy, K. J. and W. Dolfsma 2015. The Euro and its impact on the number, size, performance and regional spread of European mergers and acquisitions. *Regional Studies*, Vol. 49, No. 8, pp. 1407-1422.

187. McNee, N. B. 1961. The economic geography of an international petroleum firms. //R. S. Thoman and D. J. Patton. *Focus on geography activity: A collection of original studies*. McGraw-Hill, New York.

188. Meister, C. and C. Werker 2004. Physical and organizational proximity in territorial innovation systems: Introduction to the special issue. *Journal of Economic Geography*, Vol. 4, No. 1, pp. 1-2.

189. Mishra, C. S., D. L. Mcconaughy and A. Clements 1998. Capital market and political factors affecting Hong Kong: Mergers and acquisitions in the U.S.: 1975–1994. *Global Finance Journal*, Vol. 9, No. 1, pp. 95-108.

190. Monge, P. R., L. W. Rothman, E. M. Eisenberg, et al. 1985. The dynamics of organizational proximity. *Management Science*, Vol. 31, No. 9, pp. 1129-1141.

191. Moomaw, R. 1988. Agglomeration economies: Localization or urbanization? *Urban Studies*, Vol. 25, No. 2, pp. 150-161.

192. Morgan, K. 2004. The exaggerated death of geography: Learning, proximity and territorial innovation systems. *Journal of Economic Geography*, Vol. 4, No. 1, pp. 3-21.

193. Moschieri, C., R. Ragozzino and J. M. Campa 2014. Does regional integration change the effects of country-level institutional barriers on M&A? The case of the European Union. *Management International Review*, Vol. 54, No. 6, pp. 853-877.

194. Nakamura, H. R. 2005. Motives, partner selection and productivity effects of M&As : The pattern of Japanese mergers and acquisitions.Institute of International Business, Stockholm School of Economics, Stockholm.

195. Nelson, R. L. 1959. Merger movements in American industry, 1895-1956. *Review of Economics & Statistics*, Vol. 12, No. 5, pp. 189-213.

196. Nocke, V. and S. Yeaple 2007. Cross-border mergers and acquisitions vs. Greenfield foreign direct investment: The role of firm heterogeneity. *Journal of International Economics*, Vol. 72, No. 2, pp. 336-365.

197. Ottati, G. D. 2009. An industrial district facing the challenges of globalization: Prato today. *European Planning Studies*, Vol. 17, No. 12, pp. 1817-1835.

198. Phelps, N. A. 2017. Branch plant economy. //D. Richardson, N. Castree, M. F. Goodchild, et al. *The international encyclopedia of geography*. New York: John Wiley & Sons.

199. Post, A. 1994. *Anatomy of a merger: The causes and effects of mergers and acquisitions*. Prentice-Hall, Englewood Cliffs, NJ.

200. Qu, T. and M. B. Green 1997. *Chinese foreign direct investment: A subnational perspective on location*. Ashgate Publishing, Brookfield.

201. Rallet, A. and A. Torre 1999. Is geographical proximity necessary in the innovation networks in the era of global economy? *GeoJournal*, Vol. 49, No. 4, pp. 373-380.

202. Rao, N. V. and K. S. Reddy 2015. The impact of the global financial crisis on cross-border

mergers and acquisitions: A continental and industry analysis. *Eurasian Business Review*, Vol. 5, No. 2, pp. 309-341.

203. Reddy, K. S. and E. Xie 2017. Cross-border mergers and acquisitions by oil and gas multinational enterprises: Geography-based view of energy strategy. *Renewable & Sustainable Energy Reviews*, No. 72, pp. 961-980.

204. Rodríguez-Pose, A. and H M. Zademach 2003. Rising metropoli: The geography of mergers and acquisitions in Germany. *Urban Studies*, Vol. 40, No. 10, pp. 1895-1923.

205. Rozen-Bakher, Z. 2018. Comparison of merger and acquisition (M&A) success in horizontal, vertical and conglomerate M&As: Industry sector vs. Services sector. *The Service Industries Journal*, Vol. 38, No.7-8, pp. 492-518.

206. Sally, R. 1994. Multinational enterprises, political economy and institutional theory: Domestic embeddedness in the context of internationalization. *Review of International Political Economy*, Vol. 1, No. 1, pp. 161-192.

207. Seth, A., K. P. Song and R. Pettit 2000. Synergy, managerialism or hubris? An empirical examination of motives for foreign acquisitions of US firms. *Journal of International Business Studies*, Vol. 31, No. 3, pp. 387-405.

208. Shariff, A. A., A. Zaharim and K. Sopian 2009. The comparison Logit and Probit regression analyses in estimating the strength of gear teeth. *European Journal of Scientific Research*, Vol. 27, No. 4, pp. 548-553.

209. Sleuwaegen, L. 1998. Cross-border mergers and EC competition policy. *The World Economy*, Vol. 21, No. 8, pp. 1077-1093.

210. Smith, I. J. 1979. The effect of external takeovers on manufacturing employment change in the northern region between 1963 and 1973. *Regional Studies*, Vol. 13, No, 5, pp. 421-437.

211. Taylor, M. J. and N. J. Thrift 1982. Models of corporate development and the multinational corporation. //M. J. Taylor, N. J. Thrift. *The geography of multinationals*. Croom Helm, London, pp. 14-32.

212. Tickell, A. 1998. A tax on success? Privatization, employment and the 'windfall tax'. *Area*, Vol. 30, No. 1, pp. 83-90.

213. Trautwein, F. 1990. Merger motives and merger prescriptions. *Strategic Management Journal*, Vol. 11, No. 4, pp. 283-295.

214. Turok, I and R. Richardson 1991. External takeovers of Scottish companies in the 1980s. *Area*, Vol. 23, No. 1, pp. 73-81.

215. UNCTAD. 2016. *World Investment Report 2016: Investor nationality and policy challenges*. United Nations, Geneva.

216. Vernon, R. 1966. International investment and international trade in the product cycle. *International Executive*, No. 80, pp. 190-207.

217. Waite, D. 2017. Asset servicing at a second-tier financial centre: Framing embeddedness through mechanisms of the firm-territory nexus. *Geoforum*, No. 80, pp. 1-12.

218. Walker, R. 1989. A requiem for corporate geography: New directions in industrial organization, the production of place and the uneven development. *Geografiska Annaler. Series B. Human*

Geography, Vol. 71, No. 1, pp. 43-68.

219. Wang, L and X. Duan 2018. High-speed rail network development and winner and loser cities in megaregions: The case study of Yangtze River Delta, China. *Cities*, Vol. 83, No. 2018, pp. 71-82.

220. Wei, Y. D. 2001. Decentralization, marketization, and globalization: The triple processes underlying regional development in China. *Asian Geographer*, Vol. 20, No. 1-2, pp. 7-23.

221. Wei, Y. D. 2015. Zone fever, project fever: Development policy, economic transition, and urban expansion in China. *Geographical Review*, Vol. 105, No. 2, pp. 156–177.

222. Wei, Y. D., J. Luo and Q. Zhou 2009. Location decisions and network configurations of foreign investment in urban China. *Professional Geographer*, Vol. 62, No. 2, pp. 264-283.

223. Weston, J. F., K. S. Chung and S E. Hoag 1990. Mergers, restructuring, and corporate control. Prentice-Hall, Englewood Cliffs, NJ.

224. Weterings, A. and O. Marsili 2015. Spatial concentration of industries and new firm exits: Does this relationship differ between exits by closure and by M&A? *Regional Studies*, Vol. 49, No. 1, pp. 44-58.

225. Williamson, O. E. 1979. Transaction-cost economics: The governance of contractual relations. *Journal of Law and Economics*, Vol. 22, No. 2, pp. 233-261.

226. Wills, J., A. Cumbers and C. Berndt 2000. The workplace at the millennium: New geographies of employment. *Environment & Planning A*, Vol. 33, No. 32, pp. 1523-1528.

227. Wojcik, D. 2002. Cross-border corporate ownership and capital market integration in Europe: Evidence from portfolio and industrial holdings. *Journal of Economic Geography*, Vol. 2, No. 4, pp. 455-491.

228. Wu, J., Y. D. Wei and W. Chen 2020. Spatial proximity, localized assets, and the changing geography of domestic mergers and acquisitions in transitional China. *Growth and Change*, Vol. 51, No. 3, pp. 954-976.

229. Wu, J., Y. D. Wei, Q. Li, et al. 2018. Economic transition and changing location of manufacturing industry in China: A study of the Yangtze River Delta. *Sustainability*, Vol. 10, No. 8, pp. 2624.

230. Yeo, H. J. 2013. Geography of mergers and acquisitions in the container shipping industry. *Asian Journal of Shipping & Logistics*, Vol. 29, No. 3, pp. 291–314.

231. Yeung, H. W. C. 2009. Regional development and the competitive dynamics of global production networks: An East Asian perspective. *Regional Studies*, Vol. 43, No. 3, pp. 325-351.

232. Yeung, H. W. C. and N. M. Coe 2015. Toward a dynamic theory of global production networks. *Economic Geography*, Vol. 91, No. 1, pp. 29-58.

233. Zademach, H-M. 2005. Spatial dynamics in the markets of M&A: Essays on the geographical determination and implications of corporate takeovers and mergers in Germany and Europe. Munich: Ludwig Maximilians University.

234. Zademach, H-M. and A. Rodríguez-Pose 2009. Cross-border M&As and the changing economic geography of Europe. *European Planning Studies*, Vol. 17, No. 5, pp. 765-789.

235. Zhu, S., J. Pickles and C. He. 2017. *Geographical dynamics and firm spatial strategy in China*. Springer, Berlin, Heidelberg.